教育部人文社会科学研究规划基金项目，批准号：12YJA790171

20 世纪的中国经济史学

杨祖义　著

中国财经出版传媒集团

经济科学出版社
Economic Science Press

图书在版编目（CIP）数据

20 世纪的中国经济史学/杨祖义著 . —北京：经济科学
出版社，2015. 12
ISBN 978 - 7 - 5141 - 6470 - 1

Ⅰ. ①2⋯　Ⅱ. ①杨⋯　Ⅲ. ①经济史 - 中国 - 20 世纪
Ⅳ. ①F129. 7

中国版本图书馆 CIP 数据核字（2015）第 302303 号

责任编辑：刘　莎
责任校对：杨　海
责任印制：邱　天

20 世纪的中国经济史学

杨祖义　著

经济科学出版社出版、发行　新华书店经销
社址：北京市海淀区阜成路甲 28 号　邮编：100142
总编部电话：010 - 88191217　发行部电话：010 - 88191522
网址：www. esp. com. cn
电子邮件：esp@ esp. com. cn
天猫网店：经济科学出版社旗舰店
网址：http://jjkxcbs. tmall. com
北京中科印刷有限公司印装
710 × 1000　16 开　15. 5 印张　280000 字
2016 年 11 月第 1 版　2016 年 11 月第 1 次印刷
ISBN 978 - 7 - 5141 - 6470 - 1　定价：50. 00 元
（图书出现印装问题，本社负责调换。电话：010 - 88191510）
（版权所有　侵权必究　举报电话：010 - 88191586
电子邮箱：dbts@ esp. com. cn）

序

　　杨祖义博士的《20世纪的中国经济史学》一书几经修改，即将付梓。作为其博士论文的指导者，一直关注其写作、修改和定稿的过程，所以很愿意为其出版写几句话。

一、确立中国经济史的学科自觉

　　20世纪，中国经济史学科经历产生、发展、繁荣等阶段，已经形成独立学科，迫切需要推进到学科自觉阶段，由此需要开展中国经济史学史研究。

　　任何一门学科的完整结构，都包括两个方面，即基础结构与上层建筑。前者是学科的具象与实践，后者是学科的抽象与理论。一门学科是否成熟，重要标志是出现对这一学科进行系统、全面反思和总结的理论成果。一方面，到20世纪末，中国经济史已经成为一个独立的学科。另一方面，中国经济史学科发展与成长过程的丰富性，已经为学科的理论反思准备了坚实的基础。这个时候，需要对中国经济史学科进行历史与理论反思，为这一学科架设上层建筑，使之成为一个成熟学科。

　　一个学科要成为独立学科，至少需要两个基本条件。一是学科的建制化，二是学科的社会化。所谓建制化，是指已经形成支撑学科的各种必备学术制度与学术设置。一般而言，学科的学术建制，包括学术机构专门化，例如有了专门的研究机构和教学机构；学术队伍职业化，例如有了专门的教席、有了具备专业职称的教学或研究队伍；学术成果系统化，例如产生了系统的资料索引、论文、专著等系列化的理论成果体系；学术交流平台化，例如产生了专业性学术刊物、专业性学会等学术平台、学术组织、专业性学术论坛等；学术知识体系化，例如形成了体系化的教材及教材体系、建制化的课程与课程体系，以及专门人才培养及其学位体系等。到 2000 年前后，中国经济史学科的这些建制都已经形成。1986 年，全国性的中国经济史学会成立，《中国经济史研究》创刊。20 世纪 90 年代，国家对哲学社会科学投入不断加大，在"211"工程等高等学校建设项目的推动下，高等学校向学科齐全化方向发展，财经类高校或综合性大学的财经类与人文类院系大多开设了中国经济史课程，其中一些招收硕士生、博士生，培养博士后，经济史教材体系和学位体系基本形成，标志着中国经济史学科的建制化进程基本完成。

但是，学科独立除了需要学科的建制化以外，还需要学科的社会化。所谓社会化，是指学科已经形成独立的学科功能和学科定位，并在相关学科体系中发挥独立的学科作用。学科体系的发展，表现为学科裂变、交叉乃至整合这样一个"分合"的过程，而不同的学科通过相互支撑、发挥各自作用、形成自身价值，乃是这一过程的基础。中国经济史学科逐步形成了自身的学科作用和学科价值。在经济学学科群中，经济史学科被定位为经济学的基础学科，在历史学、民族学、社会学等学科领域，经济史也被定位为基础学科或支撑学科。总之，经济史被相关哲学社会科学接受，因而成为学术分工体系和学科群中不可缺少的一环，具有了社会化的学科功能定位。

然而，建制化与社会化只能说明一个学科的独立，一个学科的成熟，除了学科客观上的独立以外，还需要学科主观上的自觉。把一个学科当作理论结构，客观上的独立也即建制化和社会化，是这一结构的基础，主观上的自觉则是这一结构的上层建筑。学科史正是在这个意义上具有了重要性。一句话，成熟的经济史学科不能没有经济史学史。

经济史学史作为对既往经济史学科具体发展过程及其规律性的研究，不仅是对经济史学科研究者和研究成果的历史考察，也是经济史学一般理论的基础，是经济史的哲学与认识论基础。经济史学史要研究和回答的问题，对于经济史学科而言，是这个学科如何发展成今天这个样子的？下一步朝哪个方向前进？对于经济史学家和经济史工作者而言，则是我们是谁？我们在哪里？我们在做什么？我们到哪里去？可见，经济史学史研究的内容，关涉这一学科的"元问题"，在经济史学科快速发展的今天，需要有人停下来予以回望和思索。经济史学史的出现，不仅构成整个经济史学科体系的上层建筑，而且标志着经济史学科的自觉与成熟。

二、增强中国经济史的学科自信

开展中国经济史学史研究，目的在于确立学科自信。通过史学史的研究，可以增强中国经济史的学科自信，鼓舞学人开拓前进。

习近平总书记在"七一"重要讲话中，明确提出中国特色社会主义文化自信的命题。文化自信是一种植根于历史的思想自信与理论自信。对于中国经济史学科而言，要继续发展，必须从既往的历史中寻求学科的学术文化自信。

然而，一段时期以来，中国经济史学科领域的自信意识出现弱化和淡化趋势。一些学者对于中国经济史的学科理论价值缺乏自信，有意或无意与经济学理论划清界限；一些学者对于中国经济史学科经世致用的实践价值缺乏自信，有意或无意与现实拉开差距；一些学者对于中国经济史学科的资政育人作用缺乏自信，有意或无意收缩课程体系和教材体系；一些学者对于中国经济史的学术方法缺乏自信，盲目推崇制度学派、数理学派、加州学派等西方相关学派理论和方法，有意或无意地接受西方一些学派和方法的精神束缚。

出现上述学科自信不足的问题，有客观的原因。例如，学术管理部门的课题设置和经费投入有限，课程设置误入实用主义歧途，偏狭的学术期刊评价体系，队伍建设的青黄不接等。但是，从根本上讲，是对中国经济史学科的历史缺乏了解，对这一学科的演进轨迹、历史贡献和发展基础缺乏了解，导致一些学者对经济史学自身价值认识不足，对中国经济史学科发展基础认识不足，对西方学派和方法陷入盲目崇拜。

纵观20世纪中国经济史学科的产生与发展过程及其学科贡献，

中国经济史学科的学者应该确立充分的学科自信。

第一，中国经济史学科的产生，是内生的。近代中国经济学理论是从译介和传播西方经济理论开始的，中国近代经济学理论的发展与中国古代经济思想传统是断裂的。而中国经济史学科则是古代史学实践、理论与方法的发展和延续，1904 年，广智书局出版梁启超的《中国国债史》，标志着中国经济史学科方向的产生，这是中国学者基于新史学的视角运用中国的传统学术方法对中国经济史的研究成果。可见，与经济学不同，中国经济史学科是内生的，具有深厚的历史基础。

第二，中国经济史学科的方法，是科学的。中国经济史学一产生就与马克思主义科学方法结下不解之缘，是在马克思主义特别是历史唯物主义指导下发展起来的。"五四"之后，马克思主义的唯物史观被介绍到中国，中国经济史学科在 20 世纪 30 年代社会史大论战中得以形成，关键是在于其中的主流成果运用了马克思主义的唯物史观，形成了郭沫若的《中国古代社会研究》等一批马克思主义史学的奠基之作。20 世纪后 20 年，中国经济史学科得以形成蔚为大观的繁荣局面，也是因为运用历史唯物主义方法，借鉴西方经济史学的先进方法和手段，实现了方法论的创新。

第三，中国经济史学科的问题，是本土的。中国经济史学科一产生就直面中国的问题，具有鲜明的问题导向，这是中国经济史学科源源不断的内生发展动力。20 世纪 30 年代，中国革命与社会变革方向的确定，需要明确中国的社会性质，经济史学科直面这一问题，从中国古代社会性质问题切入，为明确中国半殖民地半封建社会性质作出了理论贡献，并促成了学科的产生。40 年代，为了凝聚全民抗战精神，经济史学界开展中国文明史、边地史研究，为提振民族抗战信心和鼓舞全民抗战斗志提供了理论基础。50 年代，伴随新中国成立之后经济社会制度的急速变革，中国社会制度的走向始终是中国经济史学科的理论关切，由此形成的古史分期、封建土地所有制形式、资本主义萌芽、汉民族的形成、历代农民战争"五朵金花"。"五朵金花"既是中国经济史历史关切的现实延续，也是现实社会主义制度选择的理论关切。改革开放以来，中国的主流问题演化为如何通过体制改革和对外开放加快现代化进程，中国经济史学科积极回应这一问题，不仅在传统经济发展、国内市场发育、资本主义与资产阶级问题、对外经济关系等方面进行历史关照，而且裂变出中华人民共和国经济史、比较经济史等新的学科方向，直接为改革开放和现代化探索提供历史鉴戒。可见，中国经济史学科富有问题意识，致力现实关切，这是学科发展的源动力。

第四，中国经济史学科的价值，是独特的。中国经济史学科不仅具有纯粹的学术价值，同时具有现实价值，是学术性与人民性的高度统一。中国经济史学科产生时，学科就面临双重使命，一是从传统史学"窠臼"中走出，实现自身的近代化，二是从"故纸堆"中走出来，参与国家和民族的命运选择和历史创造。梁启超的"新史学"实际上蕴含着从"君史"、"朝代史"向"民史"的重大转向。正是这种转向构建了中国经济史学科现实性和人民性的基础。黄炎培在"窑洞对"中对毛泽东提出的问题，从情感和理智上是基于对中国共产党的理解与同情，在学理上则是基于"治乱循环"的"王朝史观"，毛泽东的回答则是基于现代民主的"人民史观"。改革开放以来，中国经济史学科更多关注民富国强、现代化以及中华民族伟大复兴等宏大历史叙事，以更加宏阔的历史视角和更加长远的历史纵深参与历史发展和历史创造进程。

进入 21 世纪，中国经济史学科迎来发展的繁荣期。中国经济史学在学术队伍、学科建制、研究领域和国际交流四个方面都获得了前所未有的发展。学术队伍由单一发展到多元。除了经济史学专业队伍外，又分别从历史学和经济学两个领域产生了一大批经济史学研究工作者。学科建制从单一发展到多元。在全国性的中国经济史学会之下，衍生出古代经济史学会、近代经济史学会、现代经济史学会、世界经济史学会等分支机构，各个地方、各个专业也有了自己的学会。教学方面成立了全国的经济史教学委员会与课程委员会，各个院校和机构出版了自己的经济史专业教材。不仅有专业性的经济史学术刊物，历史学、经济学等学科的学术刊物也开设了与经济史学相关的专栏。经济史学的研究领域由一元发展到多元。20 世纪 80 年代的经济史学研究，主要研究"五朵金花"及其衍生问题，主要特点是"大问题"并且政治性比较强。发展至今，中国经济史学的研究已经囊括了地方经济史、企业史、环境经济史等各个领域，由一元化发展为具有个性化、地方化和特色化特征的多元化。国家社科基金、教育部社科基金以及各个省社科基金对中国经济史研究的资助力度也相应加大。中国经济史学科开始深度融入到国际学术交流。每届国际经济史学年会都有国内学者参加，而且国内外学术成果的交流也十分积极。一些学者在研究方法上开始深度融入西方的学术方法和范式。

这种繁荣既是学者们努力的结果，也深度植根于中国经济史学科产生的内生性、方法的科学性、问题的本土性和价值的独特性。这是在新的历史起点上推动中国经济史学科发展必须确立的学科自信。

三、推进中国经济史的学科自为

对学科的发展进程进行历史与理论反思的目的，是寻找学科成长的经验。中国经济史学史的重要任务，就是总结中国经济史学科产生、发展、演变的规律，明确学科未来方向，推进学科自为。

当代中国已经进入一个新的时代，即中华民族从站起来、富起来到强起来、实现中华民族伟大复兴的时期。时代需要新的中国经济史学术与理论支撑。中国经济史学科则肩负着相应的创新任务。

首先是中国经济史研究主题的创新。如前所述，中国经济史学科是跟随时代前进、应对中国问题产生和发展的，经世致用是中国经济史学科的优良传统。从 20 世纪 30 年代社会史大论战、50 年代"五朵金花"到 80 年代以来的现代化研究，都是分别呼应中国革命、建设和改革开放的时代要求。当前，中国进入民族复兴阶段，已经前所未有地接近民族复兴目标，面临前所未有的实践难题。中国经济史的主题相应需要创新，即要从历史的高度关照中华民族伟大复兴进程。沿着这一主题，中国经济史需要关注的问题包括：民族复兴的历史标杆和历史内涵、民族复兴的历史基础与历史必然性、民族复兴的历史经验与历史教训、民族复兴的历史规律、世界体系演变与中华民族复兴、社会制度与民族复兴等。这些新的中国问题，需要中国经济史学科参与探索和回答。2015年世界历史科学大会在中国召开，主题就是"全球视野下的中国"，已经预示了包括中国经济史学科在内的史学学科的发展方向。

其次是中国经济史话语体系的创新。民族复兴需要民族化的理论支撑。习近平总书记适时提出了发展21世纪马克思主义的理论任务。这一理论任务需要中国经济史学科从两个层面推进中国化理论的发展。一是从历史中探求新的理论元素。历史是理论之源，推进马克思主义中国化进程，基础是历史研究。正如恩格斯指出的："必须重新研究全部历史，必须详细研究各种社会形态存在的条件，然后设法从这些条件中找出相应的政治、私法、美学、哲学、宗教等等的观点"。二是推动中国特色社会主义政治经济学的发展。如果说政治经济学是"舶来品"，中国特色社会主义政治经济学则是基于中国历史与实践的产物。中国经济史学科要致力于为中国特色社会主义政治经济学提供基础支撑，推进中国经济史与中国经济学的问题对接、视角对接、方法对接和范畴对接。要承担上述两个方面的理论任务，中国经济史本身必须构建自身的学术话语体系，用自己的话语解释自己的经济发展史。同时，伴随中国国际地位的提升，不断提升中国经济史学科话语体系在国际学界的话语权。要破除西方中心论，以中国经济史为研究本体和立论本体，探求中国经济史的基本范畴。要善于提炼标识性概念，打造易于为国际社会所理解和接受的新概念、新表述。要推进理论逻辑与历史逻辑的高度统一，构建中国经济史学科的命题学说和理论体系。在这方面，前辈学者已经作出表率，例如冀朝鼎提出的"基本经济区"、费孝通提出的"乡土社会"、王亚南等提出的"官僚资本论"等，都是具有中国特色的国际化的学术范畴与学术框架。

从20世纪90年代中后期开始，中国经济史学的历史研究逐渐成为学界的热点问题，但是没有完整的中国经济史学史论著公开出版。

《20 世纪的中国经济史学》是目前这方面国内出版的第一本论著。这本书按照学科形成和发展的标准，比较系统全面地记述和考察了 20 世纪中国经济史学科产生和发展的过程，对于倡导中国经济史学工作者确立学科自觉、增强学科自信、推进学科自为，无疑具有开创性价值和意义。是为序。

赵凌云

2016 年 9 月 4 日

目录

导　　论

从 20 世纪初开始，现代意义上的中国经济史学萌芽、形成并不断发展，至今已有百余年历史。经过跨世纪的风风雨雨，中国经济史学从小到大，结出了累累硕果。成千上万的经济史学论文、专著的发表出版，一代又一代的经济史学人步入学术研究殿堂。在不同历史时期，不同经济史学流派掀起了一次又一次的学术大讨论，不断推动中国经济史学科向前发展。这些都是中国经济史学日渐成熟，走向繁荣的最好见证。

进入 21 世纪，中国经济史学发展迎来新机遇，面临新挑战。全面回顾 20 世纪的中国经济史学发展历程，关注中国经济史学基础理论问题，是新世纪中国经济史学研究再出发的历史起点。当前，中国经济史学科建设的一个重要任务就是全面系统深入地研究 20 世纪的中国经济史学发展历程，总结与提炼学科发展的基础理论和基本规律，为新时期的学科发展提供历史经验与理论支持。

第一节　学术大讨论带来的启示

一、学界的争论与困惑

经济史作为社会科学的一门分支学科，是非常年轻的。在西方，经济史作为一门独立的学科是 19 世纪后期出现的。1890 年，恩格斯曾说："经济史还处在襁褓之中呢！"[1] 在中国，现代意义的经济史学则是从 20 世纪初开始出现的。相对来说，作为一门独立的学科，中国经济史学形成的时间就更晚了。

---

① 《致康·施密特》，载于《马克思恩格斯书信选集》，人民出版社 1962 年版，第 463 页。

　　100 多年以来，中国经济史学研究取得了丰硕的成果。回顾中国经济史学发展历程，成就是巨大的，但依然存在着许多尚待深入探究的问题。长期以来，学术界对经济史学的研究对象、学科性质等基本理论问题的认识依然存在着较大的分歧。

　　作为一门成长中的学科，学术界一直未能对中国经济史学研究对象这一基础理论问题形成比较统一的看法和观点，期间经历了数次经济史学研究对象学术大讨论。主要涉及两个方面，第一是研究对象的横截面，即经济史学研究的面究竟有多宽。对这一问题的讨论，在 20 世纪 50 年代，学术界主要有三种代表性的观点。一种观点认为经济史的研究对象为生产关系。[1] 另一种观点认为，国民经济史要揭示的是某一个国家社会经济发展的具体过程和特点，是生产力和生产关系的矛盾和统一的发展过程。在"国民经济"这一总体中，生产占据主导的地位。它的形式和性质，决定流通、分配、消费的形式和性质。生产包括生产力和生产关系两个方面。因此，本学科的研究对象，既包括生产关系，也包括生产力，但主要是生产关系。或者说，以生产关系为主，生产力为辅。[2]还有一种观点认为，经济史的研究对象是通过一个国家的生产力和生产关系之间、经济基础和上层建筑之间的相互作用的具体发展过程的研究，探索这个国家各种生产方式和经济发展阶段的特点及规律。[3] 进入 20 世纪 80 年代后，学界关于经济史研究对象的见解纷呈，又有了一些新的观点和提法。一种观点认为，经济史的研究对象是各个时期的社会经济运行的规律。[4] 另一种观点认为，经济史的研究对象，既不是生产关系，又不是生产力，也不是生产方式，而是社会经济构成或全部社会经济的总和，包括生产力结构和生产关系结构，包括各部门、各产业、各地区之间的相互关系和国民经济的各种比例，诸如各种产业结构、经济技术结构、所有制结构、商品生产和商品交换的产品结构和进出口产品结构、赋税结构、金融政策结构、阶级结构。[5] 还有一种观点认为，经济史就是要研究生产关系和各个时期生产力的发展水平。[6] 最后一种观点认为，经济史的研究对象，"在横向上，就经济史学科中的各个分支而言，其对象，有的是生产力，有的是生产关系，有的是生产力与生产关系及其关系。若就整个学科而言，则只能表述为'经济'，即物质资料的生产以及相应的交换、分

① 孙健：《国民经济史的对象、方法和任务》，载于《经济研究》1957 年第 2 期。
② 李运元：《试论国民经济的研究对象》，载于《经济研究》1957 年第 6 期。
③ 邹敬勋：《国民经济史的对象、任务和方法》，载于《东北人民大学学报》1957 年第 4 期。
④ 傅筑夫：《进一步加强经济史研究》，载于《天津社会科学》1982 年第 6 期。
⑤ 魏永理：《中国近代经济史纲》上册，甘肃人民出版社 1983 年版，第 4 页。
⑥ 吴承明：《关于研究中国近代经济史的意见》，载于《晋阳学刊》1982 年第 1 期。

配、消费。这包括社会生产力及社会生产关系。在纵向上，就经济史学科中的各个分支而言，其对象，有的是古代，有的是近代，有的是现代，有的是从远古到最近的一个发展阶段的终止之日。若就整个学科而言，而只能表述为'史'，即已成为学科研究对象的过程，而非绝对时间意义上的昨天。换言之，经济史学科的研究对象，横向上，宽到经济全部领域；纵向上，长到历史全过程，包括整个的经济的全部历史。它只受'经济'与'史'的限制。"①

　　第二就是研究对象的纵向方面，即中国经济史研究的时限有多长。关于中国经济史研究对象的时间上限问题，学术界的认识基本一致。关于研究的时间下限问题，分歧则非常大。从20世纪80年代开始，学者们纷纷发表各自的看法，其代表性的观点有三种。一种观点认为，中国经济史研究的对象在时限上主要是指远古时代至1949年中华人民共和国成立之前经济发展演变的历史。②另一种观点认为，直至今天为止的经济事实都可以成为中国经济史的研究对象。③ 第三种观点认为，"对客观存在的经济历史与作为经济史学科研究对象必须严格区别"，"区分经济历史与经济史学科研究对象的界标是经济事件是否已告一个段落，而不是绝对时间，不是研究对象与开始研究它的时间一定要隔多少年"，"明确经济历史与经济史学科研究对象的区别是很重要的。一方面，可以避免匆匆忙忙地研究那些尚未成为研究对象的事物，其后果，往往得不出符合事物本质的历史性结论。另一方面，可以不断扩展学科的研究领域，使学科的内容更加丰富尽可能地贴近现实，使学科的研究成果直接成为决策的重要依据，充分发挥学科为现实与未来服务的功能，使这门学科更受社会各界的欢迎与重视。"④

　　对经济史的学科性质，学术界也存在着多种不同的见解。一种观点认为，经济史所研究的是社会经济现象，因而它具有经济科学的性质；同时，它又不是一般的研究经济现象，因而它又有历史科学的性质。因此，它是介于经济学和历史学之间的一门边缘学科。⑤ 另一种观点认为，经济史属于历史学科，是历史科学的一个分支，但也和经济科学有密切关系。在1983年全国社会科学规划会议上，经济史从以往列于经济学科改变为列入历史学科的规划中，也反

　　① 赵德馨：《重提经济史学科研究对象的问题》，载于《中国社会经济史研究》1992年第3期。
　　② 吴承明：《中国经济史》，载于《中国大百科全书·经济学》Ⅲ，中国大百科全书出版社1988年版，第1341页。
　　③ 熊彼特：《经济分析史》（第一卷），1954年英文版第1213页，中译本1991年商务印书馆版第28～29页。
　　④ 赵德馨：《重提经济史学科研究对象的问题》，载于《中国社会经济史研究》1992年第3期。
　　⑤ 魏永理：《中国近代经济史纲》上册，甘肃人民出版社1983年版，第1页。

映了这种倾向。[①] 还有一种观点认为，经济史就其本质而言，属于经济科学。虽然在名称上经济史带有"史"字，也具有"史"的性质，但并不是一般的历史，而是经济的历史。正如同音乐史是音乐的历史，它属于音乐科学而不属于历史科学，科技史是各种自然科学和技术的历史，它属于自然科学的范畴，而不属于一般历史。其他如建筑史、文学史、医学史等，都属于各自的独立科学，而不属于一般历史。同样，经济史虽然应用了历史方法或历史观点，但是它所研究的是社会经济的结构形态及其发展变化的运动规律，基本上属于经济范围，是经济学的一个分支学科。[②]

　　这场从 20 世纪 50 年代开始的学术大讨论至今从未停止，也从未达成共识。经济史学的研究对象、学科性质等问题的争论不仅使经济史学发展面临着理论的困惑，而且使经济史学科发展不得不面对现实的挑战。作为社会科学的一个分支学科，经济史学的存在是无须求证的，但它的学科性质与作用，则远没有它的存在性那么明确。尽管史学界和经济学界两者都强调经济史学在各自学科领域中的地位和作用，但经济史学实际上处于一种尴尬的境地。

　　经济史学的研究对象、学科性质等问题都是有关学科自身发展的基础理论问题。正确理解、回答学科基本概念的内涵和外延是经济史学科基础理论建设的重要内容。社会科学发展的一般规律告诉我们，在一定程度上，学科的基本概念内涵决定了学科发展方向。如果理论上对学科有关的基本概念还存在着分歧，那么这门学科的正常发展历史进程很难不受影响。

二、学术大讨论带来的启示

　　学术界的争论与困惑让我们必须正视这一事实：正确回答经济史学的学科性质、研究对象，仅仅进行理论的抽象与概括是远远不够的。人类学术史发展的一般规律告诉我们，任何一门学科的学科性质、研究对象都和学科本身的发展史密切相关，都是从学科发展史中归纳总结、抽象分析出来的理论范畴。离开经济史学萌芽、形成、发展的具体历史过程而抽象地分析其学科性质、研究对象，往往会使我们陷入盲目空洞的概念与理论的争论中。因而从经济史学科萌芽、形成、发展过程中去寻找问题的答案或许是一种更好的办法。这是学术大讨论带来的启示，也是本书关注中国经济史学史研究，重点分析 20 世纪的

　　① 孙健：《中国近代经济史的对象方法和任务》，载于《自修大学》1983 年第 1 期。
　　② 经君健：《加强中国经济史研究是发展经济学科的一项重要战略任务》，载于《经济研究》，1983 年第 10 期。

中国经济史学发展的重要缘由。

回顾 20 世纪的中国经济史学发展历程，从萌芽到初步形成，学界先后掀起了数次研究高潮，经历了几次学科转型，迎来了学科发展的不断繁荣局面。有关中国经济史学研究的基本范畴，如研究对象、学科性质、研究方法等问题在其众多研究成果中都或多或少得到了体现。聚焦 20 世纪的中国经济史学，探讨 20 世纪中国经济史研究重点、研究理论与方法，将有助于我们加强学科基础理论研究。

三、研究中国经济史学发展史的现实意义

任何一门学科都没有抽象的学科发展历史，经济史学发展历史也不例外。本书主要总结了中国学者以中国经济史为研究对象的 20 世纪经济史学发展历程。这样，一方面可以通过分析中国经济史学在不同历史时期的具体发展情况来把握中国经济史学科整体的发展方向和演变轨迹，另一方面，又使得我们对经济史学研究对象、学科性质、社会功能以及研究者的学科思维等问题进行重新思考。

研究中国经济史学史不仅具有理论意义，更具有重大的现实意义。中国经济史学从 20 世纪初萌芽发展至今，已经有百余年的历史。总结一百多年来中国经济史学取得的成绩，经历的发展阶段，形成的主要学术流派和代表人物，对人类学术发展的学术贡献等等，对这些问题的正确回答，都离不开分析中国经济史学发展自身的历史。另外，作为中国经济史学科体系的重要组成部分，中国经济史学史的研究刚刚起步，几乎是一片处女地。从加强中国经济史学科建设、完善学科体系的角度来分析，我们也应大力加强中国经济史学史的研究。最后，研究中国经济史学史也是学术积累与变迁的必然趋势。中国经济史学自 20 世纪初萌芽后，发展至今，经历了较长时期的学术积累，出于经济史学的职业化和专门化的需要，出于对后代学人培养的需要，中国经济史学也必须对自己的历史、性质、对象、特征、内容、功能、方法、研究者素养等许多问题进行系统的思考和回答。这也是加强中国经济史学史研究的一个非常重要的理由。

学术界的争论与困惑和现实的需要交织在一起，需要我们在前人研究的基础上，对中国经济史学史进行深层次的分析与研究。本书将以 20 世纪中国经济史学发展历程为学科研究新起点，探索 21 世纪推动中国经济史学走向新辉煌之启迪。

第二节　学科建制化演进与体系构建

一、从学科建制化看中国经济史学发展

任何一门社会科学从萌芽到成熟的发展都应该经历一个学科建制化的过程，经济史学也不例外。尽管由于时代背景和社会大环境的不同，任何一门社会科学在学科建制化的过程中，都有其自身的特点，但也有其共同特征。一般而言，学科建制化主要表现为研究人员职业化、成果系列化、交流平台化、知识体系化和队伍持续化五个方面。根据学科建制化五个方面的主要特点，20世纪中国经济史学发展先后经历了世纪之初的学科萌芽、30年代的学科研究第一次高潮、抗战时期的曲折发展、新中国成立后学科转型时期、改革开放后的学科繁荣与大发展五个阶段。

梁启超著《中国国债史》、魏声和著《中国实业界进化史》与沈同芳著《中国渔业史》等书于1904年相继出版，标志着现代意义的中国经济史学科的萌发，这一判断在学界已成共识，这也是中国经济史学学科建制化的起点和开端。大学开设经济史课程，设置专门经济史教席，则是经济史学科建制化取得明显进展的标志。1912年北京大学修订的"学制与学科设置"规定"经济学门"必修"宪法、行政法、政治学……财政史、经济学、经济地理、林政学、经济行政法、经济史、财政学……保险学"，"历史学门"必修"史学研究方法、中国史……经济史，法制史，外交史……人类及人种学"①，并在史学系设《中国经济史》教席，主讲教师为黎世衡。②

20世纪30年代中国经济史学迎来第一次高潮，也是学科建制化取得重大突破时期。这一时期出现了一大批专门从事经济史学研究的人员和队伍，如1932年，中国经济研究会成立时下设经济史组，1934年5月，汤象龙、吴晗倡议成立小型的"史学研究会"，团结了一批中国经济史学研究骨干力量，1935年9月，陶希圣在北京大学法学院设立中国经济史研究室，召集一批弟子从事中国古代社会经济史研究；论著出版方面有部门经济史、断代经济史等系列成果，如马乘风的《中国经济史》；1932年，《中国近代经济史研究集刊》创刊，这是中国第一

---

① 参见王学珍、郭建荣主编：《北京大学史料（第二卷）》，北京大学出版社2000年版，第72~73页。
② 参见王学珍、郭建荣主编：《北京大学史料（第二卷）》，北京大学出版社2000年版，第378页。

份以经济史命名的学术刊物，1934 年 12 月，《食货》杂志创刊，创刊于 1932 年的《现代史学》开设"经济社会史"专栏，创刊于 1933 年的《中国经济》出版"中国经济史研究专号"，这些都是中国经济史学很好的交流平台。抗战爆发，中断了中国经济史学蓬勃发展之态势，整体发展呈现退中有进的趋势。

新中国成立后，学术环境的大转换使得中国经济史学建制化进程取得新的突破，首先，1953 年，高等教育部院系调整，各综合大学经济学（院）系，各财经学院各系都要求开设经济史课，为此高等教育部专门委托中国人民大学开办经济史教师研究生班。这些举措，使得中国经济史学的知识体系化与队伍持续化打开了新局面，迈上新台阶。1953 年中央人民政府组织成立的中国历史问题研究委员会，在这一平台上，中国近代经济史资料的编辑与出版又开辟了新的领域。

改革开放后，中国经济史学科建制化最大的标志性成果是专业性刊物的创办和中国经济学会的成立。1982 年，厦门大学创办《中国社会经济史研究》，1986 年，中国社科院经济研究所创办《中国经济史研究》，两份刊物起到了当年《食货》与《集刊》的作用；从 1981 年开始，东三省、四川、湖北、广东、浙江、上海等地纷纷成立经济史学会，1986 年，全国性的经济史学会正式成立。中国经济史学在新时期迎来了新的繁荣与发展。

二、从学科体系构建看经济史学史研究

任何一门发展成熟的社会科学，都有自身完整的学科体系，经济史学也不例外。有关经济史学科体系包括的具体内容，国内学术界的看法并不一致，研究成果也不是特别丰富。

赵德馨是较早探讨这一问题，并取得重要研究成果的国内学者之一。他认为，"从学科研究对象区分，经济史学科分为两大类。一类是以人类经济生活演变过程及其规律为研究对象的经济史学。另一类是以经济史学为研究对象的经济史学概论"（或简称"经济史论"）。"经济史学这个大类中又可分为两个小类。一类以研究经济生活演变过程为对象，着重揭示它是怎样演变和引起这种变化的具体因素。另一类是在前一类研究成果的基础上，对经济生活演变过程进行理论分析、概括与抽象，着重揭示它为什么这么演变及其运行机制与规律"。"经济史学概论研究经济史学的研究对象、研究方法、叙述方法、理论、历史、学派、相邻学科、分期标准、研究者素质（研究者主体）等等。"[①] 这

---

① 赵德馨：《经济学科的分类与研究方法》，载于《中国经济史研究》1999 年第 1 期。

样，经济史学科分类的第一、二个层次是①：

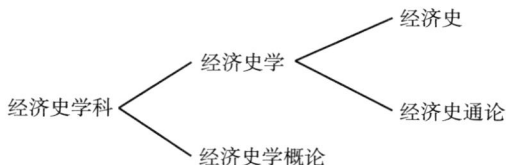

```
                                        经济史
                          经济史学
经济史学科                               经济史通论
                          经济史学概论
```

　　从赵德馨的经济史学科体系分类理论中，我们可以得到很好的启示：完整的经济史学科体系应该包括主体经济史学（经济史学基础理论）和客体经济史学（各种具体经济史研究）两个部分。主体经济史学以经济史学基础理论为研究对象，但一直是学界研究的薄弱环节。客体经济史学以人类经济生活演变过程及其规律为研究对象，主要是指具体的经济史研究。从目前经济史学界研究的重点领域来看，研究者更多的是注重对客体经济史学（即具体的经济史）的研究，学术界对经济史学基础理论的研究远远落后于对客体经济史学的研究。对于具体的经济史学所包括的主要内容，学术界并没有很大的分歧。一般认为，从层次上分析，有国民经济史、部门经济史、区域经济史、企业史等，这些学科分别处于经济史学科的不同层次；从时限上分析，有经济通史和断代史；从国别上分析，有本国经济史和外国经济史。

　　从学科发展的一般规律来分析，经济史学概论的主要内容应该是确定的。新中国成立以来，对于经济史学概论所包括的主要内容，中国经济史学界也曾有过研究，其代表人物有严中平、陈振汉、吴承明和赵德馨等老一辈经济史学家。严中平在 60 年代写过几篇专门论述经济史研究方法的文章，80 年代出版了《科学研究方法十讲》一书。从 80 年代中期开始，吴承明也开始研究经济史学研究方法，并发表了一系列有关经济史研究方法的文章。陈振汉从 1982年秋开始在北京大学经济系开设"经济史学概论"课程，并编写"经济史学概论讲义初稿"。赵德馨早在 1984 年就开设了一门"经济史学概论"课程，内容包括经济史学的研究对象及其内容的构成、研究的程序与方法、学科产生与发展过程、国内外经济史学流派、经济史学与理论经济学的关系等等。他对这些问题进行了系统的研究，并发表了多篇论文。比较分析学界前辈的研究成果和学术观点，对经济史学概论所包括的主要内容，大家的看法较为一致。但是它们各自在经济史学概论整个学科体系中的层次、地位与作用，却需要进一

---

① 赵德馨：《经济史学科的分类与研究方法》，载于《中国经济史研究》1999 年第 1 期。

步的分析与论证。经济史学概论的最高层次应该是属于经济史哲学层次，其次是方法论层次，然后是经济史学史，最后是经济史的学科性质、社会功能、研究对象、历史分期、研究者素质等内容。我们同样可以用一个图来描述经济史学概论所包括的主要内容：

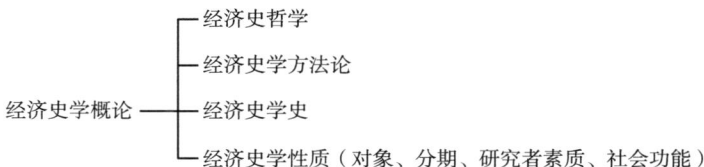

```
                       ┌── 经济史哲学
                       │
                       ├── 经济史学方法论
经济史学概论 ──────────┤
                       ├── 经济史学史
                       │
                       └── 经济史学性质（对象、分期、研究者素质、社会功能）
```

　　通过以上的分析，我们发现经济史学史不仅是经济史学科体系的重要组成部分，而且还处于重要的层次和地位，在经济史学概论中，经济史学史仅次于经济史哲学层次和经济史方法论层次。由此我们可以得出一个结论：完整的经济史学科体系不能没有经济史学史。

第三节　学界拓荒性的探究与思考

　　长期以来，经济史学界存在着注重研究具体的中国经济历史而忽略有关经济史学基础理论研究的倾向，有关中国经济史学概论方面的研究成果并不是很多，研究者对中国经济史学史的系统研究成果则更少。据不完全统计，在学界已有研究成果和中国经济史学史相关联的出版物中，主要是经济史学论著文献索引和代表性论文，它们构成深入研究中国经济史学发展的基础资料，但目前尚未出版专门的中国经济史学发展史论著。

　　已有的文献资料表明，国内学术界较早关注中国经济史学科本身发展历史，并在这一研究领域取得显著成绩的是陈啸江，1949 年前对这一问题进行过研究的学者还有秦佩珩。新中国成立后的 50 年代与 80 年代，学术界曾有过两次关于中国经济史学研究对象、学科性质的讨论，这两次讨论虽然属于经济史学概论的范围，但有关中国经济史学史的研究成果并不很多。1949 年后国内学术界对中国经济史学史进行专题研究的代表性学者有宓汝成、赵德馨、虞和平、李根蟠、李伯重等人。他们有的对中国经济史的起源进行了研究，有的对中国经济史学形成的时间及标志作了探讨，有的对中国经济史学的发展阶段进行了划分。学界前辈在这一领域的研究具有拓荒性，为后来者的研究奠定了基础。

一、代表性人物及主要学术观点述评

（一）陈啸江对中国经济史学学科发展的研究

陈啸江是 20 世纪 30～40 年代著名的中国经济史学家，对中国古代两汉、三国、两晋时期的社会经济发展有过系统的研究。1937 年，他曾在《社会科学论丛季刊》发表《中国社会经济史研究的总成绩及其待解决的问题》一文，该文是当时国内少有的专门研究中国经济史学发展史的专题论文。陈啸江对中国经济史学史研究的学术贡献主要有以下几个方面：第一，陈啸江对中国经济史学学科起源进行了探讨，并提出了自己的观点和看法。他认为，"中国经济史这一个学科，在我国是非常新兴的……近人开始注意到本国经济社会史的研究，当回溯于 1925～1927 年时期。"① 当时学术界一般把 1919～1920 年间，胡适、胡汉民、廖仲恺等人关于井田制度的有无问题的辩论，看作中国经济史学形成的历史起点，但陈啸江并不认为可以将井田制有无问题的辩论看作中国经济史学开始形成的标志。他认为"当时考证的意味，实重过经济史研究的意味，第一挑战者胡适，便是为欲证其所谓'层累地造成古史'的公式而提出此问题的。"② 第二，陈啸江对中国经济史学学科发展进行了阶段划分，他把 1925～1937 年的中国经济史研究分为三个阶段。第一阶段为萌芽期或个别研究期，第二阶段为论战期或共同研究期，第三阶段为专题研究期或科学研究期。第三，陈啸江对 1937 年前中国经济史研究作出了总体评价，他认为"中国经济史尚在研究形成的过程中"。③ 对于这一判断，陈啸江也作了进一步的解释，因为"完备的甚至仅比较称人意的全史现在可说尚没有，至断代或部门的专史，近来出版虽多，但可以努力的部分，仍是不少"。④ 我们从陈啸江的论述中可以看出，他认为中国经济史学的形成前提之一是中国经济通史著作的出版。最后，陈啸江对有关中国经济史学学科的资料进行了收集、整理，作了大量的基础性工作。他把这一时期有关中国经济史研究的著作、论文分为全史、断代史、部门专史、泛论和杂志论文五项并一一作了介绍，这是学界分类整理经济史学论著目录索引的发端。从中国经济史学学科发展史研究的角度看，陈啸江的这项工作具有开创性的学术价值。

①②③④　陈啸江：《中国社会经济史研究的总成绩及其待解决问题：献给开始研究本问题的朋友们》，载于《社会科学论丛季刊》1937 年第 3 卷第 1 期。

（二）秦佩珩对中国经济史学学科发展的研究

秦佩珩从 1937 年开始注意研究经济史学科发展的阶段及其特征。1944 年，他在《新经济》发表《中国经济史坛的昨日今日和明日》一文；1948 年，他在《清议》发表《从蓬勃到沉寂的中国经济史坛》一文，这两篇文章都属于学科发展总结性质的经济史论文。秦佩珩对中国经济史学学科发展研究的贡献主要有以下几点：第一，秦佩珩对中国经济史学科发展作了阶段性划分，1921～1937 年为一个阶段，这一阶段为中国经济史研究从开启到形成阶段，他认为，"自胡适之与胡汉民等讨论井田问题，以启中国经济史研究之端"，"陶希圣所主编的《食货》杂志……这时，中国经济史的倡导工作，已达到了最高潮"。① 秦佩珩还认为抗战时期为一阶段，抗战结束后再划分为另一阶段。这种划分不仅明显有别于陈啸江的观点，而且将抗战时期、抗战结束后分别作为不同阶段来研究。第二，秦佩珩对各个阶段的研究特点都作了归纳、总结，使得我们对中国经济史学发展的总体特征有了大致的把握。他认为，以社会史研究为开端，社会史与经济史的研究结合在一起，是 20 世纪早期中国经济史学研究的显著特征。最后，他还对中国经济史研究有关的代表人物、著作、刊物作了介绍，这是一项基础性工作，为后人研究中国经济史学科发展历史积累了大量有价值的资料。秦佩珩认为，从 1921～1927 年这段时间，"陶希圣、唐庆增、马乘风、齐思和、梁方仲、卫聚贤、连士升、鞠清远、蒲耀琏、莫非斯、陶孟和、魏重庆、王志瑞、陈啸江"等人做出的贡献最大，其中又首推陶希圣倡导的食货学派。②

（三）宓汝成对中国经济史学科发展的研究

宓汝成在其所著的《中国近代经济史研究综述》一书中曾对中国经济史学发展历史作过简短回顾，并对中国经济史学科形成的时间、新中国成立前中国经济史学研究的整体水平提出了他的看法。第一，有关中国经济史学形成的时间。宓汝成认为，"直至本世纪二十年代后期，中国社会科学才有关于中国近代经济史的著作问世。二十年代末三十年代初，中国社会性质的论战对本学科的研究，客观上起了促进作用。学术界的先进者开始尝试以马克思主义为理论指导，从事此项研究工作；一些正直的资产阶级学者也作了比

---

① ② 秦佩珩：《中国经济史坛的昨日今日和明日》，载于《新经济》1944 年第 11 卷第 3 期。

较认真的探索。"① 第二，对于 1949 年前中国经济史学研究所取得的成绩，宓汝成认为，"中国近代经济史这一学科，截止中国人民革命胜利时，已经做出的成果稀少，也没有为开展这门学科的研究准备多少物质条件，整个学科园地，总的来说，尚处于待开垦的状态"。② 相对于其他学者研究得出的结论，宓汝成对 1949 年前中国经济史学发展取得的成绩评价是持谨慎乐观态度的。

（四）赵德馨对中国经济史学学科发展的研究

赵德馨是改革开放后国内较早研究中国经济史学史的学者之一，1984 年给硕士研究生开设"经济史学概论"课程，开始系统讲授经济史学史相关专题内容。赵德馨对中国经济史学科的萌芽和形成提出一系列的观点，其主要学术贡献有以下几个方面：第一，赵德馨对中国经济史学科萌芽的时间及具体标志作出了判断。他认为，"梁启超著《中国国债史》、魏声和著《中国实业界进化史》与沈同芳著《中国渔业史》等书于 1904 年以后相继出版，标志着近代意义的中国经济史学科的萌发。"③ 中国经济史学科萌芽是中国经济史学科化的历史起点，对这一问题的探讨，有助于我们从源头探讨中国经济史学科发展的前提条件和历史背景。第二，赵德馨对中国经济史学形成的特征进行了归纳分析，把中国经济史学科的诞生和中国社会性质的大论战联系在一起。他认为，"……所以在论战中产生一大批中国经济史论著。这些论著的主要特征是：第一，大都直接地为认识现实经济性质服务。第二，适应认识社会性质的需要。产生了以国民经济整体为研究对象的国民经济史著作。第三，一些人运用马克思主义理论说明中国经济发展过程的现象。与各类经济史著作问世的同时，大学课程表上开始列出中国经济史课程，社会科学研究机构里成立中国经济史小组，社会上涌现一批以研究中国经济史为专业的独立科学工作者与教学工作者，出版界发行了中国经济史的专业刊物。所有这些，标志着中国经济史学科的诞生。"④ 通过这些论述，我们可以看出赵德馨评判中国经济史学科诞生有以下几个前提条件：第一，大量的中国经济史著作出版；第二，中国经济史研究的专业刊物出现；第三，职业的中国经济史研究和教学人员开始出现；第四，相对稳定的中国经济史研究团体成立；第五，经济史开始走进大学课堂。这些前提条件也是学科建制化的主要标志，对我们研究和判断中国经济史学科发展进程仍有相

---

①② 宓汝成：《中国近代经济史研究综述》，天津教育出版社 1989 年版，第 27～28 页。
③④ 赵德馨：《发扬面向现实，反思历史的优良传统》，载于《赵德馨经济史学论文选》，中国财政经济出版社 2002 年版，第 784～793 页。

当的借鉴意义。

（五）虞和平对中国经济史学科发展的研究

虞和平在《五十年来的中国近代史研究》一书中也曾对 1949 年前中国经济史学科发展进行了评述，他认为，"中国近代经济史作为学术研究的专门学科，它的起始可以追溯到本世纪初。"[①] 虞和平对中国经济史学科发展研究的学术特点和贡献主要有以下几点：第一，他对 1949 年前的中国经济史研究进行了阶段划分，并分析了每个阶段的主要特点，厘清了中国经济史学科发展的基本线索。他认为，1904～1913 年为萌芽阶段，1914～1927 年为学科初步形成阶段，1928～1937 年为较快发展和体系完善阶段，1938～1949 年为退中有进阶段。学术界曾对中国经济史学科发展进行过阶段划分，但较少从 20 世纪初期至 1949 年来划分中国经济史学科发展阶段。已有成果有助于我们分析 20世纪中国经济史学萌芽、形成、发展的主线，对新中国成立前中国经济史学科发展的整体水平进行评价。第二，虞和平对中国经济史学科的萌芽和初步形成提出独特的见解。他认为，"中国近代经济史著作最早出现于 1904 年，该年广智书局出版了梁启超的《中国国债史》。此后 10 年中，共出版有关中国近代经济史的著作 27 种。……这些著作虽然在内容上涉及了近代经济史的范畴，但是作为总结人们从事经济活动经验教训和经济发展历史规律的近代经济史学科尚未形成。"[②] 因此他将 1904～1913 年看作中国经济史学科的萌芽阶段。他还认为，1916 年，王振先在"救时经济丛书"发刊词中的讲话"初步指出了经济史研究的意义、对象和任务，并在有关著作中已有不同程度的体现，标志着中国近代经济史学科已进入初步形成的阶段。"[③] 学术界一般将 20 世纪 30 年代定为中国经济史学科形成时期，虞和平则认为 1914～1927 年为中国经济史学科初步形成阶段。第三，他还对学界运用马克思主义理论研究中国经济史作了详细的历史考察，指出了历史唯物主义的观点和方法在中国经济史学科发展中的历史地位。

（六）李根蟠对中国经济史学科发展的研究

李根蟠先后在《历史研究》《经济学动态》《河北学刊》等学术刊物上发表系列文章，对中国经济史学科发展的起源、形成及其阶段性特征都有过深入的研究。李根蟠有关中国经济史学科发展的学术贡献和特点主要有以下

[①][②][③]　曾业英：《五十年来的中国近代史研究》，上海出版社 2000 年版，第 81～83 页。

几个方面：第一，李根蟠对中国传统史学中的经济史方面的记述客观地进行了评价。他认为，"20 世纪以前中国不是没有经济史学，相反，自司马迁作《史记·平准书》、班固作《汉书·食货志》，历代关于经济史的记述可以说是延绵不断，源远流长的。但它的指导思想基本上是封建的正统史观，所记述的主要是国家管理经济的典章制度和有关的经济主张，对整个社会和全体人民经济生活，它所反映的广度和深度，以及此种反映的自觉性，都是远远不够的。所以这不是现代意义上的经济史学，可称为传统经济史学。"① 中国经济史学科的发展和中国传统史学中的经济史方面的记述有着浓厚的学术渊源关系，清算整理中国传统史学中的经济史学遗产，是李根蟠对中国经济史学科发展作出的学术贡献。第二，他第一次探讨了西学东渐和中国经济史学形成的关系。作为一门独立学科的经济史学的产生，中国和西方走着不同的道路。李根蟠认为，"现代意义的中国经济史学是随着西方近代历史学、社会学、经济学等社会科学理论的传入才得以形成的，而作为中国近代史学的一个分支，它的出现又相对晚后。"② 探讨西学东渐对中国经济史学形成的影响，有助于我们分析中国经济史学科的成长路径。第三，李根蟠第一次探讨了唯物史观与中国经济史学形成的关系。国内学者曾对 20 世纪 20 ~ 30 年代社会史论战的背景、代表人物、主要观点及其影响进行过深入研究，但很少有人从社会史论战与唯物史观的传播，唯物史观的传播与中国经济史学形成的视角来研究中国经济史学发展。李根蟠认为，"现代中国经济史学基本上是与 20 世纪同行的，它的形成和发展与马克思主义唯物史观在中国的传播和发展紧密相连；可以说，没有马克思主义的唯物史观，就没有现代中国经济史学。中国经济史研究在 20 世纪经历了三次高潮，第一次是 20 世纪 20 年代末至 30 年代中，第二次是新中国成立后的十七年，第三次是文化大革命结束后的新时期。每次高潮的出现，都与唯物史观的传播和发展分不开。"③

（七）李伯重对中国经济史学科发展的研究

李伯重在《回顾与展望：中国社会经济史学百年沧桑》一文中全面回顾了中国经济史学发展百年历程。他认为，"在过去的一个世纪中，中国的经济史学走过了坎坷的发展历程。这个历程包括四个主要阶段：萌芽阶段（1904 ~ 1931 年），形成阶段（1932 ~ 1949 年），转型阶段（1950 ~ 1978 年）和繁荣

---

①②③　李根蟠：《唯物史观与中国经济史学的形成》，载于《河北学刊》2002 年第 3 期。

阶段（1978～2007年）。"① 与学界同行比较，李伯重的研究具有更浓厚的全球学术视野色彩，更突出分析了每一个阶段社会环境变迁对学科发展的影响。

不可否认，无论是研究过程中使用的方法，还是研究所取得的最终成果，学界对中国经济史学科发展历史的研究都给我们很好的启示。总结他们的研究成果，主要有以下几个方面的特点。

第一，学者们从不同角度对中国经济史学的萌芽时间和标准进行了分析和探讨。虽然学界未能在中国经济史学何时萌芽这一问题上取得一致的观点，但是，对于这一问题广泛的探讨，可以更好地分析中国经济史学科建制化的历史起点，更好地探寻中国经济史学科发展的学术渊源。中国经济史学萌芽受多种因素的影响和制约，研究者对中国经济史学萌芽的多视角考察，正是探究中国经济史学萌芽时间、标志及原因的正确路径。

第二，学界对20世纪中国经济史学进行了阶段性划分。尽管受研究者时代局限性的影响，大家对中国经济史学发展的阶段看法各异，但对学科发展的历史轨迹却基本一致。这为后来者研究中国经济史学发展的社会环境和时代背景奠定了良好基础。

第三，学界对中国经济史学科发展历史过程中取得的成绩分别做出了总体评价。研究中国经济史学科发展历史阶段，分析中国经济史学的萌芽、形成和发展的历史过程，都离不开对中国经济史学科发展的每一阶段性成果作出实事求是的评价。任何一门科学都是在继承前人成果的基础之上发展起来的。分析中国经济史学科发展历史的一个重要任务就是要客观评价20世纪的中国经济史学科建制化整体水平，为新时期学科发展寻找历史坐标点。

二、学界已有成果统计及简介

迄今为止，学界还没有专门的中国经济史学史论著出版，但经过几代学人的耕耘与努力，经济史学界与出版界通力合作，在论著索引收集、整理、分类、研究综述、专题学术史回顾等方面已做了大量基础性工作。公开出版的经济史论著目录索引给本书的研究和写作带来了极大便利，本书将学习借鉴学界已有成果，以尽可能展现中国经济史学发展原貌与特点。

（一）《中国社会经济史论著目录》一书简介

该目录是在著名经济史学家孙毓棠先生的倡导下，由中国社科院历史所经

① 李伯重：《回顾与展望：中国社会经济史学百年沧桑》，载于《文史哲》2008年第1期。

济史组集体编辑而成，1988 年齐鲁书社出版发行。该书收录了 1900～1984 年上半年国内发表的有关社会经济史论文和著作（包括中国台湾和香港）目录，约近 2 万条，论文收自国内近 3000 种报刊及论文集；根据论著内容，分为"总论""农业""货币、金融、高利贷""中外经济交往""交通、邮驿""资本主义萌芽""近代工业""中国经济思想史""中国社会经济史的几个重要理论问题"① 十三大类。《中国社会经济史论著目录》是新中国成立后国内第一部公开出版的经济史论著目录文献索引，较系统、准确地梳理了学界已有的研究成果，但是《中国社会经济史论著目录》侧重古代与近代，尤其是中国古代经济史学研究动态，对于 1949 年后的中华人民共和国经济史条目没有收录。

（二）《1949～1982 年中国经济文献索引》（内部资料）与《中国古代、近代经济史论著目录索引》（内部资料）简介

《中国古代、近代经济史论著目录索引》由赵德馨与李运元共同主编，原中南财经大学、西南财经大学印刷，共 16 本，100 万字，据赵德馨先生回忆，1956 年就启动了该项目的前期资料整理工作；《1949～1982 年中国经济文献索引》是原湖北财经学院中华人民共和国经济史课题组前期成果。这是目前经济史学界唯一少有的从中国古代经济史到中华人民共和国经济史的文献索引，虽然是同行学习交流的内部资料，但却不能忽视其学术影响力与开创性贡献。

（三）《中国近代经济史研究综述》一书简介

该书是天津教育出版社《学术指南》丛书的经济史学分支学科研究成果，《学术指南丛书》以介绍学科发展概况、研究成果、研究动态和发展趋势为主要任务。从时间上看，《综述》主要分析 1949～1986 年的中国近代经济史学发展，较少涉及新中国成立前的经济史学科发展；从内容上看，《综述》主要分析中国近代经济史学研究，较少涉及中国古代经济史学和中华人民共和国经济史学；从空间上看，《综述》对比分析了中国大陆本土、台湾、香港地区和国外相关国家和地区的中国近代经济学研究概况。在梳理前人已有成果，整理分类目录索引时，《综述》还分专著、资料书、工具书三类进行了简要评介。

（四）《中国近代经济史论著目录提要》一书简介

该书提供了新中国成立以来至 1985 年中国学术界关于中国近代经济史的

① 中国社科院历史所经济史组编：《中国社会经济史论著目录》，载于《例言》，齐鲁书社 1988 年版。

部分论文提要、全部论文和著作的目录。全书共收集论文提要 298 篇、论文目录 2158 条、著作目录 235 条①，很大程度上反映了学界研究的全貌。论文提要分总论、鸦片战争前夕的中国社会经济、帝国主义经济侵略、半殖民地半封建社会经济状况和制度、资本原始积累与民族市场、太平天国的经济、农业、手工业、民族资本主义、民族资产阶级、官僚买办资本和官僚买办资产阶级、工业、矿冶业、交通运输业、商业和贸易、金融和货币、财政、地区和少数民族经济、革命根据地经济、工人阶级及其经济状况等二十个专题。著作目录在论文提要目录分类的基础上增加了工人阶级及其经济状况和人物评传两个专题，论文目录索引在著作目录的基础上又增加了书评、资料介绍和综述专题。该书收集的论文提要反映了新中国成立以来学界有关中国近代经济史学整体研究水平。

（五）《二十世纪中国社会科学》丛书简介

该书由上海市社会科学界联合会组织编写，其中《历史学卷》与《理论经济学卷》都设有中国经济史学发展回顾与总结专题。《二十世纪中国社会科学》的相关研究与总结，时限贯穿了整个 20 世纪，学科领域覆盖了中国古代、近代与当代经济史。但由于受篇幅、众手成书等客观因素制约，其成果并不能完全反映 20 世纪中国经济史学发展全貌。

学者们对中国经济史学发展历史的研究给了我们很好的启示，已公开或出版的相关文献资料给本书的写作提供了极大的便利。本书将在已有成果的基础上，重点从以下几个问题探讨 20 世纪的中国经济史学发展。

第一，社会环境、时代背景、语境变迁与中国经济史学科发展。中国经济史学萌芽于 20 世纪初，已成学界共识。但对于当时中国社会转型对中国经济史学语境变迁的催生作用，西学东渐对中国经济史学的影响，在以往的分析研究中并未引起足够的重视。对中国经济史学萌芽的时代背景和社会需求进行深入分析，进一步探寻中国经济史学在 20 世纪初萌芽的深层次原因，将成为本书研究内容的一个重要方面。

第二，唯物史观对中国经济史学发展的影响。唯物史观的传播直接导致了 20 世纪 30 年代中国经济史学研究第一次高潮的形成，新中国成立后中国经济史学研究的根本性转型更是与马克思主义理论密不可分。客观、科学、全面分析唯物史观对中国经济史学发展的影响将是本书的一项重要任务。我们既要看

---

① 中国社科院近代史研究所经济史研究室编：《编辑说明》，载于《中国近代经济史论著目录提要（1949.10～1985）》，上海社会科学院出版社 1989 年版。

到唯物史观对中国经济史学发展积极的影响，又要客观清醒地认识到，在特定社会政治环境下，唯物史观给中国经济史学发展带来的公式化、机械化倾向。

第三，课程设置、教材编写与学术平台建设与中国经济史学发展。人才培养是学科发展的根本动力和保证，中国经济史学发展不同历史时期的经济史教材编写、经济史课程设置和讲授状态的统计与分析将成为本书关注的内容之一；科学研究领域注重联合攻关与协同创新是当前的发展趋势，中国经济史学发展的不同历史时期先后成立了不同类型的学术组织和团体，对中国经济史学研究团队的关注也将构成本书的重要内容。

第四，中国经济史学发展与学科理论演进。中国经济史学发展的不同历史时期提出了诸多重大理论命题，有些命题对中国经济史学发展产生了长期影响，有些则对中国理论经济学做出了巨大的推动作用。中国经济史学发展与学科理论演进的相互关系与影响也将成为本书关注的一个重要方面。

第四节　基本框架与主要内容

研究 20 世纪的中国经济史学发展，仅仅对中国经济史学发展历史进程作一番现象的叙述是远远不够的。研究中国经济史学发展史，一方面要求研究者厘清中国经济史学发展的基本线索，为相关的理论分析与提炼做好基础工作；另一方面要求研究者在观察和分析问题时，在理论视角和方法论层面有所突破和创新。20 世纪，中国正处于一个伟大的社会变革与转型时期，这场社会变革给中国思想界、学术界带来了极大的震动，社会变革为新的理论产生创造了条件。

"十月革命一声炮响，给中国送来了马克思主义"[1]，不仅形象描述了中国的社会革命时代理论背景，而且生动刻画了社会科学领域的发展与变迁。从中国经济史学萌芽至 20 世纪末，马克思主义唯物史观不仅深深影响了中国经济史学发展的脉络与方向，而且渗透到了不同历史阶段中国经济史学科发展的每一个角落。本书坚持用马克思主义唯物史观为理论指导，分析总结 20 世纪的中国经济史学发展。

全书以中国经济史学的萌芽、形成与发展为主要线索，对 20 世纪中国经济史学发展的历史进行分析。全书共分十一章。

---

[1]　毛泽东：《论人民民主专政》，载于《毛泽东选集》第 4 卷，人民出版社 1991 年版，第 1471 页。

　　导言，主要讨论四个问题。首先，从学术界的争论与困惑探讨研究中国经济史学史的意义。研究中国经济史学发展历史是中国经济史学科发展的需要，经济史学史是经济史学科体系的重要组成部分，目前国内学术界还没有完整、系统的中国经济史学史著作问世。其次，讨论学科建制化演进与体系构建；再次，介绍国内学术界已有研究成果。长期以来，国内学术界存在着忽略经济史学基础理论研究的倾向，有关中国经济史学史的研究成果则更少。到目前为止，国内主要有陈啸江、秦佩珩、宓汝成、虞和平、赵德馨、李根蟠、李伯重等学者对中国经济史学发展历史进行过专题研究，对中国经济史学萌芽、形成、发展阶段性特征等问题进行了初步探讨，并取得了相当丰富的研究成果；最后，介绍全书的基本框架和主要内容。

　　第一章，传统中国经济史的丰富遗产。历代正史"食货志"和《十通》尤其是"四《通典》"构成传统中国经济史学的主要内容，此外还有史书和文学作品中对中国经济史的描述和反映。传统中国经济史孕育着现代意义的中国经济史学的胚胎，给其留下了丰富的学术遗产。但是传统中国经济史学的学术遗产具有二重性，现代中国经济史学并不能自发地由传统中国经济史演变而来。

　　第二章，现代中国经济史学产生的前提条件和背景。现代中国经济史学的萌芽、形成与发展和20世纪初的西学东渐有着一定的渊源关系，西学东渐引发了中国学术界的一场革命，这场革命创造了中国经济史学产生的必要条件，第一次使得中国经济史独立成为一门学科由可能变为现实。中国经济史学是随着西方世界的历史学、经济学、社会学等社会科学的东渐而产生的。

　　第三章，现代中国经济史学的萌芽。中国经济史学萌芽的时间、标志及原因是分析与讨论的重点内容。中国经济史学萌芽于20世纪初已成学界共识，梁启超著《中国国债史》标志着学科萌芽开始。

　　第四章，中国经济史学研究的第一次高潮。首先，对形成中国经济史学研究第一次高潮的动因进行了探讨，学界普遍认为社会史论战直接推动了中国经济史学研究第一次高潮的形成。其次，对1927～1937年的中国经济史学发展成就及其待解决的问题也进行了全面的分析。

　　第五章，第一次研究高潮中的主要学术流派与刊物。这一时期活跃在中国经济史坛的力量主要有六股：一是马克思主义理论的中国经济史学研究，二是《食货》学派的中国经济史学研究，三是中央研究院社会科学研究所及其相关学者的中国经济史学研究，四是民生史观的中国经济史学研究，另外高校经济史学研究队伍和海外留学生群体也是不可忽视的两支力量。主要学术刊物有

《现代史学》《食货》《中国社会经济史研究集刊》《中国经济》等，这些刊物在促进中国经济史学研究流派的形成，成立相关的中国经济史学研究机构，培养中国经济史学研究专业人才，整理出版经济史研究资料等方面作出了较大贡献。

第六章，1937～1949年中国经济史学的曲折发展。退中有进是这一时期学科发展的总体变化趋势，学科发展成绩与问题并存。成绩主要表现在学科研究领域进一步拓展，运用马克思主义理论进行中国经济史学研究更加成熟，搜集和整理中国古代经济史资料的工作取得较大进展，出版了一批学术价值较高的中国经济史专著和论文。问题主要是战时环境中断了学科蓬勃发展的原有态势，一度转入沉寂阶段。从数量上看，中国经济史学研究成果较上一时期大为减少。

第七章，1950～1978年中国经济史学的繁荣与曲折发展。这一时期经济史学的转型缘于马克思主义指导地位的确立。马克思主义指导地位的确立，导致了经济史研究在理论与方法上的变革。新中国成立后，学术界掀起了学习马克思主义的热潮，经济史学界无一例外，经济史学研究者努力学习马克思主义并用以指导自己的研究，"五朵金花"的学术大讨论催生了一批重要的马克思主义指导的中国经济史学论著成果，同时也推动了学科重大理论创新，其中最重要的是"资本主义萌芽理论"[①] 和"中国封建社会理论"[②] 的提出。在此时期，也开始了由国家层面规划组织进行系统的资料整理工作，至1966年前，中国科学院经济研究所严中平负责，编辑出版了多部重要的中国近代经济史资料汇编。在此时期，中国古代、近代经济史研究不断前进的同时，开始出现零星的中华人民共和国经济史研究成果。同时我们也看到，这一时期的中国经济史学发展受到了政治因素的严重干扰，"文化大革命"使得包括中国经济史学在内的正常学术发展几近中断。

第八章，1979～2000年中国经济史学的长足发展。十一届三中全会的召开，标志着中国经济史学又进入了新的历史繁荣时期。"文革"中遭到破坏的中国经济史研究机构和队伍在此时迅速恢复和发展。在"实事求是，解放思想"的思想路线的指引下，经济史学研究者在很大程度上摆脱了先前教条主义的束缚，国际学术交往日益频繁，新理论、新方法得以不断引进，中国经济史

---

① 中国学者使用马克思主义政治经济学术语研究中国传统社会经济发展的特定称谓。

② 封建社会指实行封建制度的社会形态。马克思主义学家的"封建社会"指地主或领主占有土地并剥削农民或农奴的社会形态，而西方学者的"封建社会"指君主或中央王朝给王室成员/王族和功臣分封土地，是一种国家管理"制度"，而不是一种社会，属于政治制度的范畴。

学界在理论方法方面呈现了多元交融发展的趋势。这一时期，学科研究蓬勃发展，研究领域大为扩展，资料整理工作也取得了重要进展。研究成果十分丰硕。1988年齐鲁书社出版中国社会科学院历史所经济史组编的《中国社会经济史论著目录》，收录了1900～1984年上半年中国（也包括台湾地区）出版的中国经济史论著近二万种，其中中国大陆"文革"后出版者居多数。《中国经济史研究》编辑部编的1986～1995年中国经济史专著和论文索引，仅中国大陆的论著亦近二万种。这表明1986年以来发表的中国经济史论著，其数量约略相当甚至超过此前八十五年发表的论著的总和。

第九章，代表性学科平台与中国经济史学发展。《中国社会经济史研究》和《中国经济史研究》分别于1982年和1986年创刊。2002年又建立了"中国经济史论坛"网站，成为中国经济史学的重要学术阵地。《经济研究》《历史研究》《近代史研究》《中共党史研究》《当代中国史研究》等学术期刊也纷纷发表经济史学论文。在各地纷纷成立经济史研究学术团队组织的基础上，全国性的中国经济史学会于1986年正式成立。这一时期，国家资助课题研究立项也促进了中国经济史学发展。中国经济史学出现了意义重大的分化，因理论与方法不同，中国经济史学逐渐形成了三个主要的学派。

第十章，百年回顾与展望。主要从学科形成与发展路径、学科建制化水平、学科价值、研究者素养与学科发展、学科基础理论演进等方面，对20世纪学科发展的回顾与反思，为中国经济史学的进一步发展寻找历史经验和理论的支持。20世纪的中国经济史学发展是一个继承传统中国经济史学术遗产，探索中国社会经济发展规律，解决中国问题的学科内生发展过程。是一个马克思主义中国化，学科逐步建制化与不断融入国际化的过程。面临21世纪的挑战与机遇，中国经济史学再出发，必将为构建中国哲学社会科学学术话语体系谱写新篇章。

第一章

传统中国经济史的丰富遗产

　　中华民族有着悠久灿烂的古代文明，中国的史学、哲学、文学早已驰誉全球。中国历史上关于经济方面的记载构成传统中国经济史的重要内容，它们散见于几乎所有的古书中，并且多数又隐藏在字里行间，仿佛一座被深埋的富矿，有待挖掘开采与加工提炼。传统中国经济史主要由以下几大部分构成：第一部分是历代文集对社会经济历史零星的反映和描述，历代文集包括经传与先秦诸子、古代文集、近代文集、明清经世文集等内容；第二部分是历代食货志记载的有关经济方面的内容；第三部分是历代政书记载的有关经济方面的内容；第四部分是类书记载中所反映的经济史内容；第五部分是地方志记载的经济史内容。其中历代食货志和政书记载的有关经济史内容，有较强的系统性，其他的有关经济史内容则是分散记载的，需要我们进一步梳理与提炼。无论是系统记载的经济史内容，还是分散记载的经济史内容，我们都称之为传统中国经济史。虽然传统中国经济史并不是现代意义上的中国经济史学，但是它却孕育着中国经济史学的胚胎，影响着中国经济史学形成和成长的路径，是研究中国经济史学发展史的历史源头。探寻传统中国经济史与现代中国经济史学的历史渊源关系，就必须弄清楚传统中国经济史的范围和主要内容，分析其留下的学术遗产如何影响现代意义上的中国经济史学的形成和发展。

第一节　传统中国经济史的范围及主要内容

　　传统中国经济史所包括的范围非常广泛，历代诸家文集、食货志、政书、类书、地方志、农书和工书等都记载着大量的社会经济发展情况。为了分析问题方便起见，我们将传统中国经济史的主要内容分为两大类，一类是历代食货志和政书记载的经济史内容，这一类最大的特点是有较强的系统性，另一类是历代诸家文集、类书和地方志记载的经济史内容，这一类最大的特点是内容分散，但涉及社会经济生活的层面非常广。研究传统中国经济史，主要应对这两大类所反映的历史资料进行挖掘整理。

一、历代诸家文集、类书、地方志、农书和工书所记载的中国古代社会经济发展情况

历代诸家文集包括经传与先秦诸子文集、古代文集、近代文集和明清经世文集，这些文集中有许多记载中国古代社会经济发展情况的内容。如果用现代经济史学的标准来衡量，很难将这部分内容视为中国经济史学，但它们却构成了传统中国经济史重要的组成部分，为我们了解中国古代社会经济的发展留下了宝贵的史料。

经传与先秦诸子文集主要是指《周易》《尚书》《逸周书》《诗经》《周礼》《礼记》、《春秋》三传、《国语》《战国策》《老子》《墨子》《论语》《孟子》《荀子》《商君书》《管子》《韩非子》《吕氏春秋》等，这些诸家文集记载了大量的社会经济现象，为研究中国上古社会的经济活动情况提供了大量的史料。例如《周易》一书的《系辞下》部分就描述了人类物质生产的发展演变，如反映早期氏族社会渔猎生活的"做结绳而为网罟，以佃以渔"；反映商业和市场交换的"服牛乘马，引重致远"，"日中为市，致天下之民，聚天下之货，交易而退，各得其所"。[①]《尚书》是中国最早的一部历史文献汇编，记载了商、周，特别是西周初期的一些重要资料，反映了中国上古的社会经济发展情况，是研究中国上古史的重要参考书。如在《虞书》的《舜典》和《夏书》的《益稷》中，有后稷教民播种百谷，垂管理百工和伯益掌握山泽，以及当时相互交易有无和囤积居奇等的记载。《虞书》的《大禹谟》提出了善政在于厚生以养民和利用以阜财等的观点。《周书》的《洪范》，反映了重视"食""货"的观点。《周书》的《无逸》，记载了周公告诫成王要知稼穑之艰难，反对逸游享乐，以致长治久安。[②]《逸周书》中的《大匡》《文传》《大聚》《程典》等篇，较多记载了关于周初在经济方面的主张和采取的一些经济措施。

除了史书中有大量的经济记载外，中国古代文学史上的许多著作和作品对

---

①②　陈绍文、姚家华、徐培华：《中国经济史学要籍介绍》，云南人民出版社 1988 年版，第 1～3 页。

社会经济历史的发展也有所反映。例如，《诗经》是中国纪元前 11 世纪至 6 世纪的一部富有现实主义精神的诗歌总集。它不仅是中国文学史上一颗璀璨的明珠，也留给了我们宝贵的社会史料。西周时期在农业生产中，人们已有灌溉、施肥、除草、除虫等农事经验，以农耕文化为直接背景的农事诗是《诗经》的重要一类，《诗经》中对这些都有反映。《大雅·公刘》载公刘选择耕地时要"相其阴阳，观其流泉"，前者是要选择向阳的耕地，后者是要看有无泉水可资灌溉。《小雅·白华》载"滮池北流，浸彼稻田"，说明人们已知利用池水进行灌溉。西周时已知利用绿肥施肥，《周颂·良耜》载"荼蓼朽止，黍稷茂止"。这就是利用腐草作绿肥肥田，《周颂·良耜》载"其镈斯赵，以薅荼蓼"，就是用镈这种锄类农具刺土，除去杂草。①《诗经》中的农事诗主要的有十二首，对于当时的社会生活、农业生产以及民俗风情，都有颇为真实的描写。例如《诗经·生民》是周部族歌颂其始祖后稷的一首史诗，全诗共有八章，在四、五、六章中，作者用形象的语言对后稷从儿童时期就热爱农业，成年后努力掌握农业技术，以致取得丰硕成果等，都作出了详细的叙述。这些描述不仅对古代社会有较高的认识价值，而且为我们提供了几千年前农业发展的科学史料，如土壤学、选种、播种等方面，直到今天仍是农业科学研究中的重要课题领域。又如《小雅·信南山》前四章，详尽地叙述了垦辟、种植等问题，由此我们可以得知，我们的祖先掌握了农业技术后，又进一步扩大了种植面积，开垦荒原，增加谷物产量。再如《魏风》中的《伐檀》《硕鼠》等诗篇，较详细地描绘了奴隶全年农事、生活，以及奴隶和奴隶主的关系。这些都为我们研究西周至春秋社会的政治、经济、人民生活等提供了宝贵的资料。

另外《周礼》《礼记》《春秋》三传《国语》《战国策》《老子》《墨子》《论语》《孟子》《荀子》《商君书》《管子》《韩非子》《吕氏春秋》也记载着大量的社会经济情况。如《春秋三传》中《春秋穀梁传》详细记载了鲁国在宣公十五年实行初税亩的情况；如《国语》的一些篇章反映了社会经济生活和生产资料所有制等方面变动的状况，同时记述了有关财富、货币、劳动、农业、工业、商业的经济思想；《战国策》是关于战国的史书，在某些篇章中从侧面反映了若干经济方面的状况；如《吕氏春秋》的《上农》《任地》《辩土》《审时》四篇，乃古代农家之言，专讲农业，从中可以管窥中国古代有关农业方面的经济思想，以及先祖在农业生产方面的知识和经验，反映了当时社会农业经济的发展状况，是极为珍贵的古代农业文献资料。古代文集浩如烟

① 转引自宁可：《中国社会经济发展史·第一册》，中国经济出版社 1999 年版，第 55 页。

海，上起西汉下至清鸦片战争前，近代文集同样汗牛充栋。限于篇幅，不一一举例分析。

历代诸家文集的经传与先秦诸子部分，与古代文集、近代文集、明清经世文集构成了一个系统的历代文集，这一部分尽管缺少专门论述经济制度或经济问题的内容，但是几乎所有文集的字里行间都隐藏着有关中国经济史的内容，上述有关《文集》描述和反映社会经济发展情况的分析，仅仅从一个侧面反映了历代诸家文集中记载着大量的中国经济史内容，只是这一部分内容散见于各文集中，无法构成系统的中国经济史，以往的研究中，这一部分内容未能引起足够的重视。

类书是辑录各门类或某一门类的资料，按照一定的方法编排，以便于查检、征引的一种工具书。类书的编辑始于三国时，魏文帝曹丕令王象、桓范、刘劭、韦诞、缪袭等人，辑录经传，分门别类编成《皇览》一书，其后历代都有编纂，但亡佚不少。其中《太平御览》《册府元龟》《玉海》《永乐大典》和《古今图书集成》几种与中国社会经济发展情况有重大关系，我们可以从其中找到极具价值的经济史料。农书与工书是指有关农业生产与工业生产的典籍，有关的叙述和记载也从侧面反映了中国社会经济发展的情况。如《齐民要术》反映了中国古代社会农业经济发展的状况，显示出当时中国农业生产水平已达到相当的高度，为中国经济史，特别是中国古代农业发展史的研究，提供了重要的资料，起着承前启后的作用。后世学者多将此书视为中国古代农业的百科全书。

地方志是综合记述一个地区自然、历史、地理、社会经济、文化等各方面情况的志书，类别繁多，记事范围广泛，从舆图、疆域、地形、山川、城池、道路、天文、气象、地质、矿产、土壤、植被、动物，到古迹、学校、寺观、城隍、人口、民族、风俗、制度、职官、文化、人物等等，有关自然、社会的内容无所不包。中国幅员辽阔，人口众多，方志体史籍记载着中国各地的政治、经济、文化、社会等历史状况，是研究古代社会发展的资料宝库，至今仍保存着八千二百余种。所以，方志体史籍一向就以数量多、记载面广，在中国古代史籍中占有极重要的地位。从经济史料看，方志对某一地区的农林牧副渔、工矿交通、土地户口、贡赋、蚕丝盐茶、物价、税额等都有详细的记载，是研究中国各地历代经济极为珍贵的资料，具有很高的史料价值，其中有许多是正史及其他史书所不载或记而不详的。清代有许多著名学者把编撰方志体史籍作为自己学术研究的重要内容，撰写出了一批高水平的著作。比如，戴震的《汾州府志》、阮元总纂的《浙江通志》《广东通志》、洪亮吉的《泾县志》

《淳化县志》、孙星衍的《邻州志》、钱人昕的《鄞县志》、王鸣盛的《嘉定县志》等等，都是享有盛誉的方志体史籍名著，给我们留下了一大批有关古代社会发展史的宝贵资料。

历代诸家文集、类书和地方志所描述和反映的传统中国经济史内容非常之多，对这一部分内容，本书一时无法作全面的分析与论述，但是在研究传统中国经济史时，我们不能忽略这一部分内容，应该进一步加强对这一方面的资料进行搜集和整理。到目前为止，国内学术界已有关于这方面的专门研究成果问世，其中陈绍文等编著的《中国经济史学要籍介绍》（云南人民出版社），陈绍文主编的《中国古代经济文选》和《中国近代经济文选》（上海人民出版社）等著述对这一问题的论述最集中，最具有代表性。[①]

二、历代正史"食货志"系统记载的经济史内容

构成传统中国经济史主要内容的第二大类，就是历代食货志记载的有关中国经济史的内容。这一部分最大的特点就是系统性。"食货志"之名，始自《汉书》。在二十五史中，关于中国古代"食"与"货"的情况，都有不同程度的记载，但在二十五史中有"食货志"的只有以下十一史，即《汉书》《晋书》《魏书》《隋书》《旧唐书》《旧五代史》《宋史》《辽史》《金史》《元史》《明史》等。此外《新元史》和《清史稿》也有《食货志》，还有后人的补作。

《食货志》记述的内容包括一代田亩、户口、生产、赋税、徭役、商品、货币、仓储、漕运等情况，以及有关制度和政策。其内容相当丰富，重点为农业经济，诸如土地制度、农田水利、农副产品以及自然灾害等，都有详细记载。其他方面，偏重于国家财政收支和货币制度，也涉及商品贸易、市场价格等。

《史记》作《货殖列传》《平准书》《河渠书》经济三传，在史书中首创经济史传，《史记·平准书》是中国历史上第一部经济史专著，相当于《食货志》。《史记》作为一种典范，为后来史学家所尊奉和继承。《史记·平准书》概述了汉高祖至武帝时期一百多年西汉的社会财政经济状况和货币制度，以及具体政策上的得失和变化。秦末的连年战争，造成西汉初年经济上极度凋敝荒凉的景象。《平准书》通过对最普通、最通用的马、钱、粟由匮乏到丰盛的描写，形象地反映出自汉初至景帝时期经济萧条到武帝时期繁荣、富庶的景象。《平准书》中较多地描述了汉初货币制度沿革的情况，记录了当时货币改制、

---

① 陈绍文：《中国经济史学要籍介绍》，云南人民出版社 1988 年版，第 1~3 页的相关论述。

发行白鹿皮币、铸造白金以及推行五铢钱的简要过程。书中特别叙述了汉代实行严厉的抑商政策。《平准书》还介绍了为防备匈奴而开发西南、移民、屯田以及开河渠等经济活动。

《汉书·食货志》由《史记·平准书》演变而来，概述自上古至王莽末年的社会经济的发展状况和货币制度的沿革，对于汉以前的上古时期的"食"与"货"有较系统记述，这点构成了《汉书·食货志》与其他"食货志"大不相同之处。《汉书·食货志》按"食"与"货"分为上、下两卷，上卷叙述农业经济的发展和财政、货币的有关情况。班固十分赞赏传说中的井田制度，认为这是"先王制土处民富而教之"的最佳模式，详尽叙述了古代受田与归田、男耕女织以及农村教育等情况。随着井田制的崩溃，着重记述鲁宣公的"初税亩"和魏李悝、秦商鞅的变法内容，肯定李悝的"尽地力之教"，"行之魏国，国以富强"；商鞅变法，"虽非古道，犹以务本之故，倾邻国而雄诸侯"。还郑重记载了李悝对当时自耕农生活的考察，以具体数字叙述普通农民耕种土地、交纳赋税、日常消费的困苦境地，是一段极有价值的经济史料。下卷着重记述了西汉时期财政、货币的发展变化过程。引述了当时人们关于货币问题的讨论和对政府施行的商业、物价政策的评价。其内容主要引自《史记·平准书》，并增加汉武帝以后的经济大事，如昭帝时召开的盐铁会议和桑弘羊被杀的情形；元帝时贡禹提出以布帛取代金属货币，遭反对未被采纳。王莽篡汉后，托古改制，仿周制税民；实行六翰和五均，设五均司市师对市场进行管理；改革币制取名"宝货"，共分五物、六名、二十八品等。王莽的改制措施造成了严重的恶果，"使农商失业，食货俱废。民人至涕泣于市道，及坐卖买田宅奴婢、铸钱，自诸侯公卿大夫至庶民，抵罪者不可胜数。"①

《晋书·食货志》先简述三代至新莽的社会经济状况，类似《总叙》。其后着重记载东汉、三国至晋末的社会经济发展变化和货币制度演变。《魏书·食货志》记述北魏一代的社会财政经济制度的演变情况。重点记载了均田制、三长制和户调制等内容。《隋书·食货志》主要记述隋代并上溯到晋、北魏、北齐、北周的有关经济和币制情况。尤其注重财政制度，涉及南朝的不多。唐代社会经济发展变化的历史，在中国整个封建社会具有极其重要的地位。唐代疆域广阔，国力雄厚，在科学文化、民族融合以及对外政治、经济、文化联系等方面都曾取得辉煌的成就，其经济的繁荣使得中国封建社会达到极盛时期。《旧唐书·食货志》记述了均田制、租庸调制、两税法，以及有关币制、盐铁、

① 转引自陈绍文、姚家华、徐培华：《中国经济史学要籍介绍》，云南人民出版社 1988 年版，第 37～39 页。

漕运、仓廪暨杂征等情况，这使我们极其具体地了解到唐代推行均田制时期的赋税和徭役的情况，为研究唐代经济史提供了宝贵的史料。《新唐书·食货志》记述的唐代的社会财政经济发展，特别是财政和币制情况，内容比《旧唐书·食货志》要充实，补充了后期的有关史料。

土地问题是经济制度的重要问题之一。在中国封建社会里，封建土地所有制是封建经济的基础。中国历代"食货志"所记述的土地制度，为我们提供了研究中国历代土地制度及其演变的重要素材。《晋书》《魏书》《隋书》《旧唐书》和《新唐书》中的"食货志"，记载有西晋占田制、北魏均田制、隋朝均田制和唐朝均田制的内容。我们从不同朝代实行的土地制度内容进行比较，探索其内在联系及其特点，便可知封建土地所有制的具体内容，是随着社会客观条件的变化而更新的。唐代的均田制就与北魏、隋朝的均田制有所不同，它具有时代的特点。

在二十四史中，《宋史》的篇幅最为庞大，材料丰富，条理分明。中国封建社会到宋代，政治、经济、军事、文化等各方面皆具有新的特点。宋代的经济，较以前有了更普遍的发展，在文化制度上，出现书院讲学，学术气氛比较活跃。由于活字印刷的发明，加之宋代崇文轻武，著书立说得以盛行，保存了大量的图书典籍。《宋史·食货志》是历代《食货志》中内容最为丰富、篇幅最为庞大的，共有 14 卷之多，约 17 万字。记述两宋农业、手工业和商业等社会经济的发展状况，并对土地、赋税、货币等制度的沿革变化作了较详细的介绍。分上下两篇，上篇以租税为主，注重民食问题，"或出或入，动关民生，国以民为本，故列之上篇焉"①，有点偏重"食"的方面。下篇为政府的专利事业，"或损或益，有系国体，国不以利为利，故列之下篇焉"②，有点偏重"货"的方面，或流通方面。具体内容则互有交叉，还涉及分配和消费的问题，如赋税、赈恤等。其中"会计"和"互市舶法"两目，均为首创。"会计"叙述宋代管理财政收支之制度及其发展情形，为研究宋代财政和对外贸易保存了许多有价值的史料。与《宋史·食货志》同时期的还有《金史·食货志》和《辽史·食货志》，分别记述了女真、契丹等少数民族的畜牧业和农业等发展的简况以及赋税、货币制度的沿革变化。《元史·食货志》记述了元代财政经济的发展状况，田赋、税收和货币制度的沿革变化。

《明史·食货志》共 6 卷 20 目。主要内容涉及户口、田制、赋役、漕运、仓库、盐法、茶法、钱钞、坑冶、商税、市舶、马市、上供采造、采造、柴

---

①② 《宋史》卷 173《食货志上一》，中华书局 1977 年版，第 4157 页。

炭、采木、珠池、织造、烧造、俸饷、会计等方面，写得比较简练扼要。《清史稿·食货志》记述清代社会财政经济的发展变化情况。《食货志一》为《户口》《田制》。《食货志二》为《赋役》《仓库》。《食货志三》为《漕运》。《食货志四》为《盐法》。《食货志五》为《钱法》《茶法》《矿政》。《食货志六》为《征榷》《会计》。《食货志》对清代前期财政的主要收入地丁、漕政、盐课、关税四项作了详细叙述，对鸦片战争后的矿政的兴起，洋关的设立和对外商约的订立亦多有介绍。《清史稿·食货志》集中了大量经济史料，为了解和研究清代经济提供了方便，但清代后期经济变化的资料较少。

总之，"食货志"所记载的内容是极其丰富的，它不仅记述了许多朝代以农业为主体的经济概貌，而且对许多朝代的土地问题、赋税徭役问题、商业和手工业等问题，都有很具体的阐述。这些是我们考察研究中国奴隶社会和封建社会发展史极其珍贵的史料。

三、《十通》中尤其是"四《通典》"中系统记载的经济史内容

《十通》是《通典》《通志》《文献通考》《续通典》《续通志》《续文献通考》《清通典》《清通志》《清文献通考》和《清续文献通考》等十部政书的简称，有人也把《十通》析为三通典、三通志、四通考。在《十通》中尤其是"四《通典》"中的"食货门"系列也是历史上系统的经济史记述的很重要的一部分。《文献通考》《续文献通考》《清文献通考》《清续文献通考》有典章制度、有经济史实，还有各种经济观点和议论，是三通典和三通志所不及的。

《文献通考》的作者为马端临，全书内容共分24门类，348卷，其中食货占8门，共27卷，有田赋考、钱币考、户口考、职役考、征榷考、市籴考、土贡考和国用考等卷目。《文献通考·食货志》叙事特详于宋，引证宋人议论亦最多。

《续文献通考》为《文献通考》的续编，有两种，一为明代王圻撰，年代与《文献通考》相衔接，上起南宋宁宗嘉定（1208～1224年），下至明万历（1573～1620年）初年，辑南宋末，辽、金、元、明史事议论，明代部分最为丰富。全书共254卷，关于社会经济史方面的内容占42卷，计有田赋、钱币、户口、职役、征榷、市籴、土贡、国用诸考，而以田赋、征榷、国用三考最详。二为清三通馆于乾隆十二年奉敕纂，总纂官纪昀。全书共254卷，以《文献通考》为范本，食货仍为8考，但增至33卷，比重占百分之十二强，大大

超过《文献通考》。

《清文献通考》为《续文献通考》的续编，体例与《续文献通考》同，食货仍为 8 门，但子目录有所增删，田赋考增八旗田制，钱币考增银色、银值及回部普儿，户口考增八旗壮丁，土贡考增外藩，市籴考删均输、合买、和籴，增加的为前代所无，删除的为清代所未有。

《清续文献通考》为《清文献通考》的续编，作者为刘锦藻。食货门类、卷数都有所增加，这和清代乾嘉以后，特别是鸦片战争以后，社会经济在外国资本主义侵略影响下发生剧烈变化相适应的。《清续文献通考》是当今了解乾隆五十一年（1786 年）以后清代一百多年社会经济情况的最主要的参考书之一。在体例上，大致承《续文献通考》和《清朝文献通考》，同时根据清后期的社会经济发展中出现的新情况，增加了外交、邮传、实业、宪政四考。全书系统完整，材料丰富，尤以新增四考最有价值。《清朝续文献通考》中有关经济的内容包括田赋、钱币、户口、职役、征榷、市籴、土贡、国用、邮传、实业十考，共 116 卷。各考内容分述如下：第 1 卷至 18 卷为《田赋考》记述清后期的土地制度及田赋征收情况。1 卷至 5 卷为《田赋之制》。6 卷至 9 卷为《八旗田制》。10 卷至 14 卷为《水利田》。15、16 卷为《屯田》。17、18 卷为《官田》。19 卷至 24 卷《钱币考》。记述清后期的钱币铸造、发行和管理情况，并较详细地记录了一些关于币制的条议。25、26 卷为《户口考》。记述清后期的户口人丁数、管理制度及其变化情况。25 卷为《户口丁中赋役》。26 卷为《八旗户口》，附《奴婢》。27、28 卷为《职役考》。记述清后期征发徭役及其使用、管理情况。29 卷至 55 卷为《征榷考》。记述清后期征收各种税收的情况。29 卷至 33 卷为《征商》。34 卷至 40 卷为《盐法》。41 卷为《榷酤》。42 卷为《榷茶》。43 卷至 45 卷为《坑冶》。46 卷至 48 卷为《杂征》。49、50 卷为《厘金》。51 卷至 55 卷为《洋药》，附《土药》《禁烟》。最后两目是新增的，颇有价值。卷 56 至 61 卷为《市籴考》。记述清后期国内商品交易、与国外市舶互市以及朝廷通过参与买卖、平抑粮价的措施及有关情况。56 卷为《市》。57 卷至 59 卷为《市舶互市》。60、61 卷为《籴》。62 卷为《土贡考》。分述各地物产进贡及清与外国进行官方贸易的情况。63 卷至 83 卷为《国用考》。分述清后期朝廷在节用、库藏、银行、赋额、用额、会计、俸饷、漕运、海运、蠲货、赈恤的制度及有关情况。其中《会计》占 4 卷，《俸饷》占 2 卷，《漕运》占 2 卷，《蠲货》占 2 卷，《赈恤》占 3 卷，馀均为 1 卷。其中新增银行、海运两个子目尤其有意义，使所反映的清后期财政状况更为清楚。360 卷至 377 卷为《邮传考》。叙述清后期在交通运输方面的建设及管理情况。

360 卷为《总务》。361 卷为《船政》。362 卷至 371 卷为《路政》。372、373 卷为《电政》。374 卷为《邮后》，包括《驿站》。378 卷至 392 卷为《实业考》。叙述清后期官办、商办民族工业及其他实业的开发情况。378 卷为《总务》。379 卷至 382 卷为《农务》。383 卷至 390 卷为《工务》，其中后 4 卷为《矿务》。391、392 卷为《商务》。《清朝续文献通考》所载内容翔实，尤其是新增邮传、实业两考和厘金、银行等子目录，比较全面系统地反映了清后期的社会、经济情况，对于研究当时的各方面问题提供了极有价值的材料。作者在书中加的大量按语也有一定价值。后人对此书评价颇高。

分析传统中国经济史学所包括的范围和主要内容，仅仅是一项基础性工作，其主要目的在于避免历史虚无主义，增强民族自信；为中国经济史学发展寻找历史源流，增强学科理论自信。因此，要进一步梳理和评估传统中国经济史学留给现代中国经济史学的学术遗产，客观评价传统中国经济史学的学术价值。

第二节　传统中国经济史的学术遗产及评价

通过分析传统中国经济史的范围及其主要内容，我们可以发现其记述的重点为国家管理经济的典章制度和有关的经济主张，侧重点不在于整个社会和全体人民经济生活，传统中国经济史与现代中国经济史学在叙述的风格、记载的体裁、使用的基本术语、分析问题的理论工具与方法等方面都存在着相当大的差异。另一方面，传统中国经济史和现代中国经济史学又有着一定的学术渊源关系，这一点我们可以从人类学术发展史的一般规律中得到检验，任何一门学科的发展都是对前人创造的人类文明成果的继承和发扬，中国经济史学的发展也无例外。我们可以从中国历史记载中的经济部分找到它与中国经济史学千丝万缕的联系，不可否认，传统中国经济史孕育着现代中国经济史学的胚胎，研究与分析传统中国经济史就是观察分析现代中国经济史学胚胎发育的过程。通过分析胚胎质量，观察胚胎的发育过程，我们可以发现，无论是历史记载的结果——经济史料，还是传统中国经济史学记述过程中所表现出的叙述方法、使用术语和写作风格都深深地影响着现代中国经济史学产生和发展。现代中国经济史学萌芽的时间，演变的轨迹，发展的方向，形成的特点，都和传统中国经济史有着深厚的历史渊源关系。我们认为，传统中国经济史是现代中国经济史学形成的前奏曲。传统中国经济史给现代中国经济史学留下了丰富的学术遗产，只有对其进行客观分析，给予正确评价，我们才可能真正找到传统中国经济史和现代中国经济史学的历史渊源，弄清楚二者之间的关系，为解释现代中国经济史学的形成和发展提供新的视角。具体来讲，其学术遗产主要有以下几个方面的内容：

一、传统中国经济史为经济史观的传播创造了条件[①]

中国历史学的进步很大程度上表现在历史观方面，伴随着中国史学的现代化进程，经济史观在 20 世纪早期就被翻译介绍到国内学术界，其中胡汉民的《唯物史观批评之批评》一文是国内学术界最早介绍经济史观的文章[②]，另外《东方杂志》1929 年第 26 卷第 11 期发表了《经济史观的根本理论》[③] 一文也是对经济史观的专题介绍，这一时期陈石孚还翻译了《经济史观》一书。该书对经济史观作出了自己的解释，"经济史观是解释历史的一种准绳"，"就经济史观的狭义而言——就是经济元素在历史中当是一个最要紧的东西，并且一定要把历史的元素计算在经济中"。[④] 经济史观强调经济元素在人类社会历史进程中的作用这一特征，在经济学和历史学的学科发展史上有着相当的重要性，推动了经济学和历史学的发展，但相比较而言，经济史观对于历史学的推动更大，经济史观对人类社会历史进程的解释，使历史学家的观念聚集于他们过去没有注意到的方面，而这些有关人类进步中的重要元素，却是一个统一的历史观。相对于神权史观、英雄史观，经济史观对历史的解释，对历史学的发展，有着更深远的影响。具体分析经济史观对中国经济史学的影响，我们发现，经济史观广泛传播的同时，正是中国经济史学研究迎来第一次研究高潮的时期，这是一种历史的巧合，还是一种学科发展的内在逻辑联系呢？

经济史观 20 世纪在中国学术界得以传播，一方面是西学东渐的结果，另外还有一个非常重要的原因，就是传统中国经济史学的影响。经济基础在人类社会前进中的历史作用得到承认和引起足够的重视，是经济史观形成的重要前提之一。同样，正是因为充分肯定了经济因素在人类历史发展中的基础地位，历史研究才开始关注经济的层面，经济史学才可能产生。客观上讲，一本史书

---

① 20 世纪初，唯物史观传入中国时，学术界往往将唯物史观与经济史观等同视之，或认为二者区别不大。

② 胡汉民：《唯物史观批评之批评》，载于《建设》1919 年 12 月第 1 卷第 5 期，第 945 ~ 988 页。

③ ［德］列德勒著，高承元口译，许兴凯记：《经济史观的根本理论》，载于《东方杂志》1929 年第 26 卷第 11 期，第 35 ~ 38 页。

④ ［美］塞利格曼：《经济史观》，陈石孚译，商务印书馆 1928 年版，第 71 页。

如果缺少经济方面的记载，并不能成为真正的史书，尤以通史见称的史书。恩格斯指出"……一个十分明显而以前完全被忽略的事实，即人们首先必须吃、喝、住、穿，就是说首先必须劳动，而后才能争取统治，从事政治宗教和哲学等等，……这一很明显的事实在历史上应有的权威终于被承认了。"[1] 传统中国经济史学系统地记载经济史实，留下了丰富的经济史料，它表明经济元素在人类历史中的作用已经引起注意和重视，这客观上为经济史观的萌芽培育了社会土壤，创造了外部条件。从这一层意义上分析，这也是传统中国经济史留下的宝贵学术遗产。

二、传统中国经济史的系统性和连续性已构成中国经济史学的雏形

经济史作为一门独立的学科，在中国历史上出现的时间要比西方晚，但是从该学科发展的历史最初起源分析，传统中国经济史的出现却早于西方。例如《食货志》中，经济史料的记载从时间、地点、事件和政策等各方面都较为系统、完备和准确，基本上能概括一代王朝经济的特点及其演变过程。历代《食货志》记载的内容，大体上前后衔接，如果连贯起来编排，实际上就是一部中国古代社会经济发展史。又如《十通》中的尤其是"四《通典》"中的"食货门"系列，主要内容为自上古至清亡四千年的经济史文献，内容较为完整，也是系统的经济史记载。20 世纪早期出现的部门经济史论著在体例、术语方面都带着传统中国经济史的深深印迹。

尽管历代《食货志》、四《通典》中的"食货门"系列在历史观点上、历史记载上有这样和那样的局限与不足，但其本身已构成"经济史"，这是不可否认的历史事实。由于中国历史记载与史书编著的连续性，使得传统中国经济史一开始就具有相当的系统性和连续性，这也是传统中国经济史的宝贵学术遗产。现代中国经济史学不仅要继承其系统性和连续性的优良传统，而且还可以从系统记载的经济史实中获取大量有价值的经济史料。

三、传统中国经济史彰显了经世致用的学科价值

一定的社会条件创造了一定的史学。但是，史学对于社会的反映不是被动的，而是能动的。史学既是一定的社会历史的反映，它同时又反作用于一定的

---

① 《马克思恩格斯选集》第 3 卷，人民出版社 1972 年版，第 41 页。

社会历史。这就是史学的社会作用。在不同的历史时期，史学的社会作用，也由于时代的特点而呈现出不同的表现形式。历史应该关注现实，史学家应当关心社会，并以经世致用作为史学的宗旨，这是中国传统史学对于史学和社会关系的认识与见解，关于这一点，在传统中国经济史中也得到了很好体现。传统中国经济史有着强调社会功能的学术传统，如司马迁撰写《史记》时，意欲"稽其成败兴坏之理"，"究天人之际，通古今之变，成一家之言"。① 当时中国已经建立了统一的中央集权制。虽然统一的中央集权制由秦始皇开创，但没能巩固，秦朝只存在二世共十五年，就被推翻了。集权制的建设和巩固是在西汉，西汉的经济建设经历了长期复杂的斗争，终于找到适合国情的基本经济国策，逐步摆脱了自战国末期以来长达数百年的战乱所造成的社会经济危机。司马迁的《史记》就是在史书中记载历代国家盛衰兴亡的历史，以探求治国之道。

传统中国经济史对史学和现实社会关系的认识，使其自身显现出强大的学术生命力，现代中国经济史学在自身的发展过程中，应该继承和发扬这一学术理念和特点，进一步服务现实社会，自觉实践其社会功能，只有这样，中国经济史学科才可能有一个良好的社会发展环境。

四、传统中国经济史的叙述风格

寓事于理、论从史出是传统中国史学独特的叙述风格。中国几千年的传统史学作品，史和论从来都是结合在一起的，从来就不会有根本没有任何观点的史料，因为对于任何一件史实的处理，都要自觉或不自觉和直接或间接地反映出一定的观点来。自然，同样也不可能有根本不附着于任何材料的观点。有关这一点，我们可以从传统中国经济史的叙述中找到许多很好的例子，例如司马迁的经济三传的叙述和写作风格就带有很强的寓事于理、论从史出的特点。对于司马迁的经济三传的章法、体例，历史上有多种评价，赞扬和批评的意见都有，但能够体会到司马迁经济史传体例特点的首推郭嵩焘、钱钟书。《史记·货殖列传》是传体的变种，名传实论，是重要的经济史论。通篇采用论说式而非记述式，用事实来说明一定的道理，以欲利作为全书之论，统领全篇，并载之以大量材料，展开议论。史传中的事实材料都是作为发表议论、阐明主题而存在的。《史记·平准书》也并不是单纯的记事，而是记事与传人结合，通过

---

① 《史记》，《报任安书》。转引自朱枝富：《司马迁经济思想通论》，延边大学出版社 1999 年版，第 61 页。

事实来阐明观点，寓论于事实之中。总之，司马迁的《史记》经济三传，都是以事论理，论依事显的经济史论。[①]

现代中国经济史学论从史出、史论结合的写作和叙述风格无疑受到了传统中国经济史的影响。学术界一般认为，梁启超1904年著《中国国债史》一书标志着现代中国经济史学的萌芽，从叙述风格来看，《中国国债史》一书也深受传统史学寓事于理、论从史出的影响。作者在该书中强调了利用外资发展一国经济的重要性，但同时作者也反对用一国主权来换取外国资本。作者并没有离开基本史实而抽象地阐述自己的观点，这些观点都有具体的史实作为支撑，而且在研究《中国国债史》时，作者所引用的历史资料都是为其理论观点服务的，每一个结论都是对历史经验的总结。从这一点来看，现代中国经济史学一开始就继承了中国传统史学的叙述风格，而且在现代中国经济史学科发展的历史进程中，也一直保持着这一鲜明的学术特点。我们可以通过分析不同时期的中国经济史学著作得到检验。又如吴贯因的《中国经济进化史论》、张效敏的《中国租税制度论》都不仅仅是单纯的叙述史实的经济史学著作，而是寓事于理、论从史出的典范。另外传统中国经济史学在文字表述方面也颇有讲究，达到了美学意境，这些都是现代中国经济史学应该继承的优良传统。

传统中国经济史以事论理的影响不仅仅表现在叙述的方式和风格方面，在以史论理的过程中，还积累保存了丰富的经济思想史料，这对于现代中国经济史学在唯物史观指导下进行学科的理论建设也具有重要的参考价值。例如，利义之争，本末之辩，富国之论，治国之方，理财之道，海禁之开，改革之举，等等，传统中国经济史记述蕴含的经济思想，则是中国经济学的理论源泉之一，这对于运用现代经济理论解释历史过程提供了理论武器和分析问题的框架。

五、传统中国经济史的史料价值

中国传统史学注重史料记载，其中包含大量经济史料。例如，对秦末农民起义和楚汉争夺皇位的战争对社会生产的严重破坏造成的社会经济凋敝和种种惨状，《汉书·食货志》有很具体的描述："汉兴，接秦之敝，诸侯并起，民失作业，而大饥馑，凡米石五千，人相食，死者过半。高祖乃令民得卖子，就食蜀汉。天下既定，民亡盖藏。自天子不能具醇驷，而将相或乘牛车。"[②] 上

---

① 朱枝富：《司马迁经济思想通论》，延边大学出版社1999年版，第68~71页。

② 潘德深：《略论十三史中的"食货志"》，载于《福建师大学报（哲社版）》1984年第3期。

述这段话，经常为研究汉代历史的学者所引用。面对着社会经济遭受严重破坏，民不聊生的残破局面，以刘邦为首的西汉统治者，不得不把恢复农业生产，稳定封建秩序，作为首要任务。他们陆续采取了一系列重要措施，对封建生产关系作了某些调整，为生产力的恢复和发展提供了条件。其重要的措施有："兵皆罢归家"，号召在战乱中流亡山泽的人各归本土，恢复故爵、田宅；释放奴婢为庶人，减轻田租，十五税一。此外，还实行重农抑商政策。汉初的这些政策统称为"与民休息"政策。在社会较安定的环境下，劳动人民经过六七十年的辛勤劳动，生产得到恢复和发展，终于出现了社会经济繁荣、国家统一富强的"文景之治"，以及汉武帝统治时期国家强盛的局面。《汉书·食货志》提供了这方面可贵的资料："至武帝之初，七十年间，国家无事，非遇水旱，则民人给家足，都鄙廪庾尽满，而府库余财。京师之钱，累百钜万，贯朽而不可校。太仓之粟，陈陈相因，充溢露积于外，腐败不可食。众庶街巷有马，阡陌之间成群。乘牸牝者，摈而不得会聚。"[①] 这段话也常为研究汉代历史的学者所引用。

例如，《货殖列传》从各地区物产分布说起，论述到社会的分业分工，再讲到市场活动、商品供应等经济发展情况。还用生动的笔触，详细描绘了当时都市的繁荣，用许多篇幅列举了各类物品数字，描写各地市场买卖的复杂情况，叙述那些贪贾、廉贾、马侩和放高利贷者，如何变成财产如千乘诸侯的大富翁，还描述了土地所有者、手工业者，或食租税或逐末利致富，既点明当时新兴阶级所谓"素封"之家的社会经济力量，为后人提供了确实可靠的经济史料，又是一份极好的市场情况调查报告。又如《汉书·食货志》记载汉武帝末年，赵过推行代田法。这是我国农业史上的一件大事。它不是单纯的耕作制的改革，而是与大农令官造新式农具推行相结合的，促进了农业生产力的发展。另外，还记载根据耿寿昌的建议，在边郡实行常平仓的情况，以及师丹的限田之议。这些都是有关农业与土地问题的重要文献。另外，从秦至汉初，社会经济凋敝、萧条，班固引用很有史料价值的贾谊的奏疏，说明汉初经济恢复的缓慢。《晋书·傅玄传》所载《上便宜五事疏》记录的屯田兵在农产品分配中收益变化的情况很可贵。曹魏时屯田兵用官牛耕种的，收成官得六分，兵得四分；用私牛耕种的，官兵对半。西晋初改变为用官牛者官八民二，用私牛者官七民三，统治阶级加重了对屯农的剥削。《魏书·食货志》中有关均田制的记载，对研究北齐、北周以及隋、唐均田制的演变，极为重要，有很大参考价

---

① 潘德深：《略论十三史中的"食货志"》，载于《福建师大学报（哲社版）》1984 年第 3 期。

值。《隋书·地理志》以大业五年的版图为准，记载了全国的郡县户口及所在河渠、水流、山谷，并记录了南北朝以来的建制沿革和各大区的风土情况，保存了不少经济史和交通史等方面的资料。总之，中国历史关于经济史方面的记载，为我们了解和研究中国古代社会经济的发展提供了宝贵的资料。我们可以从历史记载中发现许多了解古代社会的有价值的资料。

又如《宋史·食货志下》详细记载了矿冶资料，对当时饥荒年份听任开矿，作为救荒政策之一等内容都有详细的记载，该卷还记载了在当时炼铜业中起重要作用的新的炼铜技术。这些对研究宋代社会经济和科技的发展都是相当珍贵的史料。

中国过去笔记或诗文集中，有许多关于经济史的材料。《长安志》记长安井市颇详，对研究城市商业经济史有较高的参考价值。《海运志》，海运开始于元朝。研究海运也应该注意此书。《武林旧事》记武林饮食颇详，研究南宋经济者，不可不读。《陆宜公奏议》，陆贽为唐代中兴名人。整理中唐经济史不可不读。《茶经》，作者陆羽，此书可为中国茶史之蓝本。《农政全书》，作者为徐光启，他对于古井田法，以及农具之应用，皆著述甚详，而对于水利问题尤有独到之处。上述几例是对中国过去笔记或诗文集中反映出经济史材料的个案分析。

史料价值是传统中国经济史学遗留的宝贵学术遗产之一，有待学界不断挖掘整理。随着学科研究的不断深入发展，其价值愈显珍贵。

六、客观全面评价传统中国经济史的学术遗产

虽然传统中国经济史学给现代中国经济史学留下了丰富的遗产，但是从传统中国经济史发展到现代中国经济史学，需要我们进一步对其学术遗产做批判式吸收。它对中国经济史学的萌芽和形成既有积极的促进作用，同时也带来了一些负面的消极影响。首先，在历史观方面，虽然传统中国经济史学为经济史观的萌芽和形成创造了一定的条件，但是传统史学毕竟是以帝王将相为主角，以记述政治经济军事活动为中心，其本意在于说明历代政府的财政经济制度、政策措施。虽然各朝代的社会经济状况，在一定程度上也被反映出来了。不过，古代著述缺乏严密的组织，"纪事纵极精善"，史事总体，却被"纵切横断""寸寸断之，各自成体"，对今天来说，只类似可以"采之不竭"的"在矿之金"。① 对整个社会和全体人民经济生活，它所反映的广度和深度，以及

---

① 梁启超：《梁启超史学论著四种》，岳麓书社1998年版，第106页。

此种反映的自觉性，都是远远不够的。① 由此可以看出，传统中国经济史学并不能自觉实现历史观的进步，因而，传统中国经济史也不可能自觉地演进为现代中国经济史学，要做到这一点，还需要一些外部条件的突破。

其次，对传统中国经济史的史料价值也应有个客观、实事求是的估计。中国经济史学是一门重要的基础学科，长期以来，资料的缺乏制约了整个学科的发展。传统中国经济史遗留下来的历史资料，对中国经济史学科发展是一把双刃剑。如果仅从量的方面来分析，经济史料确实是"汗牛充栋"，为中国经济史学发展奠定了良好的基础。但是，这只是问题的一个方面，如果从质的方面看，这些史料，还远远不足以奠定这门学科的史料基础。一方面大量有关经济史的资料都缺乏整理或残缺不全。有些有关经济史的数据，不仅不全，还缺乏科学根据。这种状况，制约了中国经济史学科的发展。中国经济史学每前进一步都离不开对史料的重新整理和分析，或是挖掘和发现新的史料。另一方面，中国传统经济史所包含的史料缺少数量分析，更多表现为定性的规定与分析，还缺乏运用数学的某些原理对数字作必要的处理。"数"是量的概念。忽视"数"的观念，对于量往往难有清晰的印象。中国经济史学论著中，常见有"发展""进一步发展"或"更大发展"这样一些字眼。不是说这些字眼不能用，有时用了还是很管用的。只是遇到要做一番认真的比较，用上这样的词汇，就不能不使人犯难，难以取得确切的认识。中国作者在涉及数量时每多用概括之辞，如谈到地权时每使用"田连阡陌""地无立锥"之类，关于一般论述动辄"数百""数千""百万"，或用"十之七八""十之二三"进行概括。传统中国经济史学在数量统计方面长期处于落后的状态，制约了中国古代经济史学研究的定量分析。

通过分析传统中国经济史内容及其学术遗产，我们认为，虽然传统中国经济史为现代中国经济史学的发展留下了丰富的学术遗产，但是这些学术遗产对中国经济史学的萌芽和形成的影响却具有二重性。由于中国缺乏支撑传统中国经济史学发展成为一门独立学科的学术环境，现代中国经济史学不可能由传统中国经济史演变而来，作为一门独立学科的中国经济史学，其学科形成和发展的演变轨迹和西方走着完全不同的道路。现代中国经济史是西方近代历史学、社会学、经济学等社会科学理论的传入之后，才在传统中国经济史学基础之上演变而成。

---

① 李根蟠：《唯物史观与中国经济史学的形成》，载于《河北学刊》2002 年第 3 期。

第二章

现代中国经济史学产生的
前提条件和背景

　　学术发展遵循着社会科学产生、演化和发展的一般规律，中国经济史学也不例外。传统中国经济史孕育着现代中国经济史学的胚胎，积累了丰富的学术遗产，但现代中国经济史学并不能从传统中国经济史自发演变而来。探寻现代中国经济史学发展轨迹，不仅需要我们对传统中国经济史的范围、主要内容及学术遗产进行分析评介，而且还要对其产生的前提条件和背景作进一步的分析与研究。相对于西方经济史学的发展，中国经济史学的形成和发展相对较晚，有着独特的前提条件和时代背景。探讨现代中国经济史学产生的前提条件和背景，一方面要对西方经济史学的萌芽、形成和发展过程进行历史考察，另一方面，要分析西学东渐对中国经济史学科发展的影响。中国传统经济史的学术遗产与西学东渐之风产生碰撞与交汇后，现代意义的中国经济史学开始萌芽了。

第一节　西方世界经济史学产生的历史考察及启示

一、西方世界经济史学产生和发展的历史考察

　　从纯学术的视角考察经济史学产生的历史渊源，我们不难发现，经济史学对历史学和经济学这两门学科的发展和演变有着强烈的路径依赖，经济史学是随着历史学和经济学这两门学科的演变和发展而产生的。我们知道，作为一门独立的学科，历史学的出现和产生要远远地早于经济学，经济学的形成只是近二百多年的事情，而史学的发达，则滥觞于希腊时代。西方古典文明溯源于古

希腊，而发扬光大于古罗马。就西方古典史学的发展情况来看，也大体如此。在西方，作为一门独立学科的经济史，则是在 19 世纪后期出现的。为什么经济史学的产生晚于历史学和经济学这两门学科呢？换句话说，经济史为什么不能和历史学、经济学同步产生呢？受抽象的演绎法的影响，经济学家未能率先开创经济史领域，并不使我们感到意外，但是为什么历史悠久的史学家也不甘心去收集经济史料呢？这就需要我们对西方历史学和经济学的发展作一个简要的回顾和考察。

"自亚里士多德以来，历史学家都承认社会中经济元素的重要。但史家仍忠实于修昔底德（Thucydides）、李维（Livy）、塔西佗（Tacitus）和波卢塔克（Plutarch）所定下的原则，描写联盟、战事、朝代和政治阴谋，尤其注重有关系的人物。直到商业革命后所发生的伟大的经济的变动，迫使社会哲学家必须拥护中等阶级的新利益时，才认真注意经济发展的重要"。[①] 这种状况直到 19 世纪初才有所改变。19 世纪初至 20 世纪初西方史学各种流派风起云涌，先是浪漫主义史学占据史坛，继而是兰克的客观主义史学称雄，与兰克及其学派大体同时的巴克尔等人的实证主义史学风行，此消彼长，各领风骚。这一切表明西方史学已经进入了近代史学的全盛时代，历史学已经发展成为一门独立的学科，历史研究的分工日益精细，历史学的专业化日趋盛行，各种专门史开始出现。当历史学中的经济内容已经发展成为专门的经济史，作为一门专门学科的经济史学就出现了。

经济史学的产生，一方面是因为历史学的专业化发展，另一方面是因为随着资本主义经济关系的发展，经济学已发展成为系统的理论，原来历史学中的经济内容，可以用经济学的理论来分析和解释了。西方经济学从产生到现在先后经历了重商主义、重农学派、古典经济学、传统经济学等若干个发展阶段，自重商主义后，无论是古典学派还是庸俗学派，都把揭示和论证人类社会经济活动的普遍规律作为自己的目的和任务，运用经济理论解释历史当时并非经济学的主要目的和任务。"成为经济史的急先锋，不是法国重农学派的经济学者，不是英国正统派的经济学者，而是德国历史学派的经济学者。"[②] 德国历史学派是 19 世纪 40 年代产生于德国的一个经济学流派。由于这个流派在理论思路和研究方法上自成体系，并曾经同西方主流经济学发生过激烈的论战，因而长期被西方主流经济学界视为异端，被置于非主流地位。但历史学派反对英国古典学派的抽象、演绎的自然主义方法，而主张运用从历史实际情况出发的具体

---

①②　连士升：《英国经济史学的背景和经过》，载于《东方杂志》1935 年第 32 卷第 1 期。

的实证的历史主义方法，开启了运用经济理论解释历史的先河，这样又开辟了从经济学的演变和发展中产生经济史的新路径。德国历史学派从大量的经济史料中抽象出了许多有价值的经济学理论，是第一个基于经济史的经济学流派，历史学派提出了自己的经济史学观。历史学派的代表人物主要有李斯特、罗雪尔、布鲁诺·希尔德布兰德、卡尔·克尼斯、古斯塔夫·施穆勒等经济学家。德国历史学派的思潮起初并没有引起西方经济学理论界广泛的注意和重视，直到 1870 年历史上有名的普法战争结束时，德国在政治、军事和外交上的胜利，使得其国际地位迅速得以提升，西方各国开始向德国投去关注的目光。与此同时，新历史学派的代表人物施穆勒创办了《国家社会经济研究丛书》。因为当时统计和历史的研究工作还没有成熟，他并不主张当时高谈理论，使得历史方法和演绎方法繁荣对立达到了极点。在施穆勒的指导下，他的学生们发表了不少有价值的著作。

历史学派运用科学的方法来研究经济史的成就，对经济史学科的发展产生了积极的影响。在此之前，经济史是作为历史学的一个分支学科出现的，更多的偏向历史学，属于历史学家的经济史。经济史学自身的发展，经济史学对经济学等社会科学的学术贡献，不仅需要历史学家的经济史，更加呼唤经济学家的经济史学的出现。德国历史学派首先是给英国经济学家莫大的鼓舞，1881年 10 月汤因比（A. Tbynbee）开始在牛津大学讲授工业革命，他曾准备将有关英国工业革命讲稿写成一部经济史的著作。但因为他体弱多病，30 多岁就去世了，有关英国工业革命的讲演稿由他的学生整理后，于 1884 年出版，书名为《十八世纪工业革命讲演集》。该书再版好几次，作者在学术史上的地位已被世人公认。1892 年坎宁安（W. Cunningham）的名著《英国工商业发展史》（*The Growth of English Idustry and Commerce*）也已印行。该书取材丰富，自英国远古直到现代的经济史实，都在书中得到了很好的反映。作者的英国经济史"不断发展"的思想也在书中得到了很好的体现。当时出版的较有影响的经济史著作还有《英国农村社会》和《英国经济史和经济理论》，前者是研究英国中世纪农村的第一部著作，后者则是试图将经济史和经济理论结合在一起的一部力作。短短的一段时间，英国经济史学方面的研究取得了很大的成绩。各大学纷纷开设有关经济史的课程，各地纷纷成立经济史协会，有关经济史研究文献索引也开始有人编订。这时候的经济史学更多的偏向经济学领域①。这样，欧洲也就成为经济史学发源地了。

---

① 有关"经济学的经济史如何兴起"这一问题的讨论，目前学界最为详尽的叙述与考察是《英国历史经济学：1870～1926 经济史学科的兴起与重商主义》（M. 库特著，乔吉燕译）一书。

二、西方经济史学发展的启示

从西方经济史学科发展的历史中，我们可以发现，在西方，经济史作为一门独立学科的出现，与当时整个西方世界社会科学和自然科学的发展是分不开的。它的产生有着一定的前提条件：一是历史学发展成为一门科学，且有较进步的历史观；二是经济学发展成为系统的理论。19世纪的中国，经济史独立作为一门学科出现的社会条件不成熟，尽管中国传统史学中孕育着丰富的经济史学胚胎，但是由于缺乏必要的外部条件和社会环境，中国的经济史学却不能自然发育、成长起来。独立学科的经济史学的产生和形成，在中国和西方各国走着不同的道路。

在中国，历史上虽然有过丰富的经济思想，但是学界没有自觉地进行归纳、总结，将之上升到理性层面，没有形成系统的独立的经济理论，因此也不可能自发地产生运用经济学理论系统分析历史学中的经济史内容的独立的经济史学科，这是现代意义的中国经济史学不能自发产生的原因之一。另外，就是中国传统史学自身的原因，传统中国经济史学主要表现为政治的依附物，这样很难产生一门独立的经济史学。现代中国经济史学的产生，有着特殊的历史背景。它是在19世纪末与20世纪初，随着西方近代历史学、经济学、哲学和社会学等社会科学理论的传入才得以形成的。20世纪的中国，开始从长期以来的封闭状态下逐渐走了出来，由于政治、经济、军事、文化的各种机缘，国外的新思想、新理论、新观点，不断地渗透到中国来，西方各种社会科学理论、学说的不断传入，在中国思想界引起了强烈的反响。中国的知识分子力图用西方社会科学的理论方法改造传统的中国文化，寻找中国传统文化与西学的结合点。西学东渐引起了中国社会科学的一场革命，中国传统史学开始向现代史学转变，经济学、社会学第一次在中国独立成为一门学科。这场革命为现代中国经济史学的胚胎培育了成长的土壤，是中国经济史学科建制化的历史起点。20世纪初，梁启超倡导"史学革命"，开始用进化史观改造中国传统史学，社会经济进入史家的视野，历史记载不再以封建帝王将相为中心。梁启超本人也尝试用西方的经济理论来研究分析中国古代某些经济思想和经济现象，至此，中国经济史学开始进入萌芽时期。

通过上述分析，我们可以得出一个基本的结论：中国经济史学科建制化是从20世纪初开始的。中国现代经济史学的萌芽和成长和20世纪初的西学东渐有着一定的渊源关系，西学东渐引起了中国思想界的一场革命，这场革命创造了中国经济史产生的必要前提条件，使得中国经济史独立成为一门学科第一次由可能变为现实。

第二节　西方经济学的东渐及其影响

一、西方经济学东渐的主要渠道及过程

中国古代的经济思想始终没有发展成为一门独立的学科。古代中国曾一度是世界上最为发达的国家，取得了工业革命以前的 2000 年世界上最为丰硕的经济成就。无论是政治、经济，还是科技、文化，古代中国所创造的鼎盛文明成就都为世界所景仰和赞叹。植根于鼎盛的古代中华文明，中国的古代先哲们也积累了异常丰富的经济思想。先辈们基于他们的观察，或针对他们时代所面临的经济问题，总结归纳出了令今人叹为观止的学术思想。早在先秦时期，中国的经济思想就已经达到了很高的水平。到明清时期，中国已经积累了蔚然可观的经济学思想。其内容涉及国家财政收支、货币管理、商品交易和市场价格管理、土地制度等诸多方面。然而，和亚当·斯密以前的西方经济思想一样，中国古代的经济思想并未发展成为一个独立的学科和理论体系。中国古代经济思想主要是关于回答"应当如何"的问题，通常表现为对经济问题提出的见解、主张及政策意见。例如对于工商业采取抑制还是鼓励的政策，对于对外贸易采取保护关税还是自由贸易政策等等。中国古代经济思想中缺乏回答"是什么"的内容，缺乏对于经济问题和现象本身及各种关系进行实证和理论分析的说明，例如商品价值和价格理论、土地的级差地租理论等。由于缺乏经济学理论化的社会环境，经济思想常常表现为政治谏疏的副产品，具有浓厚的"政治性""对策性"与伦理色彩，它的内容单调、范畴狭隘、方法凝固、附属于政治。

在中国，经济学独立成为一门学科是从介绍、翻译、引进西方经济学的著作开始的。西方经济学的西学东渐过程，也是中国发展、建设自己的经济学学科体系的过程。在中国，作为一门学科的经济学是在鸦片战争以后从西方逐渐传入的。有确切的历史记载的是美国传教士丁韪良首先在北京同文馆讲授"富国策"，最先把西方资产阶级经济学介绍到中国来，当时所采用的教材是英国经济学家福赛特 1863 年出版的流行读物《政治经济学提要》。最早在中国翻译

出版的西方经济学著作，除了《富国策》之外，还有 1886 年由英国传教士艾约瑟（J. Edkins）翻译的《富国养民策》（*Primer of Political Economy*，原作者是英国的杰文斯（W. S. Jevons））。在这个阶段里，还陆续出版了一些译作，主要是关于西方经济制度和经济政策主张的书，西方经济学原理的译本很少，而且译者大多数是些传教士，他们对经济学并不十分精通，汉语表达能力又差，一般采用传教士口译由别人笔述的办法，译文的质量不高。当时西方经济学传入中国还处于很初始的阶段，还谈不上学术层面的问题，因此西方资产阶级经济学原理并未引起当时中国知识界的重视。①

20 世纪初，西方经济学的传播内容和渠道日益广泛。当时对西方经济学在中国的传播作出重要贡献的，首推严复。英国古典政治经济学家亚当·斯密的名著《国民财富的性质和原因的研究》，就是由严复第一个译成中文的，即《原富》。严复曾留学英国多年，英语和汉语的水平都相当高，对政治经济学也有比较丰富的知识，因此《原富》的译文水平在当时是一流的。全书按《国富论》原有结构分为五部，共八册，前面附有"斯密亚当传"和"译事例言""中西年表"等，书中夹着严复阐述自己见解的案语。② 严复写了许多发挥式的按语，对现代经济科学中的有关范畴，诸如价值、货币、工资、利润、利息、地租等，进行了介绍，并大力宣扬了经济自由主义。这本书在当时中国思想界有着相当大的影响，最先引起学界对资产阶级经济学原理的重视，这是以往的西方资产阶级经济学中译本不能望其项背的。严复对《原富》的译、介、评，对后来近代经济学在中国的传播以及中国本土经济学的发展，做出了奠基性的贡献。可以说，《原富》在中国的出版，标志着中国人正式把经济学当作了一门科学。西方经济学在研究对象、研究方法、理论框架上力求精密的特点，对刚刚起步的中国经济学的发展起了巨大的推进作用。梁启超是对西方经济学在中国的传播做出贡献的另一个人物，他虽然没有像严复那样翻译西方的经济学著作，但他大力介绍西方经济学的概念和观点，提到的西方经济学理论比严复的还要多。梁启超对生产、流通、分配和消费各个领域的许多问题都有所论述，尤其是对于西方经济学中比较易于吸收理解的货币银行制度、财政公债等问题，他分析得更多。1903 年，新民丛报社出版了梁启超著的《生计学学说小史》一书，该书系统介绍了西方资产阶级经济学发展史，上溯希腊、罗马，下至德国新旧历史学派，中间比较详细地介绍了重商主义、重农主义和"斯密派"的经济学说。这种经济学说史译著的出现，一方面是由于西方资产

①② 李竞能：《论清末西方资产阶级经济学的传入中》，载于《经济研究》1979 年第 2 期。

阶级经济学日益广泛地传入中国，引起了系统地介绍它的学说源流的需要；更重要的是因为当时中国的一些知识分子在探索中国富强的道路时，试图比较不同国家发展资本主义的途径，扩大眼界，以资借鉴。这表明当时的知识分子已经开始尝试运用西方经济学的原理，作为分析和解决中国社会经济问题的理论工具。

严复之后，中国经济学学科的现代化进程加速。京师大学堂在1898年设立之时就开设了经济学课程，聘请日本教师教授。1912年北京大学设立了中国最早的经济学系"商学科"。陆续有不少学生赴欧美求学，学习经济学。海外留学生群体对西方经济学的译介也更为全面，出版了不少经济学原理、财政金融、经济学说史等方面的书。伴随西方经济学的传播，围绕中国的若干现实经济问题，也有不少著述，仁智之见交相迭出。

经济学西学东渐的另一条渠道就是马克思主义经济学在中国的传播。最早提及马克思及其主要著作《资本论》的，是1898年夏由上海广学会出版的《泰西民法志》。20世纪初，一批日本学者写作的社会主义专题论著，被相继翻译介绍到中国。梁启超于1902年在《新民丛报》第18号上发表的《进化论革命者颉德之学说》中，首先提到马克思是社会主义的"泰斗"。朱执信于1906年写的《德意志社会革命家小传》，用了3000余字介绍《资本论》的内容，其中讲到了《资本论》是马克思最主要的经济学著作，也是马克思主义的集大成者；讲到了劳动价值论，指出唯有劳动才能创造价值。他还同别人合译过考茨基的《马克思的经济学说》，第一次介绍了《共产党宣言》。在中国宣传马克思主义经济学说影响最大的要数陈独秀和李大钊。1919年5月，李大钊主编的《新青年》在马克思专号上发表了《我的马克思主义观》和《马克思的经济学说》两篇文章，系统地介绍了马克思主义经济学说的历史地位和《资本论》的主要内容，指出马克思主义经济学说是改造旧世界的强大思想武器。陈独秀在《新青年》上发表的《社会主义批评》和《马克思学说》两篇文章，对《资本论》作出了许多介绍，特别强调了剩余价值理论的意义，他主要从剩余价值的生产过程和实质，剩余价值的分配和利息、地租的来源、资本主义灭亡的必然趋势三个方面，介绍了马克思主义的经济学。在"五四运动"前后，对马克思主义经济学说在中国的传播作出过重要贡献的还有陈启修。1920年他在北京大学开设了马克思主义经济学概论课，按照《资本论》的体系讲授马克思经济理论（1934年出版的《经济学讲话》，就是根据在北大讲课的讲稿整理而成的）。马克思主义经济学在中国的传播最重要的事实是，《资本论》在中国的翻译与出版。最早翻译《资本论》的是1921年在北京大学由邓中夏、罗章龙等19人发起成立的"马克思学说研究会"，当时译出了第一卷，译稿当时交给了陈启修。后来陈启修翻译出版《资本论》第一册时，曾参考了这个稿子。第一次把《资本论》全部译成中文的是郭大力、王亚南。"五四运动"以后，马克思、恩格斯、列宁的其他一些著作也陆续通过翻译，传播到中国来。马克思主义经济学在中国的传播和普及，使得中国的经济学在内容和方法上，发生了质的变化，使得中国的马克思主义者进一步觉醒，对运用现代经济理论分析中国社会的经济状况产生了强烈的要求。

由于西方经济学在中国的引进和马克思主义经济学在中国的传播，极大地促进了中国经济学的建立，传统的中国经济思想体系逐步转型，而代之以一种符合世界潮流、具有现代气息和科学成分的经济学。西方经济学的大量引进，使得经济学在中国成为一门最有吸引力的社会科学，经济学开始由"十八岁的少女变化不定"向比较确定的方向发展。经济学第一次在中国成为一门科学，服务于中国经济发展、经济革命和经济建设。国内学者围绕基本经济学理论、部门经济学以及经济史等所撰写的著作大量出版。如著名经济学家马寅初 1914年获哥伦比亚大学经济学博士学位后，1915 年回国，执教于北京大学，1919年担任北大第一任教务长。在北大执教的十多年中，先后讲授过银行学、货币学、财政学、保险学、汇兑论等课程。1923 年马寅初发起成立"中国经济学社"，并长期担任社长。马寅初教授撰写了许多经济学著作，其《经济学概论》是新中国成立前流行的经济学原理著作，涉及到了价值论、消费行为理论、生产论、交换论、分配论等内容。在部门经济学的理论演进方面，都有长足进步。在农业经济学方面，如董时进的《农业经济学》、许璇的《农业经济学》；在财政金融方面，如何廉、李锐的《财政学》、尹文敬的《财政学》、马寅初的《通货新论》、赵兰坪的《货币学》；在会计统计方面，如潘序伦的《会计学》、金国宝的《统计学大纲》。除了进行一般的经济学理论研究之外，经济学界还热切关注中国本土的经济问题。针对中国面临的方方面面的经济问题，一大批学者运用西方经济学原理进行了深入研究并产生了一系列成果。

二、政治经济学对于历史科学的意义

马克思主义政治经济学，是历史学家必须掌握的重要理论。大概从圣西门以来，一切严肃的历史思想家，无不重视经济活动在人类历史进程中的重要作用，圣西门曾阐述生产的重要性，甚至认为政治就是关于生产的科学。法国王朝复辟时期的资产阶级历史学家，也曾把人们的财产关系看作历史发展的最深刻的原因。但是，他们都没能对人们的经济生活作出科学的解释。马克思主义的唯物史观，通过把上层建筑的变革归之于经济基础、把社会关系归因于生产关系、把生产关系归因于生产力的高度科学抽象，才找到了人类历史运动真正的终极原因，从而科学地论证了人们的经济关系对于一切社会关系的至关重要性，确认经济运动是历史运动的基本内容。并且也只有马克思主义的政治经济学，揭示了生产关系运动的真正规律，为人们研究各种经济关系提供了科学的理论。于是以马克思主义理论作为指导原则的历史科学，就必然一方面十分重视经济史的研究，另一方面则强调坚持用马克思主义政治经济学去揭示历史上的经济现象。

马克思主义政治经济学方法对史学研究方法也有重要的借鉴意义。表象具体—思维抽象—思维具体，这虽是马克思对他的政治经济学研究方法的总结，但实际上反映了一切科学认识共同的重要的思维法则。它对于研究复杂社会现象的历史科学来说，尤为重要。唯物史观的产生，走的是历史认识的第一条道路，真正的历史科学研究，则必须去踏上历史认识的第二条道路，坚持"从抽象上升到具体"，具体分析具体历史的特殊性，"导致具体的再现"。离开"从抽象上升到具体"，我们就不能完成历史科学的任务。

三、中国经济学学科化与中国经济史学的萌芽

西方经济学的东渐使得经济问题在社会生活中的地位，较过去有了显著的提高。中国人认识到经济学研究的重要性，经济学研究开始有了一股清新的空气，中国经济学开始具有了科学的成分，开始独立成为一门学科。中国经济学独立成为一门学科意义重大，影响深远。从学术层面分析，首先，中国经济学独立成为一门学科后，第一次使得运用经济理论解释中国历史成为可能。换句话说，经济学成为一门学科的过程，也就是中国经济史萌芽、成长的过程。正确认识中国几千年的社会经济变迁规律，是一个重大的历史课题。经济学成为一门学科后，学术界在研究中国社会经济发展变化的历史时，一方面以研究中国社会经济历史演变过程为对象，着重揭示中国社会经济历史是怎样演变和引起这种变化的具体因素，另一方面运用经济学范畴和历史学范畴，分析社会经济生活演变过程各种因素的内在联系，抽象出中国社会经济发展的经济学范畴与理论。

其次，中国经济学学科化促进了中国人运用现代经济理论来研究中国经济问题。基本理论的掌握为系统分析现实问题奠定了坚实的基础。从"五四运动"到 20 世纪 40 年代中期，中国学术界先后就几个大的理论和实践问题进行

了争论。第一，1919～1927 年期间关于中国近代社会性质问题的争论。争论的结果是，进步思想界接受了中国共产党"六大"决议中的结论，即中国近代社会是半封建半殖民地社会。这一结论的现实含义是，中国革命的对象，主要是封建主义和帝国主义，而不是资本主义。第二，与中国近代社会性质问题的争论有关，在 20 世纪 30 年代围绕中国农村经济问题进行了激烈的争论。其焦点也在于中国农村社会性质，以及要不要进行土地革命。第三，20 世纪 30 年代，针对中国货币制度存在的问题，就货币本位展开了争论。中国自明代以来，流通货币一直以银为主。70 年代世界出现金贵银贱的趋势，政府对外支付中发生了严重的"镑亏"现象，导致大量白银外流。1929～1933 年的大危机中，各主要资本主义国家纷纷放弃了金本位制。金相对于银的价格更趋上涨。然而，1934 年美国应其国内白银生产厂商的要求，提高白银收购价，这又导致了中国白银的大量外流，国内银根奇紧，利息上涨，物价猛跌，工商企业纷纷倒闭。1935 年国民政府实行法币改革，放弃银本位制，代之以金汇兑本位制。在这个政策的形成过程中，关于中国的货币本位问题，有人主张实行多商品的本位制，有人主张实行金本位，有人主张维持银本位。围绕这些问题，马寅初、杨荫溥、刘大钧等经济学家都先后发表看法，产生了一些理论著作。如马寅初的《中国之新金融政策》、杨荫溥的《中国金融研究》、刘大钧的《我国币制问题》等。

新中国成立前一大批中国学者在农村经济方面进行了深入细致的研究，取得了丰硕的成果，堪称中国本土经济学的杰出代表。这其中有比较特殊的历史原因。新中国成立前中国是典型的落后农业国，农业在国民经济中占据最重要的地位，只有准确把握中国农村的情况，才能全面把握中国的经济全貌。1928年，著名学者陈翰笙受聘担任中央研究院社会科学研究所副所长。在他的主持下，社会科学研究所进行了当时中国规模最大的农村经济调查。1933 年，陈翰笙发起成立了有 500 多名会员的"中国农村经济研究会"，并担任第一届理事会主席。中国农村经济研究会于 20 世纪 30 年代曾就中国农村和农业经济问题，与各方面的理论观点进行了争论。在《中国农村经济研究之发轫》一文中，陈翰笙写道："前北京农商部之农村经济调查与统计，其简陋虚妄之点不胜枚举。据农商部报告，1914～1915 年，一年中广东农民骤增 900 万；1922年一年中吉林耕地面积骤增两倍。试问农村经济学者如何能应用此种报告，而研究中国土地关系，金陵大学美国教授主持之农村调查，所用表格大都不适于当地情形。不但对于各种复杂之田权及租佃制度未能详细剖析，甚至对于研究农村经济所决不容忽视之雇佣制度、农业价格、副业收入、借贷制度等等，亦都非常忽略。由此观之，美国教授对于中国农村经济尚无深刻认识，以视农商部亦仅为五十步与百步之差。社会学组同人因此决心抛弃以前政府统计之残屑，不顾一切违反中国实情之报告，而从事有意识有组织之农村经济调查。"①中国农村经济研究会还与 20 个国家的 30 多个学术机构保持随时通信。中国农村经济研究会基于其掌握的翔实的第一手资料，对当时中国的农村经济进行了全方位的研究，并围绕"土地分配、土地经营、农产品商品化以及农村的救济"等问题，与以金陵大学美籍教授卜凯为代表的学术观点展开争论，产生了一系列有影响的著作。如陈翰笙的《现代中国的土地问题》《广东农村生产关系与生产力》等著作以及一系列论文。在其他方面，中国经济学家也进行了卓有成效的探索。如马寅初先后撰写了《中华银行论》（1929 年）、《中国关税问题》（1930 年）。巫宝三的著作《中国国民所得》是中国现代意义上 GNP 核算方面的开山之作，书中详细估计了 1933 年的国民所得，并以其他资料为佐证，概估了 1931～1936 年的国民所得。武墑干的《中国国际贸易概论》，以翔实的资料阐述了中国国际贸易在世界上的地位和变化趋势、中国的进出口贸易状况、贸易差额的抵偿以及中国国际贸易的振兴问题。陈达的《人口问题》就人口理论、人口数量、质量、人口与国际关系等进行了分析之后，给出了其人口政策主张。除此而外，在经济史、经济思想史方面，都可谓著述颇丰。

运用现代经济理论研究中国经济问题，对中国经济史学的萌芽和产生也起到了直接的推动作用。当时，他们研究中国经济问题的目的就是认识国情，寻求救国与振兴中国经济之道。从研究的对象来看，有两类，一类是研究近世之经济史，属于经济史学的领域和范畴；另一类注重研究现实的经济状况，但论证的目的，也是为了说明中国经济现状的来龙去脉，今天的现实经济问题研究到了明天就成了历史。因此，经济学独立成为一门学科后带来了运用现代经济理论研究中国经济问题，从人类历史发展长河来看，也属于经济史学的领域和范畴，研究中所采用的方法和工具也将融入到中国经济史学的发展中。

通过上述的分析，我们可以得出一个基本的结论：西方经济学的东渐和中国经济史学的萌芽有着一定的学术渊源关系。经济学的西学东渐使得经济学在中国开始演变成为一门独立的学科，解决了中国经济史学产生的前提条件之一，使得学术界运用经济学理论解释中国历史成为可能。这样，进一步拓展了中国经济史学演变的学术路径，作为历史学分支和经济学分支的中国经济史学就有可能产生了。

---

① 陈翰笙：《中国农村经济研究之发轫》，载于《中国农村》1934 年第 1 期。

第三节　西方历史学的东渐及其影响

一、西学东渐与中国近代史学的三次飞跃

中国传统的史学和史书不仅数量多，而且还具有记述连续性、内容丰富性和形式多样性等几个特点，给思想界和学术界留下了宝贵而丰富的学术遗产，但如果将之与世界各国史学发展的趋势和潮流相比较，中国的传统史学基本上属于封建文化的范畴。只是到了近代，中国史学才开始迈向近代化。在传统的中国史学变革的近代化趋势中，西学是起了重要作用的。有学者认为，从 1840～1949 年这段时间中，近代史学先后出现过三次意义重大的飞跃，标志着演进过程的三大阶段。首先是 1842 年魏源的《海国图志》一书的问世，这标志着中国传统史学向近代史学转变的第一次飞跃。从此，中国的传统学术格局开始被突破，"经世"史学逐渐兴起，史学研究的范围有了较大开拓，史学与现实更加贴近，史书内容、著书旨趣和哲学指导思想等方面都带有近代意义的新东西。魏源著成《海国图志》一书后，先后还有《海国四说》《瀛环志略》《法国志略》《日本国志》和《日本政变考》等历史著作相继出现。这种现象并非偶然的巧合，而是西学东渐最初在中国史学界的回应，这一回应充分说明了国人从用新眼光看世界，发展到研究学习外国政治制度的转变过程。

1902 年前后，梁启超发表了以《新史学》为代表的一系列文章，正式举起了"史界革命"的大旗，对旧史学的弊端进行了严厉批评，比较系统地提出了"新史学"的理论，标志着中国近代史学演进的又一次质的飞跃。"新史学"的倡导和发展构成近代史学的第二大阶段，梁启超是"新史学"的旗手和奠基人。"新史学"在 20 世纪初形成，并非偶然。20 世纪初，一批资产阶级的思想家、政治家先后来到日本，接触到各国的哲学社会科学理论，使他们有可能吸收这些理论成果，构筑新的史学理论体系。关于这一点，我们可以通过分析梁启超与"新史学"的关系得到很好的证明，就已知的材料来看，在外国史学理论著作中，对梁启超影响最大的是日本学者浮田和民的《史学通论》。这部书是梁氏"新史学"理论的重要来源，如梁氏的《地理与文明之关系》

一文，就是《史学通论》第五章《历史与地理》的译文，又如梁氏《新史学·史学之界说》一节中的许多重要观点，像历史研究是主体和客体的结合、历史研究的内容是人类社会的进化及其规律，历史的进化路线呈螺旋形等，都可以在《史学通论》一书中找到出处。

1929 年，郭沫若著成《中国古代社会研究》，中国近代史学出现第三次飞跃。"五四"新文化运动作为一场重要的思想启蒙运动，为中国现代史学的产生扫清了思想观念方面的障碍；民主思潮的发展演变促进了学者在史学研究对象和内容认识上的现代化；科学精神与方法的宣传和提倡，为史学的客观化和规范化奠定了重要的思想基础；新思想、新理论的输入为现代解释史学的出现提供了理论指导，并直接催生了以唯物史观为指导的马克思主义史学。但唯物史观在中国的具体运用却是从 20 年代后期开始的，郭沫若是运用马克思主义观点研究中国历史的开拓者。《中国古代社会研究》一书成功地证明了中国古代社会存在奴隶社会的发展阶段，破除了"国情不同"的偏见，证明了中国社会的发展是符合历史唯物主义的科学概括，学术界给予了很高的评价。郭沫若所著的《中国古代社会研究》一书，不但是中国马克思主义史学的奠基之作，而且对于马克思主义研究中国经济史也具有开创意义。① 通过分析中国近代史学的三次飞跃，应该看到，西方史学理论的东渐起了关键作用。

二、"新史学"产生和演变历程及主要内容

在中国近代史学的三次飞跃中，第二次飞跃与现代中国经济史学的萌芽密切相关。正是在中国近代史学的第二次飞跃中，作为专史的经济史开始出现，经济史逐渐演变成为一门独立的学科。因此，有必要对"新史学"产生和演变的历程及主要内容进行全面分析与考察。

中国"新史学"演化进程大致分为两步，起初是对封建旧史学的批判。如果说，从古代到 19 世纪中叶以及稍后一些时候，中国史学曾对日本史学的发展有所影响，那么，从 19 世纪末开始，中国资产阶级史学的启蒙反过来又受日本史学的影响。近代中国学者学习、引进西方史学的理论和方法，在初始阶段比较多的是通过日本作为中转站。关于反对"君史"、提倡"民史"的史学思想，中国在 19 世纪末资产阶级改良派因为维新变法的需要，已经从西方和日本那里学来一点，并结合中国的历史实际，对封建旧史学提

---

① 李根潘：《二十世纪的中国古代经济史研究》，载于《历史研究》1999 年第 3 期，第 128 页。

出了极其初步的批判。当时这种认识和批判，还是比较零星而缺乏系统。到20 世纪初，情况有所不同。随着西方和日本思想文化的大量输入，史学领域批判"君史"，提倡"民史"的思想发展到了一个高潮，在历史观和方法论上对封建旧史学进行了初步的批判。当时批判的内容一方面是承继和发挥经今文学的"三世说"，接受西方资产阶级进化论的影响，宣传进化史观，批判循环史观和复古史观。严复在译述出版赫胥黎的《天演论》之前，早在1895 年发表的《论原强》一文中就介绍宣传了达尔文的进化论思想，在《论世变之急》一文中，并首先提出否定和批判中国过去封建旧史学中所谓"一治一乱，一盛一衰"① 的循环史观，肯定并提倡西方资产阶级新史学中"以日进无疆，既盛不可复衰"② 的进化史观。严复在这些作品中宣传的进化论思想，不但对当时和后来的社会政治思想产生了积极的启蒙作用，而且对史学也起有深刻的影响。另一方面是批判以君主为中心的封建旧史学，提倡学习西方资产阶级史学，重视"民史"。最早提出这个问题的是梁启超。他认为，讲史学，必须知道"历代制度皆为保王者一家而设，非为保天下而设"；"君权日益尊，民权日益衰，为中国致弱之根源"③；历史，"有君史，有国史，有民史"。西方资产阶级国家里"民史"盛行，而中国各代的历史，"不过一代之主作谱牒"。④ 旧有的"二十四史，则只能谓之廿四家谱"。⑤ 梁启超的这种观点，后来到 20 世纪初所发表的《中国史叙论》和《新史学》中得到了进一步的发展。

在对封建史学批判的基础上，中国史学开始建设自己的理论体系。在中国，20 世纪初年所谓的"新史学"，就是开始介绍西方史学理论和方法，并开始用来批判和改造封建旧史，重新认识和编写历史。当时，一些要求进步和革命的学者，都深深地感受到封建的旧史学已经不能适应形势发展的要求，都提出"史学革命"和"史学革新"之类的响亮口号，他们或翻译介绍外国资产阶级史学的理论和方法，或自己着手编撰新的中国历史教科书。梁启超作为中国新史学思潮的旗手，梁氏的《中国史叙论》和《新史学》等著作振聋发聩，尖锐地批判了封建史学。中国史学开始脱离 2000 余年来的传统，揭开了近代中国史学发展的序幕。

"新史学"演化的主要内容包括史学观念、史学理论、史学研究方法、史

①②③ 梁启超：《西学书目表·后序》，《时务报》1896 年 10 月 17 日，第 3 册。转引自俞旦初：《简论十九世纪后期的中国史学》，载于《近代史研究》1981 年第 2 期。

④ 梁启超：《续译列国岁计政要叙》，《时务报》，1897 年 7 月 29 日，第 33 册。转引自俞旦初：《简论十九世纪后期的中国史学》，载于《近代史研究》1981 年第 2 期。

⑤ 梁启超：《新史学》，载于《梁启超史学论著四种》，岳麓书社 1998 年版，第 243 页。

学研究范围和叙述体例等众多方面的根本性转变，其中史学观念和史学理论的改变是最重要的。1901年梁启超在《清议报》上发表《中国史叙论》一文，1902年他又在《新民丛报》上发表《新史学》。这两篇论文，是中国资产阶级史学家批判传统史学、试图建立新的史学理论体系的重要标志。《中国史叙论》，是作者计划撰写一部中国通史的理论构想，多着眼于"中国史"范围提出理论问题，并加以阐释。全文共分八节。《新史学》是作者在《中国史叙论》的基础上，就普遍的史学理论作进一步阐发。梁启超在这两篇论文中，运用西方学者的历史哲学和史学方法论，结合中国史学的历史，提出并阐述了以下几个史学理论问题：①关于历史撰述的性质和范围。历史撰述的性质和范围是梁启超史学"界说"居于首要地位的问题，他指出历史撰述是"叙述进化之现象"，这实际上是指出了"新史学"的历史撰述的性质，进而也指出了"新史学"的性质。也就是说，历史学应以进化论为指导思想，考察和叙述种种进化的现象，这就是"新史学"的本质。梁启超在论述历史撰述的范围时指出，"历史者，叙述人群进化之现象也"。同时他认为，历史研究有"广义"和"狭义"之分。"言历史之广义，则非包万有而并载之不能完成；至语其狭义，则惟以人类为之界。"通常的历史撰述，"常限于人类者"，正着眼于狭义的历史。作者的这种划分在理论上是有意义的。②关于历史哲学和史学的社会作用。作者指出："历史者，叙述人群进化之现象而求其公理公例者也。"这里说的"公理公例"，就是他说的历史哲学。梁启超从历史研究、历史撰述中之客体与主体的关系，提出历史哲学的重要，这在史学理论的发展和建设上是有重要意义的。他认为，不探求"公理公例"即忽视以至于无知于历史哲学，必有二弊，一是"知有一局部之史，而不知自有人类以来全体之史也"，二是"徒知有史学，而不知史学与他学之关系也"。这就是说，知有公理公例即历史哲学，才能指导人们由局部而认识全局，由史学而联系他学。梁启超的表述虽未尽准确，但历史哲学的综合概括作用之对于历史研究和历史撰述的特殊重要性，在中国史学上作为一个理论问题提出来，是前所未有的开创性贡献。③关于"史学和他学之关系"。这方面的论述，是梁启超"新史学"理论体系的一个组成部分。他在阐述历史哲学的重要性时，认为"徒知有史学，而不知史学与他学之关系也"，是以往史学家的一大缺陷。于是他认为："夫地理学也，地质学也，人种学也，言语学也，群学也，政治学也，宗教学也，法律学也，平准学也，皆与史学有直接之关系。其他如哲学范围所属之伦理学、心理学、论理学、文章学及天然科学范围所属之天文学、物质学、化学、生理学，其理论亦常与史学有间接之关系，何一而非主观所当凭籍者。取诸学之公理公例，而参伍钩距之，虽未尽适用，而所得又必多矣。"作者指出近代以来史学以外诸学科之公理公例跟史学有不同程度的关系，无疑是正确的，也是重要的。[①]

梁启超的"新史学"理论体系，尽管带有明显的片面性，尽管多源于西人、西史之说，但它是通过中国史学家的论述并结合改造"中国之旧史"的明确目的而提出来的，在中国史学发展，尤其在中国史学的近代化过程中，仍具有里程碑的意义。它标志着传统史学在清代后期之延续的历史的结束，标志着中国近代史学在理论上的初步确立。

三、"新史学"的演变与中国经济史学科的萌芽

通过分析"新史学"演变的历程及主要内容，不难发现，"新史学"的演变与现代中国经济史学科的萌芽密切相关。具体分析其影响，主要体现在以下几个方面。首先，在批评和改造封建史学的过程中，"新史学"直接促进了现代中国经济史学的萌芽。梁启超一举冲破了传统的纪传体结构，接受了西方现代学科分化取得的成果，用现代科学分类方法，把历史学划分为普通史与专门史。他说："今日所需之史，当今为专门史与普通史两途。专门史如：法制史、文学史、哲学史、美术史……，普通史即一般文化史也。"[②] 这样，现代中国经济史学就开始作为一门专门史出现了。而且，根据专门史的划分，梁启超还将经济史分为财政、经济两大部，财政中又可分租税、关税等细目，主要是进一步研究这些细目如何变迁、如何发展等等。这种仔细的划分与研究，启动了现代中国经济史学的专题、部门研究。从学科整体发展的角度来分析，这种影响也是积极的，它为学科的长远发展奠定了一定的基础。

其次，"新史学"演变过程中，中国传统史学进步的一个非常重要的方面就是体现在历史观方面，这一点也间接地对现代中国经济史学的发展产生了积极的影响。一般来讲，探索历史规律性的研究，仅仅靠史料的搜集和整理是不够的，它需要有一定的历史观和认识历史的理论作指导。而"新史学"演变过程中传播的进化史观为中国学者提供了一套认识历史发展的基本理论，即历史是发展的，是不间断地连续进化的，历史的发展是有其因果关系的。历史研究应循着这样一种思路：研究历史的进化过程，把历史看作一个连续发展的过程，去探索历史发展的真相，寻找出历史进化的前因后果。对历史进化前因后果的探讨，必然会促使人们进一步分析决定历史进程的各种因素。无疑，在众

---

① 参见瞿林东《中国史学史纲》，北京出版社 1999 年版，第 793～798 页的相关论述。
② 梁启超：《梁启超史学论著四种》，岳麓书社 1998 年版，第 143 页。

多因素中，经济因素对历史进程的决定性影响将日益引起人们的高度关注，对经济因素在人类历史进程中作用的探讨与分析，最终会导致现代中国经济史学作为一门学科形成。因此，虽然历史观的进化对中国经济史学的影响是间接的，但是它却为现代中国经济史学的萌芽开辟了又一学术演进的路径。

再次，从比较史学的学术视野来分析，"新史学"在世界史学变革的潮流中，也占有重要的地位，梁启超 1902 年的《新史学》比美国现代新史学派的奠基者詹姆斯·鲁滨逊 1912 年的《新史学》整整早十年。从世界范围来看，梁启超在写作《新史学》的时代，史学正在酝酿着巨大的变革，东西方新史学的思潮都在萌发，其势不可阻遏。分析新史学思潮的学术特点，一个非常重要的方面就是重视历史学的垂训作用。这样，"新史学"的社会功用在学术界进一步得到承认，在人类的社会生活中占有比以前更加重要的地位。自然，作为专门史的经济史研究也会随之产生强烈的现实需求。从知识社会学的角度来分析，历史学的现实社会地位的提高，为现代中国经济史学的萌芽和形成创造了良好的环境。这也从另一角度反映出了"新史学"演进与现代中国经济史学萌芽与形成的关系。

最后，"新史学"演变过程中出版的一些著作，在现代中国经济史学科发展史上也有着特殊的意义。例如，梁启超认为，经济史下面又可分财政、经济两大部，财政中又可分租税、关税等细目。正是在这种观点的影响下，梁氏于 1904 年著成《中国国债史》一书，该书通常被学术界视为现代中国经济史学萌芽的标志。另外，在中国经济史学萌芽时期产生的相关的中国经济史学著作都直接或间接受此观点的影响。例如，张效敏 1916 年在《大中华》第 2 卷 7、8 期上发表《中国租税制度论》一文，陈向原 1926 年著《中国关税史》一书，都是关于租税、关税等细目专题的研究。上述四个方面的分析，都充分证明了"新史学"与现代中国经济史学萌芽有着密切的联系。

第四节　西方社会学理论的东渐及其影响

一、社会学东渐的历程

关于中国社会学起源问题的探讨，比较一致的观点是：虽然晚清时期中国已经有康有为的"社会改良"思想，出现了康有为、梁启超、严复等的"群学"概念，但"社会改良思想"和"群学"概念至多是迸发出了一些社会学的火花，中国当时并不存在独立的社会学科学。独立的社会学学说是随着西学东渐零零星星地传入中国的。严复是近代中国向西方寻找真理的代表性人物之一，在西学东渐的历史进程中，他的影响和作用是空前广泛和深远的。19 世纪最后几年，留学英国的严复正式将西方社会学予以翻译、介绍，严复成为将西方社会学传入中国的第一人。他在 1895 年《原强》一文中，首先介绍了英国早期社会学家斯宾塞的社会学，1897 年又为上海国闻报社翻译了斯氏 1873 年所著《社会学研究》一书的前两章，1901～1902 年陆续译完，于 1903 年由上海文明编译书局出版，书名《群学肄言》，一时风行海内，成为影响当时中国思想界的重要论著之一。继严复之后，中国知识界出现了研究西方社会学的热潮。1902 年，章太炎译出岸本能武太的《社会学》一书，并由广智书局出版。该书是岸本能武太综合斯宾塞和季廷史的理论而写成的，是社会学书籍从日本传入中国之始。同年，上海广智书局出版了日人有贺长雄原著《族制进化论》的译本，该书是根据斯宾塞的《社会学原理》并以摩尔根的《古代社会》为补充写成的。

早期的中国社会学与日本、美国和苏联有特殊的关系。日本明治维新后，努力向西方学习，取得了很大成效。因为客观条件有利，日本距离中国最近，而且两国文字相通，故中国派往日本的留学生最多。为了把新理论、新学说介绍到中国来，大多数留日学生留学期间进行了大量的翻译工作，翻译、出版了大量的社会科学书籍，其中包括许多社会学著作和学说。

中国社会学与美国有着更加广泛的关系。一为美国教会在中国所办的高等学校中开办社会系，二为退回庚子赔款，开办留美学校，设置社会调查研究机构。这两方面的措施，对中国社会学的生长起到了更加深远的影响。中国学生从 1909 年设立"庚子赔款"奖学金后，开始大批地去美国留学。这些留学生有专学社会学的，后来成为中国社会学界的骨干。

中国社会学的萌动出土，幼苗成长，也与 1917 年俄国的"十月革命"有着密切的关系。因为马克思主义真正比较广泛地传播于中国，促使中国社会学得到肥料与阳光雨露，更加茁壮起来，是在"十月革命"以后的事。1919 年"五四运动"爆发后，马克思主义在中国的传播更加广泛。作为马克思主义理论的重要组成部分的马克思主义社会学思潮，打破了社会学一向由资产阶级社会学垄断的局面，在李大钊、陈独秀、李达等初具共产主义思想的知识分子的推动下，中国各地的新文化刊物发表了大量宣传和介绍马克思主义社会学的文章。这一时期，中国进步知识分子所理解的马克思主义社会学就是马克思主义的历史唯物主义，在他们看来，马克思主义的历史唯物主义和马克思主义的社会学二者之间并没有区别。

　　李大钊是唯物史观在中国的最初传播者之一，为马克思主义社会学在中国的创立奠定了坚实的基础。李大钊在《我的马克思主义观》一文中指出，"唯物史观也称历史唯物主义。他在社会学上曾经，并且正在表现为一种理想的运动，与前世纪初，在生物学上发现过的运动有些相似。"① 李大钊阐述了唯物史观在马克思学说中的地位和意义，他认为马克思的唯物史观是对社会学的重要贡献："他那唯物史观，纵有这个夸张过大的地方，于社会上的进步，究有很大很重要的贡献。……使他现在真值得起那社会学的名称。"李大钊还撰写了若干专门论述唯物史观和马克思主义社会学的重要文章，代表性的有：《唯物史观在现代史学上的价值》和《唯物史观在现代社会学上的价值》。在《唯物史观在现代史学上的价值》一文中，李大钊指出，"唯物史观是社会学上的一种法则"，② 在这互有关联、互为影响的社会生活里找到了"那些社会进展的根本原因"，认为"经济的生活，是一切生活的根本条件"，经济是人类社会发展的"最后的原因"。③ 因此，唯物史观对于人类社会发展的意义正在于它强调了经济生活的中心地位和决定作用，而它在现代史学上的价值在于它所提供的研究历史的方法。如果说，李大钊是在中国系统地传播马克思主义和马克思主义社会学的第一人，那么，瞿秋白便是以马克思主义社会学占领中国大学社会学阵地的第一人。1923 年，共产党人瞿秋白到上海大学创办社会学系。他所讲的社会学，就是马克思主义的辩证唯物主义和历史唯物主义。

　　在这一时期，中国早期社会学的马克思主义学派还写了几部有影响的社会学著作，尤其值得重视的是蔡和森于 1924 年出版了《社会进化史》一书。该书是他在上海大学讲授社会进化史课程所编写的讲义。全书共分为 3 篇 35 章，约 14 万字。它以摩尔根的《古代社会》和恩格斯的《家庭、私有制和国家的起源》为蓝本，考察了人类社会从野蛮进入文明的历史进程，研究了家庭、私有制和国家的起源和发展；通过对人类社会多种政治经济关系的剖析，得出了近代资本主义社会必然崩溃，世界无产阶级革命必然胜利的结论。该书在中国传播马克思主义社会学说方面起了非常重要的作用。另外一本是李达于 1926 年 6 月出版的《现代社会学》，该书是中国革命史上影响重大的名著，全书共 18 章，17 万字，是一部系统阐述马克思主义社会学的论著。该书的纲目为：社会学之性质，社会之本质，社会之构造，社会之起源，社会之发达，家族，

---

　　①② 《李大钊文集》下卷，人民出版社 1984 年版，第 46～48 页。
　　③ 《李大钊文集》下卷，人民出版社 1984 年版，第 360 页。

国家，社会意识，社会之变革，社会之进化，社会阶级，社会问题，社会思想，社会运动，帝国主义，世界，社会之将来。该书是用唯物史观改造社会学从而在中国建立马克思主义社会学的成功尝试。

从社会学东渐的历史过程来看，中国社会学的产生和成长，特别是在"五四运动"之后的成长，是由于中国社会环境的动荡不安，知识分子对科学与民主思想追求的产物，并深受日本、美国等西方社会思潮以及俄国十月革命后的社会主义社会学的影响。从它的幼苗期就是在各种政治、社会、思想矛盾的激流中，栉风沐雨地成长起来的。而这一时期各种不同的社会思潮对现代中国经济史学科成长又产生了深远的影响，因此，分析社会学东渐对中国经济史学萌芽的影响是学界研究中国经济史学发展的重要课题。

二、社会学东渐对中国经济史学萌芽的影响

社会学理论东渐对中国学术界的影响是全面的、深刻的、多层面的。首先，社会学东渐带来历史观的进步，而历史观的进步又直接影响着中国经济史学的萌芽。李根蟠指出："中国经济史学的形成和发展与唯物史观的传播密不可分。"[1] 瞿林东曾经指出："20 世纪中国史学最显著的进步当是历史观的进步，即从古代历史思想的积极成果朴素的历史进化观到近代进化观，从近代进化观到唯物史观。"[2] 这些论述从不同的方面阐述了中国经济史学生长的前提条件。

西方史学理论东渐带来历史观的进步在前面已有论述。社会学的东渐同样也带来了历史观的进步，受斯宾塞学说的影响，初期介绍到中国来的社会学，大都重视进化论的影响。严复在其译著中直接介绍西方社会学，并把达尔文的进化论与斯宾塞的社会学说及中国传统文化含有的优秀社会学思想结合起来。中国知识界从西方社会学中吸取养料，吸收了社会进化论、社会有机论、平衡论以及同类意识等学术观点，这些都有力地促进了进化论融入历史观，进化论带来历史观的进步。因此，社会学东渐对中国经济史学萌芽的影响，首先是体现在历史观层面。有关历史观进步与中国经济史学科成长的关系，我们在前一节西方近代史学的东渐及其影响中已经有过详细的论证。

其次，社会学的东渐使得唯物史观在中国得以传播。从学术源流看社会学和历史唯物主义，二者不仅产生的历史条件相同，而且有着共同的研究对象。

① 李根蟠：《唯物史观与中国经济史学的形成》，载于《河北学刊》2002 年第 3 期。
② 瞿林东：《百年史学断想》，载于《世纪评论》1998 年第 1 期。

更加耐人寻味的是：作为马克思主义思想渊源之一的 19 世纪的空想社会主义，同时也是孔德社会学的思想来源。19 世纪 40 年代，马克思主义的重要组成部分——历史唯物主义诞生了。这是社会历史观的一次伟大变革。正如恩格斯所说："这种观点认为一切重要历史事件的终极原因和伟大动力是社会的经济发展、生产方式和交换方式的改变、由此产生的社会之划分为不同的阶级，以及这些阶级彼此之间的斗争"。① 这样马克思和恩格斯就打破了唯心史观的偏见，破天荒第一次发现了人类历史的发展规律，从而使历史唯物主义成为科学思想中最伟大的成果。

马克思在欧洲发现唯物史观是 19 世纪 40 年代中叶。到 1859 年 1 月的《政治经济学批判序言》，马克思对他的理论发现作了经典式的简要表述。由于中国社会自身条件的限制，马克思这一伟大发现并没有立即传入并影响中国的思想和社会。中国人从政治上知道共产主义一词较早，大约于 19 世纪 70 年代。国内进步思想界对作为科学社会主义学说理论基础的唯物史观的零星涉及与最初传播，则是 20 世纪初了。在中国最早提到唯物史观理论的，是资产阶级革命派的理论家，第一位是马君武。他于 1903 年 2 月在《译书汇编》第 11 期发表的《社会主义与进化论比较》一文中指出，马克思是以唯物论解释历史学的第一人。尽管马君武并不真正懂得唯物史观，认为马克思的思想是乌托邦空想，但他力倡在中国发展唯物主义哲学，并在中国文献中首次提到马克思是用唯物论解释历史之人，他还在《社会主义与进化论比较》一文末尾所附"社会党巨子所著书记"中，开列出《英国工人阶级状况》《哲学的贫困》《政治经济学批判》《资本论》等一批马克思、恩格斯原著书目，其功绩是应予充分肯定的。资产阶级革命派的另一位著名理论家朱执信是第一位在中国提出马克思的社会主义是科学社会主义论断的思想家，他指出，社会主义由空想发展成为科学，最根本的原因在于发现了唯物史观。《天义报》是中国早期无政府主义者刘师培等于 1907 年 6 月在日本时创办的半月刊，该报对唯物史观的若干理论观点给予了很高的评价，并在中国首先提出唯物史观对历史研究所具有的巨大的理论价值。刘师培在《共产党宣言》序一文中指出，当时中国的史学研究者，很少注意经济变迁对人类历史的影响，不知道经济变迁是一切历史的枢纽。"五四运动"前唯物史观理论在中国早期传播的途径主要是由日本传入中国。明治维新以后，日本逐步发展成为资本主义国家，这在当时的东方还是唯一的。随着资本主义的发展，日本也兴起了社会主义的宣传运动。正是这一

---

① 《马克思恩格斯选集》第 3 卷，人民出版社 1972 年版，第 389 页。

时期，在日本聚集着大批的中国留学生。他们为挽救中国的衰亡寻找出路，其中一些人也对社会主义学说产生了兴趣，马君武、朱执信、刘师培、江亢虎等均留学日本，他们正是通过上述途径学习、介绍和宣传唯物史观理论的。

唯物史观的传播使得中国的马克思主义者探寻到了推动历史发展的根本动因。瞿秋白在《社会学概论》中科学地说明了生产方式的变化是社会发展与进步的最后决定力量，蔡和森在《社会进化史》一书中对人类社会形态发生变动的根本原因也作了精辟的解释，这些都为运用唯物史观解释中国历史创造了条件。而唯物史观在传入中国学术界的历史过程中，又与中国经济史学的形成结下了历史之缘。从这一层面来分析，社会学东渐对中国经济史学科的发展产生了积极的影响。至于唯物史观与中国经济史学科的形成本书将另辟专章予以论述。

最后，社会学引进和移植的过程中，中国的社会调查也开始起步，而当时的社会调查也直接影响着中国经济史学的萌芽和形成。当时促成中国社会调查起步的因素有两个，一是外国人希望通过社会调查来研究和认识中国社会，二是受欧美社会调查研究范式影响的中国学人同样希望通过社会调查来认识自己的社会。从时间上看，中国的实地社会调查始于民国初年，最早的调查是 1914～1915 年间由北京实进会进行的对 302 个洋车夫的生活情况的调查。20 年代初，随着社会调查的兴起，全国性的调查机构逐步建立，主要的调查研究机构有北平社会调查所及南京的中央研究院社会科学研究所。北平社会调查所成立于1926 年 7 月，由留英社会学家陶孟和及留美社会学家李景汉主持，陶孟和任所长。该所是一个社会研究的学术机构，对农业经济、劳动问题和人口问题作了大量的调查研究，先后出版了约 20 种书籍，是国内专业性和社会调查研究机构作品较多的组织之一。比较著名的有：李景汉的《北平郊外之乡村家庭》、陶孟和《北平生活费之分析》《中国劳动年鉴》等。南京的中央研究院社会科学研究所成立于 1927 年，由留美博士、著名的经济社会学家陈翰笙任所长。在陈翰笙的主持下，该所社会学组运用马克思主义阶级分析方法，对农村和都市工厂进行了调查，写出了《现今中国之土地问题》《帝国主义工业资本与中国农民》和《广东农民生产关系和生产力》三本书。其中篇幅最大、材料较丰富的是《中国劳动年鉴》，研究方法上贡献较大的是李景汉的《北平郊外之乡村家庭》、陶孟和的《北平生活费之分析》。

这一时期的调查注重经济因素，强调调查与统计相结合，调查方法科学合理，取得的调查成果有较高的学术价值。陶孟和的《北平生活费之分析》采用家庭记账法，是对北平 48 家手工业工人的家庭生活费进行了 6 个月的调查，对 12 家小学教员的家庭生活费进行了 1 个月的调查后写成的。采用日用账簿法进行调查在当时还是个创举，此书是在国内采用记账法调查工人家庭生活费的第一本书。该书内容包括绪论，调查范围与步骤、名词解释、工人家庭的普通情形、收入与支出、食品消费、住宅家具与衣服、人力车夫、小学教员、附表 3 个。李景汉的《北平郊外之乡村家庭调查》按调查村庄的性质分为两部分。第一部分是对挂甲屯 100 家的社会经济调查。挂甲屯村距京较近，该村人的生活与北京城关居民的生活差不多。村里人的职业为各种工匠、车夫、仆役及政府机关的差事，有少数以种地为生。第二部分是对黑山扈村等 3 个村庄 64 个家庭的社会经济调查。这 3 个村靠近西山，村里人主要以种地为生，或在山间打石为生，过的是农村生活。两部分调查的主要内容基本相似，但又略有不同。全书附有调查表 100 个。

《北平郊外之乡村家庭》是中国最早关于家庭调查的报告，它成为以后人们进行家庭调查的蓝本，在社会调查方法上有很大贡献。《北平生活费之分析》利用工人家庭的日用账簿在当时是一种创举，这样能使调查精确和科学化，之后，在各地进行的生活费调查，大都采用此方法。这也是对社会学发展在学科方法论上的贡献。如果全面分析这两部调查报告的学术贡献，我们发现它们不仅在方法论上促进了社会学的发展，而且对经济史学的学科发展也有独特的学术贡献。首先，中国社会学形成和发展过程中的社会调查成果本身就是宝贵的社会经济史料。史料的收集和整理，是中国经济史学的基础性工作，从这一层面来看，中国社会学学科的形成和发展奠定了中国经济史学发展的基础；其次，虽然当时主要是从社会学的角度开展实地调查，但调查的内容涉及社会经济生活的许多方面，从广义上分析，社会调查成果本身也是社会经济史著作。从这一层面来看，中国经济史学与社会学的发展具有学科生长共生性。

通过对 19 世纪末 20 世纪初西方经济学、历史学、社会学等社会科学东渐的分析与考察，我们发现，西方社会科学的东渐与现代中国经济史学有着不解的历史之源。随着西学东渐的不断深入发展，历史学、经济学、社会学等学科在中国逐渐演变成独立的社会科学，这样一方面为现代中国经济史学的萌芽与形成创造了条件，另一方面也对中国经济史学的产生提出了要求。

第三章

现代中国经济史学的萌芽

传统中国经济史为现代中国经济史学留下了丰富的学术遗产，孕育着现代中国经济史学的胚胎。19 世纪末 20 世纪初，西方经济学、历史学和社会学等社会科学的东渐又为中国经济史学的胚胎发育成长创造了外部条件，这样中国经济史学的萌芽开始由可能变为现实。国内学术界对中国经济史学的萌芽问题已有初步研究，并对中国经济史学萌芽的时间、标志及中国经济史学萌芽时期所取得的学术成果等问题提出了一系列较有影响的观点。本章在已有成果的基础上，将进一步探讨中国经济史学萌芽的时间、标志及原因等问题，分析中国经济史学萌芽时期所取得的研究成果及这些成果对整个中国经济史学科发展的学术贡献。另外，中国经济史学在 20 世纪初萌芽后直至 20 年代末，整个学科有较大的发展，但是学术界对这一段时间中国经济史学研究所取得的成果以及这些成果在中国经济史学发展史上的学术地位关注较少。深入研究这一时期中国经济史学发展状况，客观评价这一时期学科发展的学术成就，也将是本章论述的重要内容。

第一节 1904~1911 年中国经济史学的萌芽

一、国内学术界有关中国经济史学萌芽的研究

关于中国经济史学的萌芽，国内众多学者对这一问题进行了深入研究，并提出了他们的一些看法。例如赵德馨在《发扬面向现实、反思历史的优良传统》一文中指出，"梁启超著《中国国债史》、魏声和著《中国实业界进化史》

与沈同芳著《中国渔业史》等书于1904年后的相继出版,标志着近代意义的中国经济史学科的萌发"。① 从赵德馨有关中国经济史学萌芽的论述中,我们可以看出,他判断中国经济史学萌芽一个重要的标志就是相关中国经济史学著作的问世。虞和平在《五十年来的中国近代史研究》一书中指出,"1904年至1913年为中国经济史学的萌芽阶段,梁启超的《中国国债史》则是最早的中国近代经济史著作"。② 从虞和平对中国经济史学萌芽的有关论述,我们可以看出其判断中国经济史学萌芽的标准与赵德馨的观点较接近。李根蟠在《二十世纪的中国古代经济史研究》一文中指出,"梁启超将古代的经济思想与西方经济理论相比较,写了《史记货殖列传今义》《管子新解》等论文;他第一次把统计学的方法引入历史研究之中,写了《中国史上之人口统计》(《新民丛报》第46~48期,1903年)等文,他还打算写作《中国生计学史》。这些都可以视作中国现代经济史学的滥觞"。③ 从李根蟠对中国经济史学萌芽的有关论述中,我们可以发现,和国内经济史学界的其他学者一样,李根蟠也认为中国经济史学相关著作的问世,是中国经济史学萌芽的一个非常重要的标志,并且他还对中国经济史著作问世的原因进行了深层次分析。李根蟠尝试将中国经济史学萌芽的标准与学科萌芽内因结合起来分析的做法,为我们考察中国经济史学的萌芽提供了新的视角。秦佩珩在《中国经济史坛的昨日今日和明日》一文中指出,"所谓昨日的中国经济史坛,我们为了讨论方便起见,暂把这个阶段划入自民国十年到民国二十六年之中。虽在这样短短的期间内,一般的经济史学者,却在经济史的研究上,作了极大的努力。自胡适之与胡汉民等讨论井田问题,以启中国经济史研究之端,一直到陶希圣主编的《食货》;一般学者,推波助澜,纷纷提出他们对经济史的看法与主张,寸前尺进,无一非艰辛血汗之成果。"④ 从这一段论述中,我们可以发现,有关中国经济史学萌芽的时间,秦佩珩认为,中国经济史学是从1921年后开始萌芽的,这一观点和学术界通行的看法有较大的差异。

分析比较国内学者对中国经济史学萌芽的各种观点,我们发现,学术界对中国经济史学萌芽时间的判断,主要有两种观点,一种观点认为,中国经济史学萌芽于20世纪初,还有一种观点则认为,中国经济史学自1921年后开始萌芽。本书则倾向于第一种有关中国经济史学萌芽的观点,即中国经济史学科萌

---

① 赵德馨:《发扬面向现实、反思历史的优良传统》,载于《赵德馨经济史学论文选》,中国财政经济出版社2002年版,第784页。
② 曾业英:《五十年来的中国近代史研究》,上海书店出版社2000年版,第82页。
③ 李根蟠:《二十世纪的中国古代经济史研究》,载于《历史研究》1999年第3期。
④ 秦佩珩:《中国经济史坛的昨日今日和明日》,载于《新经济》1944年第11卷第3期。

芽于 20 世纪初，其具体标志是梁启超著《中国国债史》一书的问世。至于1911 年辛亥革命后，由于现实的需要，有关中国经济史的著作逐渐增多，一大批研究成果相继问世，这一现象说明中国经济史学萌芽后，整个学科确实有较快的发展，是否将这一时期中国经济史学研究所取得的成果仍然作为我们判断整个学科萌芽的标志，却有待于进一步的分析和论证。目前国内外有关的文献资料表明，中国经济史著作早在辛亥革命前就已问世，如果将中国经济史有关著作的出版作为判断中国经济史学萌芽的依据，那么判断中国经济史学萌芽于 20 世纪之初的理由更充分。1904 年梁启超著《中国国债史》一书出现后，直到 20 世纪 20 年代末 30 年代中期中国经济史学迎来第一次研究高潮，其间中国经济史学研究发展很快，成果颇多，我们可以将这一阶段看作中国经济史学萌芽时期，其中又可分为两个小阶段，1904～1911 年为中国经济史学开始萌芽时期，1912～1927 年划为中国经济史学萌芽后的初步发展时期。

对中国经济史学萌芽的深层次原因，学术界也有着不同解释和回答，其中李根蟠对这一问题的解释，有一定的代表性，他认为"现代意义的中国经济史学是在西方近代历史学、社会学、经济学等社会科学理论传入中国以后才形成的"。① 这种解释强调了中国经济史学萌芽的外部条件和历史背景；赵德馨、虞和平等人则从国内现实政治经济的变化等因素来考察中国经济史学萌芽的原因，这种解释强调中国经济史学萌芽的内部条件。一门学科的发生、发展，往往是和它当时社会历史发展过程中某一特定的历史条件相联系的，并且又是与其他同时代的相关社会科学学科的发展相联系的。中国经济史学的萌芽以及这门学科后来的发展，都令人信服的证实了这一点。学界对中国经济史学萌芽原因多角度的探讨都有各自的道理，寻找中国经济史学萌芽的历史动因需要多层面的观察与思考。

二、中国经济史学萌芽原因的再探讨

整理国内学术界对中国经济史学萌芽研究的相关成果时，我们发现，目前经济史学界有关中国经济史学萌芽的许多问题有待于进一步深化认识。在研究中国经济史学发展史的过程中，应对中国经济史学萌芽的原因再分析、再讨论。中国经济史学萌芽是多方面作用的结果，前一章分析中国经济史学产生的前提条件和历史背景时，从西方近代历史学、经济学、社会学等社会科学对中

① 李根蟠：《二十世纪的中国古代经济史研究》，载于《历史研究》1999 年第 3 期。

国学术界和思想界的影响来考察中国经济史学萌芽的原因，我们发现西学东渐为中国经济史学萌芽创造了必要的前提条件，但西学东渐在中国经济史学萌芽的过程中所起的仅仅是催生的、间接的作用，仅仅是导致中国经济史学萌芽的原因之一。

　　我们认为，内生因素则是中国经济史学萌芽的主要动因。19 世纪末 20 世纪初发生在中国大地的社会变革运动，不仅开启了中国由传统迈向现代的历史步伐，同时也为中国经济史学的萌芽创造了一系列的有利条件。无论是 1898 年的戊戌变法，还是清末的"新政"，二者在各个方面都颁布了一系列的改革措施。这些改革措施的相继出台直接或间接地使中国经济史的研究有了强烈的社会现实需求。首先是颁布了经济方面的改革措施，鼓励发展本国经济。怎样才能更好地发展实业，早日实现"富国"之理想，一个很重要的方面就是要从中国经济发展的历史中寻求经验和教训，这样在当时的历史条件下研究中国社会经济发展史有着强烈的现实需求；其次是从官制方面进行了改革，如戊戌变法中设立农工商局，清末"新政"设农工商部等。这些与发展实业有关的机构的成立，都组织了力量对相关方面的经济发展历史进行了总结，这也是导致中国经济史研究有着强烈现实需要的一个重要原因；另外，戊戌变法在文教方面的改革措施如开办京师大学堂也直接推动了中国经济史研究的兴起。1902 年 11 月，钦定京师大学章程第二章功课部分对分科及课程开设有较详细的记载与说明，当时设政治、文学、格致、农学、工艺、商务、医术七科，文学科中"史学"乃七门之一，商务科中"商业史学"也是必修课之一；预备科课程分年表中规定，第一年必修中外史学、中外史制度异同，第二年必修中外史学、中外史治乱得失，预备科将来进入政治、商务科者，第三年要求学习商业史，预备科将来进入艺科学习农工科者，第三年要求学习工农业史；关于课时与教材也有规定，各国理财史，第 1～3 年每星期 1 小时，关于教材，"日本名各经济史，可暂时采用，仍应自行编纂"；关于内容，研究史学之要义，应包含大量经济史内容。由此可见，开办京师大学堂之初就已经开始讲授经济史的有关内容，[①] 京师大学堂开设史学课程，经济史作为现代史学的重要组成部分，也随之走进大学课堂。从此以后，中国高等学校普遍开设与经济史有关的课程。通过以上各方面的分析，我们可以得知中国经济史的研究在当时确实有着强烈的现实需要。这种强烈的现实需要正是导致中国经济史学萌芽的一个很重要的原因。关于知识与社会的关系理论，学术界有一种观点认为，知识发展需要许

---

　　① 北大校史研究室编：《北京大学史料》（第一卷 1898～1911），北京大学出版社 1993 年版，第 88 页。

多条件，其中强烈的社会需求对任何一门新知识或社会科学的形成和发展非常重要。那么，运用知识社会学的原理来考察中国现代经济史学的萌芽，有着一定的借鉴意义。20 世纪初期的大学课堂、期刊报纸、各种社团组织等各种因素的影响都对中国经济史学科萌芽创造了社会条件。

考察现代中国经济史学萌芽的外部因素时，要特别关注日本人对中国经济史学科产生的直接促动作用。杜维明教授指出："现代中国历史学的发源地其实在东京。"① 他认为梁启超与章炳麟皆"受到'日本文明历史学'的影响"。② 有些学者也认为梁启超在日本时已把一些西方史学及文明史书介绍到中国来，并断言他的"新史学"理论"在相当大程度上要得益于日本对西方史学的间接介绍。"③ 其实，日本东京不仅是现代中国历史学的发源地，同时也是现代中国经济史学的发源地。大约从甲午战争之后，不少日本人在考察中国社会经济状况的同时，开始著书立说，引起中国的一些进步知识分子的注意。1904 年，梁启超的《中国国债史》由广智书局出版，这是中国近代经济史研究领域的开山之作。梁启超在日本时有条件广泛涉猎西方经济学、财政学等知识，学术取向明显受到日本学界的影响。日本学人在甲午战后深入研究中国社会经济状况，出版了《中国工艺商业考》《中国商务志》等书籍，给包括梁启超在内的中国学人以深深刺激。梁启超写作《中国国债史》的主要目的，是通过概述中国清末以来 20 多年向外借债的历史，告诉睡梦中的国人面临着何其深重的外债负担，正所谓"门前债主雁行立，屋里醉人鱼贯眠"④。梁启超在 1897 年看到日本人绪方南滨写的《中国工艺商业考》一书时，发出了由衷的感叹："嗟夫！以吾国境内之情形，而吾之士大夫，竟无一书能道之，是可耻矣。吾所不能到者，而他人能道之，是可惧矣。"⑤ 从而促使他进行中国经济史研究。所以当中国人开始进行中国经济史研究的时候，首先吸收了外国人的某些研究成果，在 19 世纪末 20 世纪初翻译出版了一些外国人的著作。如1907 年日本学者平田德次郎在《政治学报》上发表《满洲论》一文，西村骏次等在《政治学报》上发表《满洲之富源》一文。受此影响，中国学者剑虹1910 年在《地学杂志》第 1 卷 3 期发表《吉省移民源流》一文，也展开了类似的研究。1906 年广智书局出版了蒋篑方翻译的日本学者织田一著《中国商务志》一书。中国学者陈家锟就展开了类似的研究，并于 1908 年著《中国商

①② 杜维明：《历史女神的新文化动向与亚洲传统的再发现》，载于《九州月刊》1992 年第 5 卷第 2 期。

③ 张广智、张广勇：《现代西方史学》，复旦大学出版社 1996 年版，第 356 页。

④ 梁启超：《饮冰室合集》（专集第 6 册），上海中华书局 1936 年印行，第 62 页。

⑤ 梁启超：《〈中国工艺商业考〉提要》，载于《饮冰室合集》文集之二，第 51 页。

业史》一书。

通过上述分析，中国经济史学萌芽于20世纪初，是多方面共同作用的结果，仅仅从某一方面分析，不可能科学合理地解释中国经济史学的萌芽。我们认为，传统中国经济史学孕育的现代中国经济史学胚胎，在一定的外因和内因共同作用下，逐渐发育成长为现代中国经济史学。其外因，一方面是西方近代史学、经济学、社会学等社会科学的西学东渐的间接影响，另一方面是，外国人研究中国经济史，特别是日本人研究中国经济史的直接促进作用；其内因主要是指20世纪初强烈的社会变革。强烈的社会变革产生的社会需求促使中国经济史学的萌芽，与此同时，社会变革也创造了中国经济史学萌芽的社会条件。

三、萌芽阶段中国经济史学研究取得的具体成果

中国经济史学萌芽阶段的研究成果主要表现为与中国经济史有关的著作相继问世，20世纪初，中国的一批先进知识分子和工商界人士，从抵制帝国主义的经济侵略和发展民族经济出发，开始认识到研究本国经济史的重要性，由中国人自己编写的中国经济史著作也随之出现。1904年，梁启超的《中国国债史》一书由广智书局出版，这是最早的中国近代经济史著作。在《中国国债史》一书中，梁启超详细叙述了近二十年的中国国债史，对国债产生的原因进行了分析，并考察了西方各国的公债历史。此后，1906年魏声和的《中国实业界进化史》、1907年沈同芳的《中国渔业史》、1908年陈家锟的《中国商业史》、1909年陈家锟的《中国工业史》与沈曾荫的《中国实业史要》等著作相继出版。另外，1909年刘师培还在《国粹学报》发表《论中国古代财政国有之弊》的中国经济史专题论文。1907年后还有工商团体和企业编写的著作出现，如山西同乡会编的《山西矿务档案》（1907年）、南通翰墨林编译印书局编写的《通州兴办实业之历史》（1910年）、通海垦牧公司编写的《通海垦牧公司开办十年之历史》（1911年）。这些论著对地方经济史与企业史写作和研究具有开创意义。

分析这些经济史著作，就内容而言，它们都是关于中国历史和现实的经济问题中某一部门或某一专题的研究，只涉及个别行业、企业和地区，叙述比较简单。就目的而言，研究者的目的就是探寻振兴中国经济之道。就作者而言，这些著作，多为民间作品，先是个人著作，后有工商团体和企业编写的著作。在运用理论方面，也开始有了新的突破。梁启超在《中国史上人口之统计》一

文中，运用马尔萨斯的《人口论》中有关经济学的原理，分析比较中国历代户口，使得该文具有一定的经济学理论色彩。梁启超认为，外国历史为进化，中国历史为循环，《人口论》所论证的人口增长规律，并不符合中国的实际情况。他还对中国历代人口数据进行了分析处理，为后者研究中国人口留下了宝贵的资料。《中国史上人口之统计》一文中历史事实与经济理论的结合并非一种偶然的巧合，它是西方经济学 19 世纪末 20 世纪初传入中国的一种必然反映，这意味着运用现代经济学原理解释中国历史现象已经成为可能。

从这一时期出版的有关经济史著作数量方面分析，中国经济史学科已经开始萌芽了。从出版的相关经济史著作学术特点来分析，这批中国经济史著作无论是在研究的对象，还是研究的目的、叙述的方法等方面都完全有别于传统中国经济史，已经开始涉及现代中国经济史学的研究范畴。所有这些都标志着现代中国经济史学科的萌芽。

四、中国经济史学萌芽的学术成就及影响

20 世纪初中国经济史学萌芽是中国经济史学科化的历史起点，中国经济史学萌芽是中国学术发展史上的一件大事，对中国经济史学科的形成和发展有着重要的影响，其学术成就主要表现在以下几个方面。

第一，随着中国经济史学的萌芽，经济史逐渐演变成中国近代史学的一门专门史。经济史作为专门史的出现，对中国经济史学科的形成和发展有着积极的影响，梁启超对中国经济史学的萌芽有着特殊的历史贡献，其中最大的贡献在于他接受了西方现代学科分化取得的成果，用现代科学分类方法，把历史学分为普通史与专门史。作为新史学的奠基人，梁启超的这种划分法颇有见地，无论对历史学，还是对作为一门专门史的经济史，都将产生深远的影响。经济史作为一门专门史开始出现，是中国经济史学科化的历史起点，也只有从这时候开始，人们才有可能关注经济史的学科性质、研究对象和研究方法等有关学科自身发展的基础理论问题。而对这些问题的认识，直接影响着中国经济史学科未来的发展。从这层意义上分析，经济史作为专门史的出现，也正是中国经济史学对学科整体发展所作的学术贡献。

第二，中国经济史学萌芽的另一学术贡献就是使得中国经济史作为一门课程开始走进大学课堂。在中国，大学课堂开始讲授有关经济史的内容，最早可以追溯到开办京师大学堂。此后随着中国经济史学的萌芽，中国经济史开始作为一门课程走进大学课堂。这一点对中国经济史学的发展有着相当积极的意

义。首先，中国经济史走进大学课程，提高了中国经济史学的学术地位；其次，大学开设中国经济史的有关课程后，必然会要求编写相关的中国经济史教材，这样一方面可以推动中国经济史学研究，另一方面中国经济史教材的编撰也是研究成果的一个重要表现；再次，大学课堂讲授中国经济史的相关内容，不仅扩大了中国经济史的影响，而且为研究中国经济史培养了专门人才，这一点将对中国经济史学发展产生长远而深刻的影响。

第三，中国经济史学的萌芽有力地促进了中国经济学理论形成与发展。从经济学萌生时期到政治经济学创始时期，经济史学与经济理论学二者是统一的。亚当·斯密在 200 多年前所作的巨著《国富论》实际上也是一部经济史著作，它最早运用了基于经济史实抽象经济理论，将经济史与经济学结合起来的方法①。在现代经济学创始人威廉·配第和亚当·斯密的许多论著中，抽象的理论推导和历史资料的统计分析二者是结合在一起的。此后，无论是在马克思主义政治经济学理论中，还是德国历史学派等西方经济学流派，都有着经济史与经济学结合在一起的学术倾向与立场。② 中国作为世界四大文明古国之一，给世界留下了丰厚的古代文化遗产，经济思想是其中的一个重要组成部分。但是，在漫长的历史演变过程中，中国传统的经济思想没有演变成为系统的、规范的经济学，在浩如烟海的历史典籍中，很难找到一本专门论述经济问题的理论著作，更不要说形成完整的理论体系。中国经济学作为一门独立的学科和完整的理论体系，是从 20 世纪开始的。中国经济史有广阔的天地，无尽的资源，它应当成为中国经济学的源，而不是中国经济学的流。首先，中国经济史学萌芽时期，有些理论研究成果本身就是对中国经济史实的理论概括，这种对中国经济史实的抽象分析，本身就是中国经济学理论成果之一；其次，中国经济史学家在注重宏观和长期的经济发展趋势时，也开始加强了理论概括与抽象工作，这种工作有可能使中国经济史与中国经济学理论尽可能结合；最后，中国经济史学研究可以直接给经济学家提供历史经验。中国经济史学对中国经济学理论形成与发展的促进作用，使得经济学家越来越认识到经济史学科的重要性。这样，又会反过来对中国经济史学自身的发展产生积极影响。

---

① 吴清：《国富论的经济史学解读》，载于《中南财经大学学报》2001 年第 5 期。

② 参见赵凌云、王年咏：《论经济史研究在马克思主义经典作家经济理论体系中的地位》，载于《中南财经大学学报》2001 年第 5 期；杨祖义：《德国历史学派的经济史学解析》，载于《中南财经大学学报》2001 年第 5 期；张建勤：《论马克思唯物史观与经济史观的关系》，载于《中南财经政法大学》2002 年第 4 期；瞿商：《列宁对俄国资本主义发展的经济史考察及其方法论特色——读〈俄国资本主义的发展〉》；唐艳艳：《恩格斯的经济史研究及其经济史观》，载于《中南财经政法大学学报》2004 年第 4 期。

第二节　1912～1927 年中国经济史学萌芽后的初步发展

20 世纪初中国经济史学萌芽后，直到 20 年代末 30 年代中期才迎来了第一次研究高潮，中国经济史学正是在这次研究高潮中初步形成了一门独立的学科。但是在此之前，中国经济史学萌芽后直至学科初步形成这一段时间，中国经济史学研究取得了相当的成绩，它直接推动了全面、系统研究中国经济史热潮的形成，这一段时间既是中国经济史学萌芽时期，同时也是中国经济史学形成的前奏曲。辛亥革命以后，有关中国专题经济史、部门经济史的著作逐渐增多，中国经济史研究取得了很大的成绩。学术界一般注重探讨与中国经济史学科萌芽及初步形成有关的问题，而对中国经济史学萌芽后至学科初步形成前这段时间的研究相对薄弱，有关的成果相对较少。目前，国内学者对这段时间中国经济史学研究较多的首推虞和平。他对这一阶段中国经济史学研究取得的成绩评价是较高的，他认为 1914～1927 年应为中国经济史学科的初步形成阶段。中国经济史学科是否在这一阶段已经初步形成，我们可以进一步讨论，但是有一点可以肯定，这一阶段的中国经济史学研究在中国经济史学发展史上占据着重要地位。本节将从 1912～1927 年中国经济史学研究的具体成果、研究特点、学术贡献等方面来分析中国经济史学研究对其学科发展的影响。

一、1912～1927 年中国经济史学研究的具体成果

1911 年辛亥革命以后，出现了振兴实业、发展经济的热潮，一系列经济法规、律例出台。从 1912～1926 年，资本主义有了较大发展，以新式银行为代表的民族金融业逐渐兴起。由于革命和现实的需要，中国经济史学迎来了萌芽后的初步发展，取得了丰富的研究成果。特别是 20 世纪初零星出现的财政金融史、田赋史、田制史、商业史等专题研究进一步深入，出版了一大批相关的著作。

金融史方面的研究，最早的开创性成果是 1915 年《大清银行始末记》出版。大清银行原名户部银行，成立于 1905 年，是中国第一家国家银行。1911 年辛亥革命爆发后，业务趋于停顿。民国政府在大清银行的基础上改组成立中国银行，同时对大清银行进行整顿清理，形成了这册《大清银行始末记》。全书 286 页，对大清银行的成立和经营情况有详细说明，对研究中国银行史、金

融史有重要意义。1919 年，留学日本的周葆銮出版《中华银行史》，这是中国第一部正式的银行史著作。该书将当时的银行分为中央银行、特种银行、实业银行、地方银行、储蓄银行、一般商业银行、外国银行，分别加以叙述。这本书的特点正如作者自己所说："只记事实，不加论断。"① 这也是《大清银行始末记》的特点。当时的银行著作，尚处于描述银行一般状况的草创阶段，缺乏对银行与其他相关部门、事物的探索，也未对整个银行业做总结性的分析与研究。

　　财政史方面的研究，一方面，有关中国财政史本身的研究进一步深入，主要成果有吴延燮 1914 年刊行的《清代财政考略》，该书是中国人从整体上研究清代财政的第一部著作，分别对顺治时之财政、康熙时之财政、雍正时之财政、乾隆时之财政等历朝财政进行了叙述，并在叙述的基础上有所评论。另外还有 1917 年贾士毅著《民国财政史》一书，该书 1917 年由商务印书馆出版。贾士毅早年留学日本，毕业于明治大学政治科。回国后历任北洋政府财政部会计司和赋税司司长等。国民政府时期，历任赋税司司长、财政部常务次长等职，并任中央大学、中央政治学校教授。《民国财政史》是一部系统阐述 1916 年前中国财政制度和财政状况的著作。共有 6 编 32 章，另有附录。该书的特点是：全书的体例主要依据当时实行的制度，并参用财政学原理，全书以制度为经，因革为纬，详于近今，略于往昔，资料来源主要是官书档案等一手资料，凡当时法令涉及财政的均按类附入，统计数据和图表十分详细，各章节均有统计资料以资佐证，实务性质较浓厚，理论色彩较淡薄。第一编《总论》分《财政之沿革》《财政之现情》《财政方针之变迁》《财务官署之递嬗》《出入递增之原因》5 章。第二编《岁入》，分《岁入概论》《赋税》《官有产业》《杂收入》4 章。第三编《岁出》，分《岁出概论》《宪法费》《待收费》《财政费》4 章。第四编《国债》，分《国债概论》《中央公债》《实业公债》《地方公债》《公债偿本付息之额》《整理国债之筹议》《偿还国债之计划》7 章。第五编《会计》分《会计概论》《年度》《预算》《收支》《金库》《决算》《特别会计》《收支书类》《官厅簿记》9 章。第六编《泉币》，分《泉币概论》《银行》《货币》3 章。另有 1912～1916 年全国岁入岁出预算表以及 1916 年各省岁入岁出预算表作为附录。1932 年，贾士毅又撰成《民国续财政史》，体例与前书相同，时间跨度为 1917～1932 年。《民国财政史》及其续编具有资料丰富、叙述详细的特点，对于了解和研究北洋政府及国民政府初期中国财政制度

① 周葆銮：《中华银行史》，商务印书馆 1923 年版，第 1 页。

具有较大的参考价值。另外还有 1920 年胡均著《中国财政史》一书出版，以及财政部财政调查处于 1927 年开始编写的《各省区历年财政汇览》。

另一方面，与中国财政相关的关税、货币金融等专题研究也相继兴起并取得很大的进展，在关税研究方面，1926 年陈向元著《中国关税史》，童蒙正著《中国陆路关税史》等书相继出版。在货币金融方面，1917 年，王怡柯在《东方杂志》第 14 卷 1~2 期发表《中国币制考略及近时之改革》一文，1919 年，朱执信在《建设》第 1 卷第 3 期发表《中国古代之纸币》一文。1923 年，侯厚培在《东方杂志》第 20 卷第 1 期发表《中国历代货币之沿革》一文，1926 年，方达观在《银行月刊》第 6 卷第 1 期发表《我国货币制度沿革考》一文。1926 年，徐寄庼著《最近上海金融史》一书出版。

特别值得一提的是，张家骧著《中华币制史》一书 1925 年由民国大学出版部出版。清代末年，中国传统的货币制度受到西方近代货币制度的影响，国内开始大量自铸银元并进行建立货币本位制度的讨论。张家骧关心币制问题，除后宫抄录私藏书中有关币制史料外，还到北京财政经济各部局、各省财政厅及京内外银行、银号、商会等广泛积累资料。1922 年，张家骧开始撰写《中华币制史》，目的是供研究币制者有一系统参考史料，历时三年。《中华币制史》是一部专门研究中国历代货币制度的早期著作。收录上起先秦，下迄成书前的各种货币制度及其管理情况。全书共分六编，该书在货币制度史研究上的贡献主要如下：一是系统性强。中国的货币制度源远流长，历史长达数千年之久。过去，虽然有些著述提到货币制度，可惜多是片段的言论，没有成为一部有系统的著作。张家骧眼光不局限于货币本身，而是对货币制度进行全方位、多角度的考察与研究。书中不仅论述了古代货币制度的产生、发展以及向近代货币制度演变的过程，而且涉及影响币制的财政经济政策法令、货币流通的组织形式、机构、人物、货币理论等诸方面，同时阐明货币制度的混乱对社会经济的破坏和人民遭受的祸害，表现出相当广阔的视野；二是强调实用。在《中华币制史》问世以前的有关著作中，大都详于域外，略于本国。欲求博通今古，张家骧提倡"详今略古"，因此对近代货币问题浓墨重彩，凡是清末民初已行和未行的法规、议案，中外银行、官钱局、造币厂的章程条例，纸币的发行程序、营业概况，银两与银元的种类、平色差量等，都一一总结，十分详备；三是史料丰富。张家骧利用的大量资料以官书公报为依据，旁及古今著述，包括二十四史，历代典章制度、政书，货币史与钱币学著作，近人所编中外年鉴，财政、经济、金融、商业、统计杂志，银行年度营业报告书以及各种报纸的有关报道等，莫不广采博取。在此基础上，又对错综复杂的货币问题进行爬疏论断，具有很高的学术价值；四是重视统计。张家骧对于货币制度的统计资料做了许多有益的搜集、整理和分析工作，以便从数字上反映货币现象变化的特征和规律性。他说："本书于统计一门特为重视。凡有关币制者，无不详细登载。"① 《中华币制史》较全面地总结了中国历代货币制度的发展史和利弊得失，把货币制度史的研究推向新的阶段，堪称一部承前启后的杰出著作。书中的有些中国近代货币史资料常被后人当作原始史料来引用。

商业史方面的研究，其主要特点是研究的专题更具体，受当时国际国内形势的影响，国际贸易是当时中国经济史研究的一个理论热点。王孝通于1923年著《中国商业小史》，1925年由商务印书馆出版，该书出版后在学术界有一定的影响，后多次再版。作者30年代出版的《中国商业史》一书就是在《小史》基础上修订补充而成。1924年，《史地学报》第3卷第3期发表了《中国产茶之简史及历年出口情形》一文，1925年，陈仲益在《东方杂志》发表《我国国际贸易源流考》一文，资耀华在《学艺》第7卷第2期发表《中国国际贸易之真相》（自秦汉至近代）。

田制史、田赋史方面的研究，这一时期也相继有一些研究成果问世。20年代胡适、胡汉民等人发起了关于井田制有无的论战，对当时田制史的研究也是一种推动作用。主要成果有胡适等人在《建设杂志》第2卷第1、2、5期发表的《井田制有无之研究》。发起井田制有无问题的辩论的首倡者为胡适，其主要目的是想论证所谓的"层累地造成古史"的公式而提出此问题的。田赋史方面的研究成果主要有：1923年《中外经济周刊》第39卷发表了《田赋税沿革考略》一文，1924年，侯寿三在《银行月刊》第4卷第3期发表《我国历代田赋沿革考》一文。

租税方面的研究，这一时期也有相当的进展。1916年，张效敏在《大中华》第2卷第7、8期上发表《中国租税制度论》一文，全文共分三个部分。第一部分为绪论，主要研究国家、政府与租税的起源。他认为，"生民之初，无所谓国家也，故无所谓租税。国家兴政府立，始不得求经费之所自出，于是租税、官营业等制度随之而起。"② 第二部分主要研究中国租税之沿革及其现制。第三部分主要研究中国租税与各国税之比较。这篇文章的发表，是当时中国现实社会的强烈需求，1916年当时的中国政府正在准备推行税制改革，现实的改革政策需要理论的指导。《中国租税制度论》经济理论成分多，注重与发达国家的制度比较。这篇文章既可以把它看作具体的经济史研究成果，也可

---

① 周谷城：《中国学术名著提要》（经济卷），复旦大学出版社1994年版，第614页。
② 张效敏：《中国租税制度论》，载于《大中华》1916年第2卷第7、8期。

以看作从具体的经济史实抽象出的经济史论,是经济史和经济学理论结合的例证。另外还有 1920 年 12 月至 1921 年 3 月,刘秉麟在《太平洋》第 2 卷第 8 ~ 10 期发表了《中国租税史略》一文。

人口研究方面,这一时期的研究成果较多。黎世衡 1922 年著《历代户口通论》,该书由世界书局出版。1924 年,他在《北大社会科学季刊》第 3 卷第 1 期又发表《论中国民数》一文。1925 年《北大社会科学季刊》第 3 卷第 4 期又发表陈启修的《中国人口的总数》一文。

另外,这一时期的中国经济史研究,也开辟了一些新的领域和专题。如海外殖民、铁路、矿业、盐务等方面都有相关的专题研究成果问世。1926 年,李长傅在《东方杂志》第 23 卷第 5 期上发表《中国殖民南洋小史》一文,他把中国在南洋的海外殖民分为启蒙、鼎盛和式微三个时期,作者最后得出结论:"综观我南洋殖民失败之原因,一言蔽之曰无主张之殖民故也。考我国殖民之动机,在政府方面,则宣威示德,求外番称臣入贡,为愿已足。在人民方面,或因政治关系,以海外为远逃避,或因生活问题出洋而谋生。反观现势,则殊未可乐观也。居留政府之限制我,苛待我,牛马我。上人之排斥我,仇杀我。而日人南进之猛,又有取我而代之势。则将来华侨能保持现在之地位与否,尚在不可知之天。唯望我国家及国民自勉之!"① 1914 ~ 1915 年,陈沂在《正谊》第 1 卷第 1 ~ 9 期发表《中国铁路史》一文,1916 年,《大中华》第 2 卷第 6 期发表《中国铁路发展之历史》一文。盐务署从 1914 年起陆续编写了《中国盐政沿革史》。1919 年,王宠佑在《东方杂志》第 16 期发表《中国矿业历史》一文。1926 年,李国俊在《河北学刊》第 4 卷第 4 期发表《保甲制度之历史观》。1912 年,交通部铁道部交通史编纂委员会编纂《交通史邮政编》。1925 年,杨志章在《学林》第 1 卷第 9 期发表《中国邮政制度考》一文。

同时,这一时期对一些个别企业、经济历史事件的研究也取得相当的进展,主要成果有 1912 年《中国学报》第 1 卷发表《洋务始末大略》一文。1913 年 7 月,张济之在《言治》第 1 卷第 3 期发表《大借款始末记》一文,1913 年 8 月宋味诚在《神州丛报》第 1 卷第 1 期发表《大借款始末记》一文。1912 年,《东方杂志》第 9 卷第 3 期发表《述汉冶萍产生之历史》。1918 年《东方杂志》第 15 卷第 4、10 期先后发表《汉冶萍公司纪略》和《汉冶萍公司之过去及将来》两篇文章。1917 年,君实在《东方杂志》第 14 卷第 6 期上发表《记山西之票号》一文,作者通过分析山西票号与钱庄的关系、山西票号

---

① 李长傅:《中国殖民南洋小史》,载于《东方杂志》1926 年第 23 卷第 5 期。

的经营、决策、现状等各方面的情况，最后得出结论，"故山西票号因中国革命及时代之要求。终必失其存在也。"① 山西票号生存和发展的唯一途径就是改组成为新式银行。

最后，这一时期中国经济史研究取得的成果中还应特别提到《中国经济进化史论》一文。1915 年，吴贯因在《大中华》第 4、5 期上发表《中国经济进化史论》一文中，强调了在研究人类社会的发展历史时，必须重视经济史的研究。他认为"人类之生存实与经济相终始，盖凡属人类，无论为圣为狂为智为愚，皆不能无所资以生活，即有经济之行为。……故人类生存之历史即经济之历史也。经济之势力既能支配乎人类，而与同始终，则欲研究人类之生存，不可不以研究经济之历史。"② 吴贯因是国内学者中较早强调经济史在现代史学的地位和作用的为数不多的几位学者之一。吴贯因在《中国经济进化史论》一文中有一节专门论述"衣食住"在人类生存发展史的地位。他认为，"人类之赖以生存。其最必要之条件，实为衣食住。故欲研究经济之进化，则此三者实其应先研究之问题也。"③ 他还对中国社会经济发展进行了历史阶段划分，把中国经济发展历史分为自然时代、渔猎时代、牧畜时代、农业时代、手工业时代和大工业时代六个时代。"欲研究经济之历史，有一应知之义也，即经济之能进化是也。虽然经济之进化实为人类所演成，而人类社会以外之经济，则不必皆能进化。"④

吴贯因是 20 世纪早期国内较早注意中国经济史学研究的一位学者，他在《大中华》发表的《中国经济进化史论》一文，虽然没有对中国社会经济发展历史进行某一时段的具体分析与研究，但是该文的发表却在中国经济史学发展史上起着特殊的影响作用。吴贯因光绪年间赴日本早稻田大学学习，结识梁启超并成为好友。一生所著甚丰，与经济史有关的代表作有《史之梯》（《史学概论》）《中国经济史眼》等。《史之梯》在"历史进化之历程"一章中通过"神话时代""诗歌时代""小说时代""资鉴时代"和"科学时代"，仿佛在讲客观历史进程，实际上是说史学史的分期和各时期史学的不同特点。从学术思想的历史渊源角度来分析，《中国经济进化史论》与《史之梯》《中国经济史眼》等学术著作有着学术思想的继承与发扬的关系。

---

① 君实：《记山西之票号》，载于《东方杂志》1917 年第 14 卷第 6 期。
②③④ 吴贯因：《中国经济进化史论》，载于《大中华》1915 年第 1 卷第 4、5 期。

二、1912～1927 年中国经济史学著作的学术特点

这一时期，虽然中国经济史学还没有形成一门学科，但中国经济史学研究较前一时期发展更快，出版的相关著作不仅数量上有大幅度的增加，而且质量也有较大提高，并显示出以下鲜明的学术特点：[①]

第一，中国经济史学著作的编写机构、人员开始由民间私人著书发展到官方机构。1911 年辛亥革命后，国民政府新建立各种制度和机构。由于现实的需要，这些新成立的机构也开始进行相关专题的中国经济史研究，参与中国经济史学著作的编写工作。如 1912 年，交通部铁道部交通史编纂委员会编纂《交通史邮政编》，盐务署从 1914 年起陆续编写了《中国盐政沿革史》，财政部财政调查处于 1927 年编写了《各省区历年财政汇览》等。从民修经济史发展到官修经济史不仅仅是编写机构和人员在数量方面的扩张，同时还反映了中国经济史学研究在学术界地位的变化，经济史学和经济史学家社会地位的变化也是衡量一门学科发展程度的标志之一。这一时期中国经济史学研究的重要性正日益为现实社会所认同，中国经济史研究的相关人员的社会地位正逐渐提高，这些变化为中国经济史学研究的进一步发展创造了条件。

第二，中国经济史学著作从缺少学术意义的通俗简易读物发展到颇具学术价值的巨幅专著。诸如贾士毅的《民国财政史》、曾鲲化的《中国铁路史》、张效敏的《中国租税制度论》、吴贯因的《中国经济进化史论》、陈向元的《中国关税史》、徐寄顾的《最近上海金融史》不仅比较详细系统地叙述了各相关经济部门的发展过程，而且还从理论上分析了其原因，这些著作至今仍有较高的参考价值。

第三，从以记述为主的单一形式发展到多种形式。出版的书籍除了专著外，还有资料、统计、讲义和工具书。如王景春编的《中国铁路借款合同全集》（交通部 1912 年发行）、黄炎培和庞淞编著的《中国商战失败史》（又名《中国四十年海关商务统计图表：1876～1915》，上海商务印书馆 1917 年版）、何廉编著的《三十年来天津外汇指数及循环》（南开大学经济研究所 1927 年印行）、左树珍编写的《中国盐政史讲义》（盐务学校 1927 年印行）等。其中的统计资料，已采用计量经济学的原理，其科学性明显增加。

第四，专门的经济史研究往往存在重历史过程的叙述，轻经济变迁的理论

---

① 曾业英：《五十年来的中国近代史研究》，上海书店出版社 2000 年版，第 83～84 页。

分析不足。换言之，专门的经济史研究尚未完全脱离历史学家的经济史痕迹。与专门的经济史研究相比，中国经济史理论性著作的出现较晚，以现代经济学方法与体系编写的理论经济史著作直到 20 世纪末才开始出现。

第五，作为一门课程，中国经济史开始走进大学课堂。1911 年，国立北京大学所订之大学制及其学科的有关内容：大学法科之科目下设法律学门、政治学门、经济学门、哲学门、文学门、历史学门、地理学门，而经济学门所开设的课程就有财政史、经济史、经济学史等；历史学门中中国史及东洋史学类和西洋史学类所开设的课程中都有经济史；大学商科之科目下设银行学门、保险学门、外国贸易学门、领事学门、税关仓库学门、交通学门，而银行学门、外国贸易学门所开设的课程都有经济史。① 并且这时已经专门设置中国经济史的课程，国立北京大学史学系课程指导书（1914～1915 年度）规定"史学系必修课为四十单位，选修课及外国文至少亦须满四十单位"，② 其中课程一览有这样的记载，"本国经济史为三个单位，授课教师为黎世衡"③ 由此可以判断，在 1915 年左右中国经济史就已经单独开设成一门课程。单独开设一门课程必须具备一些历史条件，如授课教师的学术修养、相关的中国经济史教材都是一些必需的前提条件。

三、1912～1927 年中国经济史学的学术成就及其影响

考察这一时期中国经济史学的学术成就，一方面要分析中国经济史学研究所取得的主要成绩及特点，这一点我们前面已经提到；另一方面要分析论证这些研究成果对学科发展的具体推动作用。结合这一时期中国经济史学所取得的主要成绩和特点，其学术成就主要体现在以下几个方面：

第一，提出了有关中国经济史学科的基本概念。任何一门学科的发展，首先要正确回答学科的性质、意义、对象和任务，对这些问题的探讨直接影响着学科的发展方向和演变路径。中国经济史学自萌芽发展到 1927 年，随着大量的中国经济史学著作问世，研究者也开始思考与中国经济史学科发展本身相关的一些问题。1916 年，王振先在"救时经济丛书"的发刊词中提出："夫国家财政，国民经济，语其条目，固有万殊，究厥旨归，必求实用。奢谈外国学理与拘督目前形势，一夫一固，厥失惟均。矧一事之成也，必有其沿革利害，及

---

① 北大校史研究室编：《北京大学史料》（第二卷 1912～1937），北京大学出版社 2000 年版，第 73～75 页。

②③ 北京大学档案·全宗号七·目录号 1·案卷号 77。

其间讨论之点、受病之原。自非汇为专书，深观其通，明察其变，求所以救治之者，则吾民方日悚于生存之太蹙而莫知所由，政府每自托于救亡之大言而巧卸其责。"① 王振先既指出了当时学术界不顾本国经济发展的历史状况，只顾引进外国经济学说和眼前经济利益的局限性，也指出了研究本国经济问题，必须弄清楚盛衰变迁的历史过程和原因，进而谋求改革弊政，振兴国民经济，解救民族危亡的办法。这一观点，初步指出了经济史研究的意义、对象和任务，并在有关著作中已有不同程度的体现，标志着中国现代经济史学已进入初步形成的前奏曲。

第二，研究领域的拓宽，为研究整体的国民经济史奠定了一定的基础。这一时期，中国经济史学的研究领域明显拓展，首先是前一阶段的财政史、田赋史、田制史、商业史等专题研究进一步深入，并取得了一大批研究成果。其次是拓展了国际贸易、海外移民、铁路、矿业、盐务等新的专题研究。经济史学研究具有层次性，部门、行业的专题研究是整个宏观国民经济研究的基础，部门、行业经济史著作的出版是宏观的国民经济史著作问世的前奏曲。中国经济史学的最终形成离不开宏观的中国国民经济史的研究，从这个角度分析，这一时期的中国经济史研究对中国经济史学科建设和发展奠定了良好基础。

第三，有关的经济史论著作的出现，树立了经济学与经济史结合的典范。这一时期吴贯因的《中国经济进化史论》、张效敏的《中国租税制度论》已经不是单纯的关于中国经济史实的研究成果，它是从经济史实中抽象出的经济史论。这种基于经济史实抽象出的经济史论是广义政治经济学的基本内容，在经济史研究的较高层次实现了经济史与经济学理论的结合。经济史与经济学理论的结合，影响着中国经济史学研究的学术发展方向。最初经济史是从历史学中分离出来的一门学科，所以往往存在着重历史过程的叙述，轻历史过程的理论分析。由于经济学在中国独立成为一门学科，经济学成为系统而完整的理论体系也是从 20 世纪初开始的。在前面我们分析中国经济史学萌芽时期的学术特点时，指出中国经济史研究促进了中国理论经济学的形成。而这一时期出现的经济学与经济史结合的经济史论著，为自觉运用经济学理论研究中国经济史树立了一个很好的榜样，一定程度上克服了中国经济史学研究中轻视经济理论分析的学术倾向。

第四，这一时期中国经济史研究的有关数据统计成果表现出了相当的史料价值。传统中国经济史学记述中，缺乏定量分析，这在一定程度上影响了传统

---

① 王振先：《中国厘金问题》发刊词，商务印书馆 1917 年版。

中国经济史学的科学性。现代中国经济史学在这一时期搜集的相关资料，分析、整理出的有关数据，表现出了珍贵的史料价值，为后人研究中国经济史留下了可信的历史资料。如前所述，王景春编的《中国铁路借款合同全集》（交通部 1912 年发行）、黄炎培和庞淞编著的《中国商战失败史》（又名《中国四十年海关商务统计图表：1876～1915》，上海商务印书馆 1917 年版）、何廉编著的《三十年来天津外汇指数及循环》（南开大学经济研究所 1927 年印行）、左树珍编写的《中国盐政史讲义》（盐务学校 1927 年印行）等，其中的统计资料，已采用计量经济学的原理，其科学性明显增加。

通过以上各方面的分析，我们发现中国经济史学发展到 1927 年，虽然整个学科仍处于萌芽时期，但是从 1912 年后开始，萌芽时期的中国经济史学科发展却取得了相当的成就。1912～1927 年这一时期的中国经济史学研究为研究中国经济史学第一次高潮的出现创造了条件，从中国经济史学发展历史过程来看，我们可以将这一历史时期看成中国经济史学科初步形成的前奏曲。1927 年以后，在中国社会性质大论战的过程中，中国经济史学研究迎来了第一次高潮，从此以后，作为一门学科的中国经济史学就初步形成了。

第四章

中国经济史学研究的第一次高潮

　　萌芽于 20 世纪初的中国经济史学，经过一段时期的发展，终于在 20 年代末迎来了第一次研究高潮。在这一次高潮中，不仅有大量的中国经济史著作问世，而且成立了多家颇有影响的中国经济史学研究学术团队，创办了专业性的中国经济史研究学术刊物，各个大学开始普遍开设中国经济史课程，这些变化充分表明中国经济史学科建制化取得重要进展，已经发展成为一门学科。

　　中国经济史学研究第一次高潮形成的原因是多方面的，但最直接的诱因是中国社会性质大论战①。具体考证社会性质论战对中国经济史学研究第一次高潮的推动作用，主要体现在以下几个方面：首先，这场论战直接推动了唯物史观在中国的广泛传播，而中国经济史学研究第一次高潮的出现与唯物史观在中国的传播又有着不解的历史之缘②；其次，社会性质大论战对中国经济史学研究的学术发展方向产生了重大的影响，伴随着这种学术研究方向的转变，中国经济史学研究第一次高潮随之出现。因为社会性质大论战不仅产生了一大批有关中国经济史的著作，更重要的是激发了学界研究中国社会经济史的兴趣和愿望，研究者迫切要求改变论战中那种粗枝大叶的或公式化的探讨或论述，所以中国经济史学研究学术大转向的过程也就是其学科形成的历史时期；最后，大论战催生了专门的经济史研究刊物的出现。

---

① 这场论战前后经历了社会性质大论战、中国社会史论战和中国农村性质大论战三阶段。
② 李根蟠：《唯物史观与中国经济史学的形成》，载于《河北学刊》2002 年第 3 期。

第一节　社会史论战与中国经济史学
研究的第一次高潮

一、社会史论战及其对经济史学研究的影响

1927 年，第一次国内革命战争失败以后，激起人们重新对中国革命的一系列问题展开讨论，大讨论主要是围绕革命的性质、任务和道路等问题而展开。寻求这几个问题的正确答案，又都离不开对社会性质的认识。如何正确认识当时中国社会的性质，成为与中国革命前途有关的重大问题，由此引发了中国社会性质的大论战。对中国社会性质的讨论，必然会引发对历史的反思。因此，在中国社会性质问题的论战开展不久，思想界又展开了关于中国社会史问题的论战。除了一些专著和许多刊物登载这方面的文章外，《读书杂志》从 1931 年底至 1933 年 4 月相继出版《中国社会史的论战》专辑四辑，论战达到高潮。中国社会史大论战之后接着又是中国农村性质的大论战，中国农村社会性质的论战是前一段时期论战的延伸。从中国社会性质问题的论战到中国农村性质的论战，整个论战前后绵延十年，大体可分为三个阶段。

第一阶段，1928～1929 年，为论战的发动时期。当时发动的区域集中在各种思想势力汇集的上海。1929 年中共在党内开始批判托派谬论，但没有形成重要的社会影响力。在这两年期间，郭沫若、李达、华岗、熊德山等人对中国古代和近代社会开始进行比较深入的探讨，力图回答各派提出的问题。郭沫若发表在《东方杂志》等刊物上关于中国古代社会和中国历史发展阶段的文章，李达的《中国产业革命概观》和《社会之基础知识》，华岗的《中国大革命史》，熊德山的《中国社会史研究》等著述，是这一阶段运用马克思主义观点研究中国历史、社会问题和革命问题的重要著述。第二阶段，1930～1933 年，这是论战的展开和高潮时期。这一阶段从 1930 年 3 月中国共产党机关刊物《布尔什维克》发表李立三的《中国革命的根本问题》一文批判托派理论开始，到 1933 年的《读书杂志》"中国社会史的论战"第四辑结束，历时三年多。论战从上海到平津，并扩散到全国其他城市，从近代中国的社会性质，扩展到中国古代社会史。王礼锡认为，当时关于中国社会性质的论战关乎中国革命的前途，而这个争论应当"深入到中国社会史中去"。因而着手在《读书杂

志》组织中国社会史的论战，共出版发行了四个专辑，共有论文五十篇。第三阶段，从 1934～1937 年，是论战的后期。这次论战以《中国经济》和《中国农村》杂志为对垒，围绕着中国农村社会性质而展开，主要在钱俊瑞、薛暮桥和王宜昌、张志澄等人之间展开，中国农村社会性质论战后的结果是更多的人接受中国社会是半殖民半封建社会这一说法。

　　总体上围绕着如何认识和改造中国社会的社会史论战，虽然讨论的问题和当时中国社会的革命斗争密切相关，主要是回答中国革命的道路、性质和任务。但是对社会性质的判断必然要涉及对中国经济性质的讨论和论述，所以论战各方对中国社会性质作出的探讨大都属于经济史的理论范畴。早在 20 年代后期，一些学者已经根据一些习见的历史材料，运用当时传入的社会科学理论，对中国社会发展的历程作鸟瞰式的叙述，提出各自的见解。后来这些不同的观点逐步展开了激烈的交锋，并形成了各自不同的、系统的观点。社会大论战中对近代中国社会性质的看法主要有七种意见：（一）半殖民地半封建社会；（二）资本主义社会（商业资本主义或买办资本主义）；（三）封建制度已不存在，封建势力尚存在着的封建社会，或前资本主义社会；（四）封建思想所支配的初期资本主义社会；（五）小资产阶级社会或农村商业社会；（六）"亚细亚生产方式"[①] 的社会；（七）"五鬼"[②] 的社会。分析这些有关中国社会性质的论断，它们不仅属于经济史的范畴，而且是关系社会经济历史总体性的重大问题，提出和研究这些问题，才能把具体的经济史问题统率起来，才有宏观整体上的经济史。

　　通过分析社会史论战发生的历史缘由、主要经过及论战中得出的有关中国社会性质的重大理论判断，我们发现，正是这次社会大论战直接启动了这次中国经济史学研究高潮。为什么社会大论战对中国经济史学的影响如此之大？我们又可以从这一时期唯物史观在中国的广泛传播中寻找问题的答案。瞿林东曾经指出："20 世纪中国史学最显著的进步当是历史观的进步，即从古代历史思想的积极成果朴素的历史进化观点到近代进化论，从近代进化论到唯物史观。"[③] 李根蟠也曾指出："梁启超等人倡导史学革命、创建近代史学时，主要的思想武器是近代的进化论。作为近代史学的一个分支中国经济史学，其起步相对晚后，但正因为它起步较晚，当它临产时，马克思主义已经传入中国并获

---

　　① 马克思在 1859 年出版的《政治经济学批判序言》中，第一次提出亚细亚的生产方式这一概念，马克思是将亚细亚生产方式看作人类形态发展的一个时代。
　　② 胡适在《新月》月刊第 2 卷第 10 期（1930 年 4 月）发表《我们走那条路》一文中谈到"五鬼闹中华"，"五鬼"指"贫穷""疾病""愚昧""贪污""扰乱"。
　　③ 瞿林东：《百年史学断想》，载于《世纪评论》1998 年第 1 期。

得广泛的传播，这就使得中国经济史学与马克思主义唯物史观结下了不解之缘。"①

二、社会史论战与唯物史观的传播

唯物史观对历史研究具有指导意义。首先，唯物史观正确说明了历史发展的终极原因，为科学探究历史运动的规律找到了可靠的理论基石。其次，唯物史观把历史的发展归结为社会形态有规律的更替过程。最后，唯物史观之所以能够区划社会形态，正确说明社会形态的发展是一个自然的历史过程，根据在于它把社会关系归结于生产关系，把生产关系归结于生产力的高度。持唯心史观的某些史学家、思想家，虽然他们也提出过历史是一个有规律的过程的思想，但是，他们在解释这一过程的规律性时，却从人们的理性或从"绝对精神"去寻求根据，因而找不到正确答案。唯物史观与此相反，它从社会生产力发展的水平，去认识生产关系发展的水平，从生产关系、社会关系的状况去认识思想关系的状况，这样关于社会历史发展的终极原因，和由这一终极原因所带来的一系列层次性的变动，都能得到科学说明，这样才能把人类社会历史看作和自然界一样，是一个可以认识的自然历史过程。总之，由于唯物史观的创立，人们找到了科学解释人类社会历史的理论武器，这就为真正的历史科学的诞生奠定了基础。

社会史论战对中国革命、学术界最大的影响则是推动了唯物史观在中国的广泛传播。唯物史观是在"五四"之后才比较系统地介绍到中国来的，经过中国早期马克思主义者李大钊等人的努力，在当时烈火干柴的革命形势下传播相当迅速，到北伐战争时期已有风靡思想界之势，大革命的失败也没有能够阻止这一发展的态势。20年代末至30年代中期，是中国继"五四"以后又一个思想活跃、文化繁荣的时期，在众多的西方哲学中，马克思主义哲学以它特有的生命力和战斗力，以空前的规模得到了广泛的传播，当时中国学术思潮的显著特征就是马克思主义的广泛传播。1927～1937年第二次国内革命战争时期，中国出现了以上海、北平为中心的新哲学即唯物辩证法运动。当时有人指出，这一时期"除了普罗文学的口号而外，便是唯物辩证法和唯物史观之介绍。这是新书业的黄金时代。在这时，一个教员或一个学生书架上如果没有几本马克思的书总要被人瞧不起的"。② 连唯物辩证法的论敌张东荪也惊呼："赞成唯物

---

① 李根蟠：《唯物史观与中国经济史学的形成》，载于《河北学刊》2002年第3期。
② 谭辅之：《最近的中国哲学界》，载于《文化建设》1936年第3卷第6期。

辩证法的书籍现在大有满坑满谷之势。"① "在本世纪前半叶，社会主义思想对史学家的影响面要比我们现在想象的宽得多，包括后来分化到另一阵营里的人物，这种影响也还存在。"② 郭湛波在《近五十年中国思想史》中，把 1927 ~ 1934 年这一阶段的思想特征描述为"以马克思的'唯物史观'为主要思想，以辩证法为方法，以辩证唯物论为基础，以中国社会史为解决中国问题的锁匙"。③ 齐思和也表达了相同的感受："从五四到北伐，在时间上，虽然只有七八年，但是中国的学术思想，又走到第二个解放时期。这两个时期的中心思想是绝对不同的。……北伐后的中心思想是社会主义，是以唯物史观的观点对于中国过去的文化加以清算。"④ 30 年代的学术界，"唯物史观……像怒潮一样奔腾而入，"⑤ 唯物史观风靡一世，虽然当时的称谓有的是社会主义、唯物史观、辩证唯物论，尽管用语不尽一致，却共同表达了一个基本事实：马克思主义广泛流行，成为一种主流思潮。

　　社会大论战期间，唯物史观在中国思想界和学术界的广泛传播，并不是一种偶然的巧合，而是和当时国际国内的政治、学术环境密切相关的。首先，国际上的政治、学术环境使得马克思主义成为世界范围内的流行理论，为马克思主义唯物史观在中国的传播提供了历史性的机遇。1929 ~ 1930 年世界性的经济大萧条和资本主义社会的深刻危机，为马克思主义被西方主流学术界所接受，并成为世界性的学术思潮提供了绝好的契机。"马克思的历史判断的正确性这时看来得到了证实。1929 年的大萧条结束了无视或蔑视地排斥马克思主义的时期。1929 年以后，马克思主义的影响广泛扩展，即使那些否定马克思主义历史解释的历史学家们（他们在苏联以外仍占大多数），也不得不用马克思主义的观点来重新考虑自己的观点。"⑥ 当时中国学术界是以非常积极的姿态面对西方、面对世界的，"别求新声于异邦"的先进知识分子们无疑敏锐地感受到了这一国际学术思潮的变动，并立即融入了这一潮流。

　　其次，强烈的社会需求也是社会大论战中马克思主义唯物史观得以在中国广泛传播的一个很重要的原因。关于这一点，我们可以从知识与社会的互动关系的角度得到很好的解释。关于知识发展的社会条件，有一种观点认为，知识发展需要许多条件，其中强烈的社会需求是其重要条件之一。20 年代末 30 年

---

① ②　王家范：《百年史学历程回顾二题》，载于《历史教学问题》2000 年第 1 期。
③　郭湛波：《近五十年中国思想史》，山东人民出版社 1997 年版，第 179 页。
④　齐思和：《近百年来中国史学的发展》，载于《燕京社会科学》1949 年第 10 期。
⑤　顾颉刚：《战国秦汉间人的伪造与辨伪·附言》，载于吕思勉、童书业编著：《古史辨》第 7 册（上），上海古籍出版社 1981 年重印本，第 64 页。
⑥　巴勒克拉夫：《当代史学主要趋势》，上海译文出版社 1987 年版，第 32 页。

代初，无论是中国革命，还是思想文化界和学术界，都需要一种有力的理论武器回答中国社会史论战中提出的主要问题。而马克思主义关于生产力决定生产关系、经济基础决定上层建筑的理论正好为回答中国社会史论战中的主要问题提供了有力的思想武器。由此看来，马克思主义唯物史观在中国的广泛传播有其历史的必然性。社会大论战对马克思主义唯物史观传播的推动作用具体表现为两点：一是论战使得一大批马克思主义史学著作得以问世。如郭沫若的《中国古代社会研究》、吕振羽的《史前期中国社会研究》以及后来的侯外庐的《中国古典社会史论》和《中国古代思想学说史》等著作都相继出版。这些公认的马克思主义史学著作，其本身就是中国学者运用马克思主义唯物史观研究中国社会的理论成果，是中国学者开创性地运用马克思主义研究中国经济史的伟大尝试与创举；二是"论战各方，即使不属于中共或托派，甚至是共产党的反对者，都大体接受了马克思主义基本学说，并以这作为论证的理论依据。包括胡秋原、方亦如等人也如此。论战中各方共同使用的如'帝国主义''封建制度''阶级关系''商品经济'等概念、术语也基本上属于或遵循着马克思主义学说的范围"。[①] 既然社会史论战推动了马克思主义唯物史观的广泛传播，而唯物史观与中国经济史研究第一次高潮的出现又有着不解的历史之缘，因此我们应该在分析社会史论战产生的时代背景、社会史论战与唯物史观在中国的传播等问题的基础上，进一步分析社会史论战对中国经济史学研究带来的深远影响。

三、社会史论战对中国经济史学研究的学术促进

中国社会性质大论战是中国社会科学工作者运用马克思主义研究中国历史和社会的一次重大实践，反映了其对国情认识的重大进步。经过这场激烈的论战，使更多的人对中国社会性质有了进一步的认识。以往有关中国社会性质论战的研究，更多的是强调这场论战对中国革命的影响和历史意义。但是马克思主义的传入不但推动了中国革命的发展，而且它关于生产力决定生产关系、经济基础决定上层建筑的理论也引导人们去关注社会经济状况及其发展的历史，社会大论战的实质是如何运用马克思主义唯物史观，尤其是社会经济形态理论来剖析中国的历史。这样就决定了社会大论战对中国经济史学的发展有着重大而深远的影响。

---

① 李泽厚：《中国现代思想史论》，东方出版社 1987 年版，第 71 页。

首先，社会大论战催生了整体的、宏观的中国经济史的出现。中国社会史讨论的主要问题，如战国以后到鸦片战争前的中国是什么社会？是商业资本主义社会，还是封建社会，或是别的什么社会？什么是亚细亚生产方式，中国历史上是否存在亚细亚生产方式？中国历史上是否存在奴隶社会，如果存在，它存在于什么时代？虽然这些问题与具体的经济运行关系不大，但却是事关社会经济历史总体性的重大问题。一方面这些问题属于历史哲学的范畴，提出这些问题不能代替经济史具体问题的研究，但另一方面，提出和研究这些问题，才能把具体的经济史统率起来，才有整体的经济史。这样，社会史论战后不久就有马乘风撰写的《中国经济史》（二册）出版。这部中国经济史专著当时在学术界的影响较大，著名历史学家嵇文甫、哲学家冯友兰为该书作序，嵇文甫称"乘风这本大著，一方面带着论战时期战斗气氛，而另一方面在搜集材料上也很下一些工夫。从此继续探讨，理论和材料两方面同时并进，对于将来中国社会史论坛上一定有很大的贡献，这是我所最期望的"。① 著名历史学家顾颉刚对马乘风著《中国经济史》（二册）一书也有较高的评价，"自上古至汉代为止，材料相当丰富，见解相当正确，是与《食货》学派相近而又有贡献的佳作"②。这些都印证了社会史论战对中国经济史研究的学术贡献。

其次，社会史论战促使了中国经济史研究学术大转向，而正是这种学术方向的转变给中国经济史学研究带来了深刻的影响，使其进入了一个新的历史发展阶段。人类学术发展史的一般规律告诉我们，一门学科的成立，初时多经过广泛的议论期而后才转入专精的研究期，另一方面又每先经热烈的论争而后才转入沉着的努力。中国经济史学发展的途径，也正是沿着这一路径演化和发展的。中国社会史论战缺乏必要的对中国史的具体研究作支撑，只是就经典作家的词句的理解争来争去，始终无法将马克思主义的社会发展理论与中国的历史实际兼容起来，存在着公式主义的倾向。中国历史的发展具有不同于欧洲国家的特点，鸦片战争后帝国主义的入侵更中断了中国社会发展的正常进程，迫使中国社会走上了半殖民地半封建的畸形发展道路，这就更增加了正确认识中国历史和社会性质的困难。在论战中，由于革命的社会科学者缺乏资料准备和理论准备，因此，在反驳"动力派"和"新生命"的论战中，一些文章显得内容空泛，反驳无力甚而有失偏颇，对近代中国社会性质缺乏历史的考察。"新思潮派"在论证中国社会性质时，局限于南京国民政府统治时期各种经济成分所占比重的静态分析，而缺乏对近代中国社会演变的动态历史考察。鸦片战争

---

① 马乘风：《中国经济史》一册，序言，中国经济史研究会1935年版。
② 顾颉刚：《当代中国史学》，上海古籍出版社2002年版，第99页。

前，中国处于闭关自守的状态，仍停留在比较稳定的封建社会阶段，但外国侵略者的大炮打断了中国社会的自然发展过程，使之发生了剧烈的变动。从鸦片战争到 20 世纪 30 年代的社会性质论争，中间已有 90 年的时间，中国社会从经济基础到上层建筑都发生了巨大演变，不对这一历史过程作研究考察，自然无法深刻理解中国社会演进的趋势，从而也无法科学地认识当时中国社会的性质。所以当论战的硝烟逐渐散去的时候，其核心问题仍悬而未决。空洞宽泛的理论争执走到尽头之时，正是切实具体的专题研究起步之日，这也是学术演化的必然逻辑。

中国经济史研究是在社会史论战的直接影响下逐渐展开的，它大体经历了两个阶段。在 20 世纪 30 年代中期以前，是运用社会经济形态理论于中国社会史研究的阶段。在 30 年代中期以后，转入经济史料的搜讨和微观研究的阶段。因为"一场混战使大家感觉无知了，于是返回头来，重新做起。……从热烈到冷静，变空疏为笃实。"①《中国经济》和《食货》等刊物，就是在这种情况下创立的。陶希圣在《食货》创刊号《编辑的话》中说："这个半月刊要集合、要欢迎在切实的方法下搜集的材料，只要有相当的材料，足够提出一个问题来，或足够说明一个项目，便可登载。对于成熟的系统的论文，固然万分的喜悦，便是一段片，一段落，都可以收罗。"② 在这一思想指导下，经济史研究便出现了以下特点。第一，偏重于对具体经济事实及经济现象的研究和考释，如发表于《食货》半月刊上的魏晋庄园经济研究、宋代都市夜生活、三国时期的人口、元代佛寺田园及商店问题的研究，都属此类。第二，注重了史料的考证，如马乘风在《中国经济史》中对王宜昌有关中国用铁时代研究的批评，就有很多地方涉及史料的来源和解释问题，与论战时期捕风捉影的风格有明显不同。从 30 年代中期到 40 年代，在各种刊物上发表经济史方面的论文数百篇，出版专著三十余种，内容涉及土地制度、田赋、农林业、渔业、手工业、近代工业、商业、粮政、仓储、救荒、交通运输、度量衡、财政、金融、税收、外债等。这些著述大多以资料排比和史实考证见长，在理论上未呈现出继续发展的趋势。

社会史论战结束后，中国经济史研究进入了新的历史阶段，这一阶段的特点是进行资料的搜集与整理，在此基础上开始专题研究。在此背景下，郭沫若自发表《中国古代社会研究》以后，专向甲骨文金石方面下功夫。1931 年，他又出版了《甲骨文研究》和《殷周青铜器铭文研究》，1932 年，出版了《西

---

①　稽文甫为马乘风《中国经济史》写的序言，中国经济研究会 1935 年版。
②　陶希圣：《食货》创刊号《编辑的话》，上海书店 1987 年影印版，第 29 页。

周金文辞大系》、《金文丛编》，1933 年，出版了《卜辞通篆》《古代铭刻汇考》，1934 年，出版了《古代铭刻汇考续编》《西周金文辞大系考释》，1937 年，出版了《殷契粹编》。这些著作的出版，为中国的古史研究增添了许多系统、丰富、确凿的史料。吕振羽 1934 年出版了《史前期中国社会研究》一书，在这部著作中，他根据当时所能见到的地下考古资料和古籍记载中的神话传说，运用历史唯物主义的理论和方法，比较系统地论证了商代以前的中国社会也是没有阶级的原始社会，从而填补了中国原始社会研究的空白，为马克思主义新史学的发展作出了重要贡献。《食货》的创办实质上是在社会史论战沿着原有方向无法取得突破性进展的情势下不得已的选择。《食货》创刊号"编辑的话"说："中国社会史的理论争斗，总算热闹过了。但是如不经一番史料的搜求，特殊问题的提出和解决，局部历史的大翻修、大改造，那进一步的理论争斗，断断是不能出现的。"[①]《食货》认识到，理论的发达，必先经过史料搜求、专题研究的阶段，于是退而结网，创办了这本半月刊，开始了对中国社会经济史的考察。史料的系统搜集是食货派的工作重心。陶希圣在主编杂志时，屡次声明，"我们的任务是在搜集史料"[②]，在创办《食货》的时期，"便决定注重材料的搜集工作"。在他的倡导下，食货派成员倾力于史料的搜集和整理。但不论怎样，这项工作对于刚刚起步的中国社会经济史研究确实具有至关重要的奠基性意义。

再次，社会史论战极大地推动了中国经济史研究学术团体的形成。此前，我们讨论了社会史论战与中国经济史学研究学术方向的转变的关系，我们知道，中国经济史学研究由对中国社会形态、社会性质的大讨论转入对材料的广泛搜集与整理，进行专题研究阶段，社会史论战在这一转变过程中起到了巨大的作用。中国经济史学研究进入新的历史阶段后，成立相对稳定的中国经济史学研究学术团体的重要性日益显现出来。有关中国经济史研究的资料的搜集与整理，远非个人能承担的，这时候有组织的研究机构就应运而生。在搜集史料这一目标下，1935 年 9 月，陶希圣在北京大学法学院设立中国经济史研究室，召集一批弟子从事中国古代社会经济史的史料搜讨和史实研究工作，先后编著了《西汉经济史》、《唐代经济史》、《魏晋南北朝经济史》和《唐代经济史料丛编》等。参加该项工作的有连士升、菊清远、武仙卿、沈巨尘、贾钟尧等人。这一批人后来大都成为中国经济史学研究的巨匠。从这一点看来，中国经济史学研究的学术团体对培养中国经济史学的研究人才影响甚大。

---

①② 陶希圣：《食货》创刊号《编辑的话》，上海书店 1987 年影印版，第 29 页。

　　这一时期成立的中国经济史学研究的学术团体，对中国经济史学研究影响较大的还有中山大学法学院成立的中国经济史研究室。陈啸江 1934 年在《现代史学》上发表《中国经济史研究室计划书》一文，主要内容分为目标、理由、研究方针、研究步骤、设备、工作人员，第一期工作纲领七个方面。从陈啸江论述研究中国经济史的理由，我们可以得知，中国社会史论战是促使中国经济史学研究学术团体成立的原因之一。他认为，"……此经济史之研究，所以为当急务也。数次论战以后，此项问题虽渐为国人所注意，然当时之所辩论者，实为名词之争，往往空言盈幅，无裨实际，即有一二巨篇，亦皆未经精密究之阶段，遽持主观之见以炫人，故谓其有前导之功则可，若谓其已有科学之价值，似乎尚未遑也。本室有鉴及此，窃拟联合同好作更进一步之研究，而谋对于社会有更大之贡献。高山仰止，景行行止，虽不能至，心向往之。"①

　　中山大学法学院中国经济史研究室对中国经济史学研究的推动作用主要有以下几个方面：一、建立中国经济史研究资料库。陈啸江在《中国经济史研究室计划书》一文中将研究中国经济史所需图书进行了分类，制订了庞大的购书计划，并列出了清单。如史书类图书中，中山大学中国经济史研究室打算购买二十四史一部，二十四史补编一部，宋会要一部，新元史一部，明史稿一部，资治通鉴一部，续资治通鉴一部，政书如《十通》等史书也准备购买，作为研究中国经济史学参考资料。对类书类、方志类、散集类、时人著作类、杂志类、外国经济史类也都拟订了详细的购买计划。中山大学制订这么庞大的购书计划，当时在国内是少有的，为国内学术界研究中国经济史留下了非常宝贵的资料。据笔者目前接触的历史资料，国内学者对 1937 年抗战爆发前有关中国经济史的中外著作、中外刊物进行过较详细地搜集和整理，成绩最大的首推陈啸江，他在《中国社会经济史研究的总成绩及其待解决问题：献给开始研究本问题的朋友们》一文中，对 20 世纪初直至 1937 年抗战爆发这一段时间，有关中国经济史学的论文、著作、刊物有过较详细地介绍。通过陈啸江所列的书目，我们可以找到许多关于中国经济史学发展的历史线索。这主要应归功于中山大学中国经济史研究室成立时在资料的搜集和整理方面作出的努力。二、培养了中国经济史学研究学术队伍。中山大学法学院中国经济史研究室成立不久，就制订了详细的人才聘用计划，"本室为求研究效率迅速起见，凡对于此类工作有趣味者，俱欢迎其加入。依日前之情形，试将研究工作性质分为下列四类：（A）指导员，其任务在筹划本室工作方针，指导研究，如愿参加此项

---

　　①　陈啸江：《中国经济史研究室计划书》，载于《现代史学》1934 年第 2 卷第 4 期。

工作一部，尤所希冀。（B）聘任研究员，其任务除认定一、二期或一、二部专门史研究外，并负筹划材料之搜集，分类编纂之方式及全盘联络之责。（C）研究员，其任务在专攻某期经济史或某部门专史。（D）练习研究员，其任务为与研究员合作，或认定专题研究。学问上一切平等，以上分类，纯就增加效能上着想，而非有普通社会层次之意味也。至入室工作，除有本室供给图书及指导外，并兴种种研究上之便利。学术开门，有志者曷兴乎来！"① 另外，中山大学还有在学生中培养中国经济史学研究人员的打算，"……征求学生研究员（即练习研究员）若干人。本室工作人员有限，故须藉大学部同学之合作，方有巨大成绩，而大学部同学在求学之中，能有此良好之研究机会，计亦良得。至此项研究员优待办法，试为代拟如下四项：a 供给书籍，b 指导研究，c 少量津贴，尽先留用。"②

中山大学的人才培养计划对培养高素质的经济史学研究队伍确实取得了一定的成绩。如我国著名的经济史学家傅衣凌在厦门大学读书期间曾和陈啸江是同学，陈啸江到中山大学后，很得朱谦之先生的赏识，朱先生创办《现代史学》后，曾向傅衣凌约稿。傅衣凌先后在《现代史学》发表《论中国的生产方式与农民》《中国租佃制评论》《晋代土地问题与农奴制度》《秦汉的豪族》等文章。

通过上述的分析，中山大学法学院中国经济史研究室、北京大学法学院中国经济史研究室等学术团体的形成并不是孤立的现象，它和中国社会史论战有着密切联系。而这些学术团体成立后不仅在中国经济史学研究方面取得重大进展，相继有一大批研究成果问世，而且还培养了一大批中国经济史学研究的重要力量。成立相关的学术研究团体使中国经济史学建制化取得重大进展，它为中国经济史学研究进一步发展创造了条件。

社会史论战最大的学术成就是在论战中产生了一大批中国经济史学论著，直接促使中国经济史研究第一个高潮的出现。中国社会性质的论战涉及中国几千年的历史，问题十分广泛、复杂，需要论证、回答的问题都和中国的历史与现实密切相关，要论证中国是或不是资本主义社会，需要弄清楚中国资本主义的发展过程与发展程度；要回答中国农村是否为封建性质的，需要研究中国封建主义所有制的存在形式及其演变历史；要回答中国历史上有没有奴隶制社会，需要研究中国和欧洲历史发展道路的异同。围绕这些问题的论证产生了一大批中国经济史论著。其中有郭沫若的《中国古代社会研究》、吕振羽的《史

---

① ② 陈啸江：《中国经济史研究室计划书》，载于《现代史学》1934 年第 2 卷第 4 期。

前期中国社会研究》以及后来的侯外庐的《中国古典社会史论》与《中国古代思想学说史》，陶希圣的《中国社会史的分析》《中国社会与中国革命》《中国社会现象拾零》《中国问题之回顾与展望》，朱其华的《中国资本主义之发展》《中国社会经济及其结构》《中国农村经济关系及其特征》，周谷城的《中国社会之结构》《中国社会之变化》，次如马札亚雨的《中国农村经济研究》《中国经济大纲》，严灵峰的《中国经济问题研究》，任曙的《中国经济研究绪论》，吴贯因的《中国经济史眼》，宋文炳等人编的《中国经济小史》，熊德山的《中国社会史研究》，张军光的《中国社会发展史纲》，易君左的《中国社会史》，王志瑞的《中国政治经济演进史》等书相继出版。

第二节　中国经济史学发展成就及其待解决的问题

1927～1937 年，中国经济史学研究取得了相当的成就，大量的经济史著作问世，研究中国经济史的学术团体也纷纷成立，社会上开始涌现出一批职业的中国经济史研究与教学工作者，出版界发行了一批中国经济史学的专业刊物，所有这些，标志着中国经济史学研究迎来了一个高潮。这一时期中国经济史学研究在中国经济史学发展史上有着相当重要的地位，准确评价这一时期中国经济史学研究的总成绩及其待解决的问题，是中国经济史学研究自身发展的需要。

一、出版发行的中国经济史学著作不完全统计

1927～1937 年中国经济史学研究取得了相当的成就，首先是大量的与中国经济史学相关的著作问世。现将这些著作分为（一）全史；（二）断代史；（三）部门专史；（四）泛论的体裁；（五）杂志论文。五项简介如下：

全史一类的著作有 G. Safaroff, *Klasse und Klassen Kampf der Chinesechen Geschichte Maskau—Leningrad*, 1928（中文译本称为《中国社会发展史》，新生命书局印行，原文直译应作"中国历史上的阶级与阶级斗争"），这本书为俄国人沙发诺夫的著作，这本书原本是专门研究阶级斗争史，所以有关社会经济史的许多方面都未曾论述到。由于作者不懂中文，在材料方面，只是间接由英、俄、德、法各国所翻译的中国古籍中得到，所以该书的许多结论都应进一步研究，但有关中国历史分期的一些主张在社会史论战中却有较大的影响，例如王

宜昌、陶希圣等人的对于魏晋时期中国社会性质的看法，都受到该书的影响；K. A. Wittforgcl, *Wirschaft and Gesellschaft Chinas*, *Leipzig*, 1931（魏特夫格雨的《中国社会与经济》），这本书试图用唯物论的观点，纯粹从经济发展过程来解释中国社会的特殊发展的伟大尝试。全书分为上下两册，下册因受德国政局的影响，当时未能出版，上册（日译本又为两册）分为两编：第一编从历史上考察中国生产诸力的体系，又分为两章，论述的有人种的条件，外表的自然诸条件，作为劳动过程的社会的条件等。第二编，中国经济过程的诸种基本特征，又分为五章，前三章全部注重中国农业生产过程的叙述，尤其注意指出其特色，以马克思所主张的《亚细亚生产方式》为论据，第四章论述中国工业产生过程，第五章论述中国运输商业及利附资本①的经济机能，全书结构严谨，材料翔实，不愧为一巨著，该书注重横向的剖析，纵向的历史叙述稍嫌不足，是研究中国经济史一本非常重要的参考书；田中忠夫的《支那经济史研究》（1933 年，大正十一年）与加藤繁的《支那经济史》（此书收入社会经济大系及经济学全集），这两本书都是日本人所著，出版较早，虽然没有独到的见解，但是书中记载了大量的材料，田中忠夫的著作只限于中国茶叶史及货币史的叙述；森谷克己的《支那社会经济史》（此书收入章华社各国社会经济史第 4 卷，1935 年，昭和九年版），出版时间较前两本晚，国内生活书店与商务印书馆两个译本，该书共分六篇，除第一篇论及原始社会外，第二至第六篇，都把中国看作封建社会而加以描述，该书与陶希圣的《中国封建社会史论》在许多地方有相同之处，只是详略的区别罢了；吴贯因的《中国经济史眼》（现代书局版），吴贯因是国内较早注意到中国经济史的学者之一，他曾在《大中华》第 1 卷第 4、5 两期发表《中国经济进化史论》一文，1930 年的《中国经济史眼》是一种导论性质的中国经济史论著。另外，还有宋文炳等人编的《中国经济小史》（文化社版），熊德山的《中国社会史研究》（昆仑书局版），张军光的《中国社会发展史纲》（中华书局版），易君左的《中国社会史》（世界书局版），王志瑞的《中国政治经济演进史》（亚细亚书局版）等书的相继出版。

　　有关断代史的著作很多，尤其是现代史方面，我们认为，凡是专论一代或一时期的经济史以及一代或一时期经济史中一部门经济，都属于断代经济史，其中属于古代经济史的有吕振羽的《史前期中国社会研究》（北平人文书店版），郭沫若的《中国古代社会研究》（联合或现代版），田崎仁义的《古代支那经济史》（改造社版，收入经济学全集）和《支那古代经济思想及制度》

---

①　中国亚细亚生产方式下生息资本的特定称谓。

（1925 年，大正十三年刊，商务有译本），佐久达雄的《东洋古代社会史》，曾松友的《中国原始社会之探究》（商务版），马乘风的《中国经济史（一）》（中国经济研究会版），该书所论述的内容只到西周、春秋与战国三时期，廖仲恺等人的《井田制度有无之研究》（华通书局版），该书的主要内容为胡适、胡汉民与季融五等人在《建设杂志》上发表的有关论文构成，加藤繁的《支那古田制之研究》，谢无量的《中国古田制考》（商务版），姚素舫的《中国古代土地制度研究》（建设版），曾謇的《中国古代社会（上）》（新生命书局版），黎世衡的《中国古代公产制度考》（世界版），刘节的《中国封建制度考》，吕振羽的《殷周时代的中国社会》（不二书店版）；属于上古及近古经济史著作的有陈啸江的《西汉社会经济研究》（新生命书局版）、《三国经济史》（附录魏晋时代的族）（中山大学研究院版）、《两晋经济史》（商务版），陶希圣的《西汉经济史》（商务版），刘道元的《中国中古期的田赋制度》（新生命书局版），冈崎文夫的《南北朝的社会经济制度》，陶希圣、鞠清远合著的《唐代经济史》（商务版），鞠清远的《唐宋官私工业》（新生命书局版），加藤繁的《唐宋时代金银之研究》（东方文库版），黄现瑶的《唐代社会概略》（商务版），王志瑞的《宋元经济史》（商务版），桑原骘藏的《宋末提举市舶西域人蒲寿庚之事迹》，同人的《唐宋贸易港研究》（商务版），有高严的《元代农民之生活》（黄现瑶译，蓓蕾学社版）；属于近代及现代的经济史著作有侯厚培的《中国近代经济发展史》，师复亮的《中国现代经济史》，贾士毅的《民国财政史》，江恒源编的《中国关税史料》，杨德霖的《中国海关制度沿革》，童蒙正的《中国陆路关税史》（商务版），汤象龙的《清季五十年关税收入及其用途》（北平社会调查所），罗玉东的《中国厘金史》，周保銮的《中华银行史》，王志莘编的《中国之储蓄银行史》，潘子豪的《中国钱庄概要》，张心澄的《帝国主义在华航业发达史》，谢彬的《中国铁道史》和《中国邮电航空史》，张心澄的《中国现代交通史》，朱其华的《中国近代社会史》，周谷城的《中国社会之现状》，任曙的《中国经济研究绪论》，严灵峰的《中国经济问题之研究》，何汉文的《中国国民经济概况》，孙倬章的《中国经济的分析》，朱新繁的《中国资本主义的发展》，李达的《中国产业革命概观》，伊藤武雄的《中国产业组织和资本主义的发展》，长野郎的《支那资本主义发展史》，贺岳僧的《中国罢工史》，田中忠夫的《中国农村经济研究》和《中国农村经济资料》，吴克典的《中国农村经济概论》，冯和法编的《中国农村经济资料》，张一心的《中国农业概况估计》，实业部编的《中国经济年鉴》（三册），实业部编的《中国经济年鉴续编》（1935 年），中行研究室编的《全国银行年鉴》，李介武等人编的《中国劳动年鉴》（1932 年版），财政部编的《财政年鉴》，国民政府主计处统计局编的《中华民国统计提要》（1935 年辑）。

这一时期有关部门经济史的著作特别多，主要分为农业史、土地史、民食史及人口史、农民斗争史、工业及工艺史、交通史、商业及国外贸易史、行会史、货币及金融史、财政史、区域经济史、经济思想史十二个专题。农业史专题的著作有张援的《中国农业史》、张涤珊的《中国农业新史》、王兴瑞的《中国农业技术发展史》、宋希庠的《中国历代劝农考》、张念祖的《中国历代水利述要》；土地史专题的著作有陈登元的《中国土地制度》、万国鼎的《中国田制史》、长野郎的《中国土地制度研究》、张霄鸣的《中国历代耕地问题》、聂国青的《中国土地问题之史的发展》、陈伯瀛的《中国田制业考》、徐式圭的《中国田制史略》。

民食史及人口史专题的著作有郎擎霄的《中国民食史》、冯柳堂的《中国历代民食政策史》、黎世衡的《历代户口通论》；农民斗争史专题的著作有蔡雪村的《中国历史上的农民斗争》、薛农山的《中国农民战争之史的研究》、熊德山的《中国农民问题之史的叙述》、东亚经济调查局编的《支那近代农民经济史研究》。

工业史及工艺史的专题的著作有陈家锟的《中国工业史》、许衍灼的《中国工业史》、龚骏的《中国新工业发展史大纲》、龚仲皋的《中国近代工业发展概论》、吴仁敬和辛安潮的《中国陶瓷史》、尹良莹的《中国蚕业史》、马韵河的《中国矿业史略》、丁文江的《中国官办矿业史略》、乐嘉藻的《中国建筑史》、中国营造学会编的《大同古建筑报告》、关铎的《元大都宫苑图考》、梁思成的《清式营造则例》。

交通史专题的经济史著作有张星良的《中西文化交通史料汇编》、秦木宫彦的《中日交通史》、桑原骘藏的《中国阿拉伯海上交通史》。商业及国外贸易史专题的著作有郑行巽的《中国商业史》、陈灿的《中国商业史》、陈家琨的《中国商业史》、王孝通的《中国商业小史》、王孝通的《中国商业史》、武靖干的《中国国际贸易史》、侯厚培的《中国国际贸易小史》。行会史专题的著作有全汉升的《中国行会制度史》。

货币史及金融史专题的著作有张家骧的《中国货币史》、侯厚培的《中国货币沿革史》、戴铭礼的《中国货币史》、章宋元的《中国货币沿革》、周伯棣的《中国货币史纲》、三上香哉的《货币前后编》、王宋培的《中国之合会》、杨要孟的《中国合会之研究》；财政史专题的著作有常乃德的《中国财政制度史》、刘秉麟的《中国财政小史》、徐式圭的《中国财政史略》、欧宗佑的《中国盐政小史》、曾仰丰的《中国盐政史》、陈登原的《中国天赋史》、马君武的《中国历代生计政策批评》。

经济思想史专题的著作有唐庆增的《中国经济思想史》（上）、甘乃光的《先秦经济思想史》、熊梦著《晚周诸子经济思想史》、李权时著《中国经济思想小史》。泛论中国各代社会经济的著作数量颇多，且现代居多，主要有：陶希圣的《中国社会史的分析》、同人的《中国社会与中国革命》、同人编《中国问题之回顾与展望》、同人的《中国社会研究拾零》、驹井和爱的《中国历代社会研究》、长野郎著《中国社会组织》、周谷城著《中国社会之结构》、同人的《中国社会之变化》、李季的《中国社会史论战的批判》，同人的《中国农村经济研究》、朱其华的《中国社会结构》、陶希圣的《中国封建社会史》、樊仲云编的《东西学者之中国革命论》。①

二、代表性的中国经济史学著作评介

这一时期涌现出的一批有关的中国经济史学著作，其中有些学术价值较高，对中国经济史学发展影响较大。如马乘风的《中国经济史》，这是中国人自己写的第一本比较系统和详细的中国经济史学著作，主要包括先秦至两汉的经济情况，该书在材料搜集和理论分析两方面都有突破，为后来经济史的研究和写作积累了不少资料，也提供了不少经验和教训，对于学界研究中国古代经济史具有借鉴和启示作用。该书尝试着运用唯物史观，提出用生产方式作为划分社会发展阶段的标准，对于宣传辩证唯物主义是有着积极意义的。另外，该书把我国古代商品经济的研究和社会人口问题，列入经济史研究范围，是很有卓见的。

龚骏的《中国新工业发展史大纲》，该书 1931 年写成，1933 年由商务印书馆出版，该书是由《中国近代工业发展概论》修改而成，有着特殊的历史背景。1928 年，国民政府宣布了关税自主政策，并同各国改订新约。这些有助于中国民族工商业的发展，而帝国主义对中国工业的侵略仍在继续。作者念"海禁大开，列强环伺，以中国面积之辽阔，蕴藏之丰富，谁不愿取而代之。成败存亡，故在乎全国同胞之努力。而过去成绩，又未始不可为将来之殷鉴。"② 故作此书，叙述并讨论鸦片战争后中国新工业发展之现象、性质及其

---

① 陈啸江：《中国社会经济史研究的总成绩及其待决问题：献给开始研究本问题的朋友们》，载于《社会科学论丛》1937 年第 3 卷第 1 期，第 1~10 页。

② 龚骏：《中国新工业发展史大纲》（序言），商务印书馆 1933 年版。

因果。该书使用中外资料极多，而行文又不失简洁，对中国近代工业的发展进行了较好的总结。

万国鼎的《中国田制史》，该书 1933 年著成，同年由上海南京书店出版，1934 年改由正中书局出版。万国鼎 1918 年就读于金陵大学农林系，毕业后曾任金陵大学农业图书研究部主任，金陵大学、中央政治学校地政学院教授。1932 年参与创立中国地政学会，任理事并主编《地政月刊》。编著有《金陵大学图书馆方志目》、《新侨字典》，译作有《欧美农业史》等。《中国田制史》（上册）是一部叙述中国田制发展历史的著作，以作者在金陵大学和中央政治学校地政学院的讲稿为基础而写成。在谈到本书的主旨和研究对象时，一方面因为土地问题影响国计民生，另一方面土地与当时学风、政治、社会、经济及农工技术均有关系。该书出版以后，在学术界引起一定的反响。中国地政学会主办的《地政月刊》作了简要评价。马寅初在其所著《中国经济改造》一书中引用了作者有关井田制的见解，而这种见解的提出还推进了当时井田制问题的讨论。

罗玉东著《中国厘金史》，1936 年由商务印书馆出版，为国立中央研究院社会科学研究所丛刊第六种。1977 年香港大东图书公司将该书作为中国社会经济史资料丛编重印出版。《中国厘金史》是一部详细研究清代一种特殊的商业税——厘金的史学专著。作者从厘金制度的起源及各省开办次第、清廷对厘金税制的政策措施、全国厘金税制、全国课厘之收支、各省厘金等多方面进行了资料统计和分析研究。《中国厘金史》对清代厘金税的研究比较详细、系统，资料丰富、准确，仅正文各种类型的表格就达 183 个，是研究清代厘金史的一部力作。

王孝通的《中国商业史》，成书于 1936 年，同年由商务印书馆出版，作者曾著《中国商业小史》，1923 年由商务印书馆出版，后多次再版。《中国商业史》是在《中国商业小史》基础上修订补充而成。1984 年上海书店影印出版，现编入《民国丛书》第四编。《中国商业史》是一部叙述我国商业发展历史的著作，分为 3 编 23 章，章以下有节、款。依次为：《绪论》。第一编《上古商业》，分《自黄帝迄唐虞时代之商业》《夏代之商业》《商之商业》《西周之商业》《东周之商业》《周末之商业》《秦之商业》七章。第二编《中古商业》，分《西汉之商业》《东汉之商业》《三国之商业》《两晋及南北朝之商业》《北朝之商业》《隋之商业》《唐之商业》《五代之商业》《北宋之商业》《南宋之商业》《辽金之商业》《元之商业》《明之商业》《明代中外互市》十四章。第三编《近世商业及现代商业》，分《清之商业》《民国时代之商业》两章。《中国商业史》是一部资料翔实、时间跨度长、研究方法较全面的著作。在当时，它的内容是最为完备的。在研究方法上，作者不仅重视对各朝代商业状况进行完备考察，而且还注意联系其他社会经济因素作综合分析，还在有关章节中专门论述各个时期著名的商业经营者的思想和事迹。这些特点使《中国商业史》在学术界占有一定的地位。

陈登原的《中国田赋史》一书，成书于1936年，同年由商务印书馆出版。《中国田赋史》是一部叙述中国田赋制度发展历史的著作，分为2编14章。第一编《前论》，第二编《本论》。《前论》没有细分为章，而是分为《田赋与国家社会之关系》和《今时田赋之积弊》两节。《本论》分《上古田赋概要》《薄赋论之形成及其实际》《户调与田赋》《均田制与田赋》《租庸调与两税》《两宋田赋》《辽金元之田赋》《鱼鳞册及清丈》《明人田赋杂事》《一条鞭与加派》《清前叶赋制之因革》《清赋制之开展》《晚清以来之田赋》和《今时田赋之动向》十四章。在《前论》中，作者阐述了关于田赋与社会经济关系的见解。对于中国当时的田赋积弊，作者也进行了揭露。

白寿彝1936年著成《中国交通史》，1937年由商务印书馆出版。该书收集在王云五、傅纬平主编的《中国文化史丛书》第一辑中。1938年经日本学者牛岛俊作译成日文，次年由日本东京生活社出版，1984年上海书店由商务印书馆影印出版。1987年河南人民出版社改版重印。《中国交通史》是白寿彝的第一部著作。本书在作者的学术生涯中具有积极的意义，自称"我对于通史的兴趣，对于划分历史时期的兴趣，对于寻找时代特点的兴趣，都是从写这本书开始的。我对于中外交通史的兴趣，也是从写本书开始的"。[1]《中国交通史》出版以后，在国内外受到好评和重视。牛岛俊作在《日译本序》中评价说："著者……举凡有关中国交通文化而可为典据之文献，全部搜用无遗，且都注明出处，确是一部标志着中国交通文化史著作中最高水平的作品。"[2] 而在国内，该书在八十多年的时间中一直为中国交通史方面少有的上乘之作。

吴承洛于1937年著成《中国度量衡史》，同年由商务印书馆出版。收集在王云五、傅纬平主编的《中国文化史丛书》第一辑中。1984年上海书店影印出版。《中国度量衡史》分为两编十四章，对上起三代下迄民国的数千年中，度量衡的发展过程进行了系统的整理和叙述。在近代出版的同类著作中，吴承洛的《中国度量衡史》是较全面的一部。书中的一些数据常为国内外史学工作者所引用。万国鼎、王达和梁方仲等人分别对该书有评论和订正。

---

① 白寿彝：《中国交通史》题记，河南人民出版社1987年版。
② 牛岛俊作：《中国交通史日译本》（序），日本东京生活出版社1939年版。

邓拓于 1937 年著成《中国救荒史》，同年由商务印书馆出版，为王云五、傅纬平主编的《中国文化史丛书》第二辑之一种。全书分为三编九章，并有《序言》。该书是邓拓在河南大学求学时用了两个多月的时间写成的，是中国第一部以历史唯物主义为指导的系统的中国救荒史的著作。作者在《序言》中指出：救荒史不仅应该揭示灾荒这一社会病态和它的病源，而且必须揭发历史上各阶段灾荒的一般性和特殊性，分析它的具体原因，借以探求防治的途径。这是作者写作本书所遵循的原则。[1] 尤其应该提出的是冀朝鼎的《中国历史上的基本经济区与水利事业的发展》（1936 年），该书是用英文写出的，由伦敦乔治·艾伦和昂温有限公司出版。它通过对大量水利史料的分析，概括出"基本经济区"这一概念，揭示了中国历史上统一与分裂的经济基础，它的问世受到了国内学术界的重视。此书的中译本已于 1980 年由中国社会科学出版社出版。[2]

黄序鹓的《中国经济史长编》是这一时期的中国经济史学又一力作。黄序鹓早年曾东渡日本，讲授《经济学》，归国后，倾毕生心血，编辑《中国经济史长编》。该书肇自上古，下迄中英《南京条约》的签订，内容丰富，门类齐全，约七八百万字，深得蔡元培、马寅初二位先生赞许。蔡元培在《中国经济史长编》的序言中称，"萍乡黄季飞先生曾在日本研究经济学，欲以其学理应用于我国，而苦无适当之经济史可资印证；欲修经济史，则苦无完备之长编以为凭藉。乃立志自作长编，分为前后两部，前清道光季年以前之事实入前部，以后则为后部。尽十年之力，前部已脱稿，凡二十一编，都二百余万言，大者如土地、交通之制度，小者如植茶、养蜂之职业；精者如孔墨诸家之理论，实者如矿物、林木之种类，凡前人所记载者，无不博采而类聚之。"[3] 马寅初在《中国经济史长编》的序言中称，"萍乡黄季飞先生治经济学有年，穷多年之力，成《中国经济史长编》一书，皇皇巨著，材料极为丰富，同时，又将各项经济事实分类研究，新颖赅要，极便参考之用，其对于中国经济学界贡献之伟大，不言可知。"[4] 然而，这部巨著却长期束之于高阁，不为世人所知。为了填补经济史领域的空白，中国社会科学院经济研究所中国经济史研究室和北京经济学院组织人力整理，由齐鲁书社将该书出版。

---

[1] 叶世昌：《中国学术名著提要》（经济卷），复旦大学出版社 1994 年版。
[2] 李根蟠：《二十世纪的中国古代经济史研究》，载于《历史研究》1999 年第 3 期。
[3] 黄序鹓：《中国经济史长编1》，国家图书出版社 2011 年版，第 6 页。
[4] 黄序鹓：《中国经济史长编1》，国家图书出版社 2011 年版，第 9 ~ 10 页。

三、相关中国经济史学研究学术刊物的不完全统计

这一时期研究社会经济史之风甚盛，各种杂志纷纷刊登社会经济史方面的论文，一时成了风气。与中国经济史研究有关的国内杂志有：《食货》（北平食货学会），《中国经济》（南京中国经济研究会）、《现代史学》（广州中山大学史学研究会）、《文化批判》（南京文化批判社）、《东方杂志》（上海东方杂志社）、《中山文化教育馆季刊》、《清华学报》（北平清华大学）、《社会科学》（北平清华大学）、《北大国学季刊》（北京大学）、《社会科学季刊》（北京大学）、《中大社会科学季刊》（中山大学）、《武大社会科学季刊》（武昌武汉大学）、《中大社会科学丛刊》（南京中央大学）、《金陵学报》（南京金陵大学）、《燕京学报及史学年报》（燕京大学）、《辅仁学志》（北平辅仁大学）、《岭南学报》（广州岭南大学）、《南开大学政治经济季刊》（天津南开大学）、《师大月刊》（北平师范大学）、《中法大学月刊》（北平中法大学）、《中央研究院历史语言研究所集刊》（南京中研院）、《中山大学文科研究所史学专刊》（广州中山大学）、《中国近代经济史集刊》（北平社会调查所）、《地政月刊》（南京地政学会）、《新社会科学》（南京新社会科学社）、《中国社会》（南京中国社会社）、《禹贡》（北平禹贡学会），其他已经停刊杂志可参考者，尚有《建设杂志》、《新生命杂志》、《读书杂志》、《新思潮杂志》、《史学杂志》（中国史学会编）、《历史科学》、《语言历史研究所周刊》（中山大学）及《文史研究所月刊》（中山大学）等。与中国经济史研究有关的日文杂志有：《史学杂志》（1890 年，明治二十二年始刊）、《史林》（1917 年，大正五年始刊）、《史学研究》（1930 年，昭和四年始刊）、《史潮》（1932 年，昭和六年始刊）、《史学》（1933 年，大正十一年始刊）、《史苑》（1929 年，昭和三年始刊）、《史渊》（1930 年，昭和四年始刊）、《经济史研究》（1930 年，昭和四年始刊）、《历史科学》（1933 年，昭和七年始刊）、《东方学报》（1932 年，昭和六年始刊）、《东洋学报》（1912 年，大正元年始刊）、《东亚经济研究》（1915 年，大正三年始刊）、《支那研究》（1921 年，大正九年始刊）、《支邦学》（1921 年，大正九年始刊）、《东亚》（1929 年，昭和三年始刊）、《满铁调查月报》（1923 年，大正十一年始刊）。①

上述有关刊物杂志中，《食货》《现代史学》《中国近代经济史研究集刊》

---

① 陈啸江：《中国社会经济史研究的总成绩及其待决问题：献给开始研究本问题的朋友们》，载于《社会科学论丛》1937 年第 3 卷第 1 期，第 29 页。

《中国经济》等刊物对中国经济史学的影响最大。这些刊物不仅登载了大量的中国经济史论文，而且在这些刊物背后还有相对稳定的学术群体在活动，这对中国经济史学研究形成自己的学术风格和流派，中国经济史学科的长远发展都将产生长远的影响。

四、代表性的经济史论成果开始出现

从建立完整学科体系出发，中国经济史学研究应该包括主体和客体两个部分。这一时期中国经济史学科基础理论研究主要是关于中国经济史的意义及方法等问题的探讨，有关这一方面的研究成果较前一段时期有大幅度的增长，仅《食货》半月刊登载的经济史理论方面的论文就多达 29 篇。其中以柳诒徵1929 年在《史学杂志》第 1 卷第 4 期发表的《与某君论研究经济史之方法》，傅筑夫 1934 年在《中国经济》第 2 卷第 9 期发表的《研究中国经济史的意义及方法》，石决明 1934 年在《中国经济》第 2 卷第 9、10 期发表的《中国经济史研究上的几个重要问题》和《外国学者关于中国经济史之研究与其主要文献》，汤象龙 1935 年在《食货》第 1 卷第 5 期发表的《对于研究中国经济史的一点认识》，王瑛在 1935 年《食货》第 2 卷第 45 期发表的《研究中国经济史的大纲与方法》，连士升在 1936 年《大公报史地周刊》第 64 卷发表的《研究中国经济史的方法和资料》，陈啸江在 1937 年《现代史学》第 2 卷发表的《中国经济史研究室计划书》等专题论文最具有代表性。

对于学科研究意义，大家一致认为，从中国社会现实的需要来分析，必须加强中国经济史的研究。石决明认为，"盖我们如欲知道中国社会现在与将来的动向，便不能不回溯考察过去的社会经济与其继起诸关系，我们如欲明了现在中国社会经济的崩溃解体是怎样进行着的，那么是不能不先立证这'旧'中国的社会经济究竟是怎样的了。如果对于中国的旧社会秩序的特性没有正确的分析，那么对于此旧社会秩序之向他形态的社会生活推移上之运动诸法则，自然也就不会明白正确看出的。在这意义上，目前，关于中国经济史研究之重要，那是无庸赘言的。"① 傅筑夫也认为，"所以我们要研究现在社会的经济制度，不能单从横的方面研究他目前的形态，必须要从纵的方面追溯他的过去，而且不仅要追溯他最近的过去，必须要就力之所能及上溯到他最初的顶点，因为只有这样，才能了解一个制度形成的由来，才能发现支配经济进化的条件与

---

① 石决明：《中国经济史研究上的几个重要问题》，载于《中国经济》1934 年第 2 卷第 9 期。

动力。"① 陈啸江也曾从多方面论述了研究中国经济史的理由，他认为，"吾人努力此项工作之意义，约可分以下数方面言之：（A）从解决中国社会危机上说，……则非先从探悉社会病源入手不可，此经济史之研究，所以为当务急也。（B）从经济学上说，古典经济学派，囿于演绎一法，妄思建立永久不变之经济原则，其结果是每与后此发生之现象不符，其实社会变迁，川流不息，世无百年不移之事，焉有万事皆准之法？此历史学派经济学所以足以独树一帜也。……我国经济学者，近已有应用经济原理，研究本国事件之倾向，则对于本国过去之经济背景，更不能漠然无观，吾人从不敢以历史学派之说，奉为唯一圭臬，但努力搜集过去经济事实，并解释其因果，以供经济学者之参考，似乎亦经济学界内所应作之事也。（C）从历史学上说，依历史学者之研究，……可知经济史之研究，在各国历史学界中，实为最新兴之一派。……我国近年来，外受国际之影响，内迫本身之要求，此项研究之风亦甚。（D）从其他社会科学上说，经济史指示人类社会及文化发展之真实的基础，故与其他社会科学关系均密切。举例言之，研究中国教育者，必须明了中国教育之背景及特征，然此种背景及特征，并非凭空而有乃乃前此经济结构之产物也。推诸其他社会科亦然，处今日科学发达之世，学术贵分工，吾人只能希望一切社会科学者，对于本国经济史，又明了之认识，决不能强其先作一番经济史之研究。"②

对于研究中国经济史的方法，"史无定法"这一基本原则，在这一时期就开始初步得以体现。陈啸江认为，"本室鉴于时下研究风气之弊，或急近攻，或囿成见，其结果虽亦缀拾成文，但绳以严正科学之眼光，则多不值一读，故拟标举下列数方针，以研究者之参考：（A）切实搜集材料，一切研究，俱从材料着手，无充实之材料而仅有充实之结论者，未之见也。前此论战诸君，多为速成所误，才有一分之材料，便作十分之见解，甚至所论断之事与所征引之文有完全不符者，可笑孰甚，近日学人已略知前误，但所搜集者仍缺乏广大之眼光，而有流入烦琐无用之弊，本室拟一洗此病，企图作一有系统之搜集，务使不遗不滥，恰适其用。（B）……材料本身之研究，所用为构成法，……根据已鉴别后之材料，籍以研究当时社会之状况，所用为进化方法。（C）缩小研究对象，自然科学贵分工，尤贵精一，研究者虽有巨大之计划，但着手仍须从小处起。经济史亦然，在今日，即欲思以数千言文章解决数千年之社会性质，皆愚妄之流也。"③

从上述分析可以看出，研究中国经济史学的意义和方法是这一时期中国经

---

① 傅筑夫：《研究中国经济史的意义及方法》，载于《中国经济》1934年第2卷第9期。
②③ 陈啸江：《中国经济史研究计划书》，载于《现代史学》1934年第2卷第4期。

济史学基础理论研究关注的重点，但是从完善学科体系的角度来看，石决明的《外国学者关于中国经济史之研究与其主要文献》更具有开创意义。由于笔者掌握的资料有限，我们在研究 20 世纪中国经济史学发展时，很少涉及国外的中国经济史学研究。我们认为，完整的中国经济史学史研究应该包括国外的中国经济史学研究。因此，从一定意义上讲，《外国学者关于中国经济史之研究与其主要文献》一文不仅开创了中国经济史学基础理论研究新领域，而且也反映了这一时期学者们对中国经济史学科主观认识上的深化，这将对中国经济史学科的发展产生深远的影响。

学者们从不同角度探讨研究中国经济史的重要性，引起了学术界和现实社会的广泛关注，一时间，中国经济史学研究蔚然成风，中国经济史学的现实地位有了较大的提高。从某种意义上讲，中国经济史学基础理论的研究推动了中国经济史学学科的发展，反过来随着中国经济史学科不断的深入发展，学界对研究中国经济史的意义又有了更深层次的认识。在此背景下，中国经济史学迎来了第一次发展高潮，正是在这次研究高潮中，中国经济史学作为一门独立的学科初步形成了。

五、中国经济史学研究存在的问题

虽然这一时期迎来了中国经济史学研究的第一个高潮，中国经济史学作为一门学科初步形成，但是中国经济史学在发展的过程中也依然存在着一系列的问题，有些问题一直延续到今天，对其正常发展带来了极大的影响。其中主要有以下几方面的问题。

第一，缺少一部真正意义上的中国经济通史著作。这一时期，客体的中国经济史学研究进展很快，成果颇多，出版了不少与中国经济史相关的著作，但是真正学术意义上的中国经济通史却迟迟不能问世。编写通史性的中国经济史学著作，日本人比中国人早，如森谷克己著的《中国社会经济史》，写于 1934年，1936 年国内已有译本。中国人自己写的第一本比较系统和详细的中国经济史著作是马乘风的《中国经济史》，可惜只出了 1、2 两册，写到了汉代，再没有后续。虽然从这一时期创办的中国经济史研究的杂志刊物，成立的中国经济史学研究学术团体，出版的中国经济史学著作，发表的中国经济史学论文，形成的中国经济史学研究主要学术流派等多方面分析判断，作为一门学科的中国经济史学在这一阶段已经开始形成。但是从整体的学科体系来看，没有一部完整意义上的中国经济通史，中国经济史学作为一门学科又是不完善的。因此，没有一部完整的中国经济通史问世，是这一阶段中国经济史学发展的一大憾事，也是下一阶段中国经济史学研究重点发展方向，同时也反映了在中国经济史学研究中基础工作不扎实，在材料的搜集与整理，相关的专题研究等方面还应进一步努力。做好中国经济史学研究的基础性工作，对整个学科的发展至关重要，也只有这些工作都做好了，中国经济通史才有可能问世。

第二，解释中国社会经济发展史存在着公式主义倾向。我们知道，中国经济史学研究第一次高潮的形成和唯物史观在中国的广泛传播有着不解之缘，而起初对唯物史观又普遍存在着误解，这样就使得这一时期的中国经济史学研究存在着公式主义倾向。中国史学界对唯物史观的理解，经历了一个逐步深化的漫长过程，把"亚细亚的、古代的、封建的和现代资产阶级的生产方式"依次演进的认识过程，简单等同于唯物史观——人类历史发展的一般规律，是史学界最初的理解之一。这种理解长期以来支配着中国古代史的研究，尤其是关于中国古代社会经济形态的研究。20 年代末和 30 年代早期，把"社会经济形态演进的几个时代"等同于"史的唯物论"，不但是马克思主义史学家的误解，也是一些非马克思主义史学家的误解。他们当时都持有这样的信念：只要说明中国不存在奴隶制，也就说明了"共产主义不合中国国情"。因此，在这种特定的历史前提下，承认不承认这"几个时代"，特别是其中的奴隶制，已经成为承认不承认"史的唯物论"的问题，已经成为承认不承认人类历史有一般规律的问题。

这一时期中国经济史学研究的公式主义倾向除了对唯物史观的误解外，还有欧洲中心论在作怪。有学者认为，对前资本主义社会形态的历史的研究，主要是 18、19 世纪的历史学家在进行分析论证。他们的重要成果之一，就是根据西欧的历史，对奴隶社会、封建社会进行了分析和概括，总结出一系列定义、概念，描绘出该社会的特征，成为日后认识这些社会的"标准"。"毋庸置疑，这些标准，都是以西欧为根据的，对于广大的亚、非、美洲地区的历史，当时的西欧学者既不了解，又夹杂一些偏见和轻视，一般都以为它们是一种特殊社会，并非历史的主干。"① 黑格尔的《历史哲学》就是典型。在黑格尔之后，马克思恩格斯创立了历史唯物主义。苏联的史学家根据历史唯物主义原理，从世界历史发展的统一性上认识历史的客观规律，并具体论述了奴隶社会、封建社会的特征。这些论述是历史唯物主义的，可是他们也自觉不自觉地因袭了欧洲中心论。中国 20 世纪 30 年代早期的中国经济史学研究，从某种意

① 马克思：《西欧封建经济形态研究》，人民出版社 1985 年版《序言》。

义上说，也深受欧洲中心论的影响。

第三，中国经济史学基础理论研究依然是一个相对薄弱的环节。从完整的学科体系分析，中国经济史学应包括客体的中国经济史学和主体的中国经济史学两个部分。学者们在研究中国经济史学发展历史时，一致认为，这一阶段是中国经济史学研究的第一次高潮。从客体的中国经济史学研究来看，确实取得了不少的研究成果，但是有关中国经济史学科基础理论问题的研究则刚刚起步，探讨的问题主要集中在研究经济史的意义和方法，而对于中国经济史学的研究对象，学科性质以及中国经济史学科体系应包括哪些内容等问题的认识有待于进一步深化。总体来看，主体的中国经济史学研究落后于客体的中国经济史学研究。

第五章

第一次研究高潮中的主要
学术流派与刊物

通过分析 1927～1937 年中国经济史学的发展成就及其待解决的问题，我们发现，这一时期的中国经济史学研究在整个学科发展史上影响甚大，正是在这一时期，作为一门学科的中国经济史学已经初步形成。因此，有必要进一步分析、评价第一次研究高潮中的主要刊物、学术流派及人物，总结他们对整个学科发展的影响与学术贡献。

20 世纪 30 年代创办的经济史学术刊物，成立的经济史学研究团体，形成的主要学术流派，这些学术环境的变化从多方面推动了中国经济史学研究第一次高潮的形成，在中国经济史学发展史上产生了重要的学术影响。前一章主要对学科发展进行总体宏观分析，本章将对第一次研究高潮创建的代表性学术期刊、形成的流派及代表性人物进行梳理，剖析其具体特点，总结其对中国经济史学科发展的学术贡献。

第一节　第一次研究高潮中的主要学术流派

中国经济史学研究在这一阶段开始出现较有影响的学术流派，表现出较强的学术倾向和学术风格，这也是中国经济史学研究取得相当进展，学科开始形成的重要标志。中国经济史学研究第一次高潮中，学界有多股力量值得注意：一是以郭沫若、吕振羽为代表的一批接受马克思主义的学者；二是当时中央研究院社会科学研究所以及和他们有密切联系的一批学者；三是陶希圣主编的《食货》半月刊及与其有联系的一批学者；四是分布在相关高校的经济史学研究力量。如马哲民、傅筑夫、李剑农等。另外，这一时期出现的运用民生史观研究中国经济史的现象也值得注意，它和社会经济史学研究在中国的兴起有着一定的关联，早期主要以杨及玄等学者为代表。同时，海外留学生群体的中国经济史学研究也在这一时期开始产生重大影响。

一、国内马克思主义学者的中国经济史学研究

这一时期运用马克思主义理论研究中国经济史，在国内学术界首推郭沫若、吕振羽二位。他们最大的理论贡献是开创性地运用社会经济形态的理论来研究中国历史的发展阶段，开辟了运用马克思主义理论研究中国经济史的新路径。《中国古代社会研究》是郭沫若第一部马克思主义的史学著作，1928 年 11 月，《中国古代社会研究》开始分篇发表，到 1930 年 3 月全书出版，当时在国内外曾引起巨大震动。郭沫若自称该书是恩格斯《家庭、私有制和国家的起源》的续编，书中运用科学的方法整理《周易》《诗》《书》卜辞、彝铭的材料，用犀利的文笔生动而明快地论证了中国历史上依次经历过原始共产社会、奴隶社会和封建社会。这本书虽然在方法的运用、材料的鉴别和具体的结论上都存在着一些缺点错误，但是却是以马克思主义社会经济形态的理论系统研究中国历史的第一次尝试，影响是巨大的。齐思和指出，郭沫若《中国古代社会研究》发表以后，中国社会史论战才走上科学的轨道。在《中国古代社会研究》发表以后，郭沫若继续钻研卜辞和彝铭，继续完善和发展他的学术理论体系。他的观点开始时受到很多人的批评，但是自 1935 年以后，情况发生很大变化，"郭沫若的中国古史观，好像复活起来。六七年来为思想界所集中抨击的观点，忽然变成了大家共同信仰的真知灼见，甚至许多从前反对过他的人，也改变了态度"，"中外的新史家，差不多都以他的研究为出发点。"① 顾颉刚指出，"研究社会经济史最早的大师，是郭沫若和陶希圣两位先生，事实上也只有他们两位最有成绩。郭先生应用马克思、莫尔甘等的学说，考索中国古代社会的真实情状，成《中国古代社会研究》一书，这是一部极有价值的伟著，书中虽不免有些宣传的意味，但富有精深独到的见解。中国古代社会的真相，自有此书后，我们才摸着一些边际。这部书的影响极大，可惜的是受它影响最深的倒是中国古史的研究者，而一般所谓'社会史的研究者'，受到它的影响却不大，这是因为当时的'社会史研究者'，大部分只是革命的宣传家，而缺少真正的学者，所以郭先生这部伟著，在所谓'中国社会史的论战'中，反受

---

① 何干之：《中国社会史问题论战》，生活书店 1937 年版。

到许多意外的不当的攻击。"① 郭沫若开创了一条运用马克思主义理论研究中国社会史的新路，一些著名的学者就是在他的影响下走上研究社会经济史的道路，或者在研究中受到他的启发。另一位马克思主义史学家吕振羽是在30年代初社会史论战正酣时走进史坛的，他在北平中国大学开设社会科学概论、中国经济史、农业经济等课程。1933年编写《中国上古及中世纪经济史》讲义，以后陆续发表了《中国经济的史的发展阶段》《史前期中国社会研究》《殷周时代的中国社会》等论文和著作，对马克思主义经济史学的建立和发展做出了多方面的贡献。例如，他第一次把考古发现和神话传说等资料相结合，对中国原始社会进行了系统的论述；坚持奴隶社会的普遍性，首先提出并论证了殷周奴隶社会说；从生产方式的角度系统阐述西周社会的封建性质；又首先把中国封建社会区分为领主制和地主制两个阶段，明确提出秦汉以后的封建社会是封建地主制社会；还针对中国社会长期停滞论，率先提出在中国封建社会的后期已存在资本主义萌芽的新问题。早在1933年，他就指出：中国"到清代的前半期，封建经济已临没落，而开始跌入社会自身的突变的过渡时期，历史的新因素已在形成的过程中"。② 稍后，又进一步指出，清代前半期，"中国的资本主义的因素，却已开始孕育"。③ 这样，吕振羽就第一次在中国历史学界中提出资本主义萌芽这个新的历史课题。随后，1937年6月，吕振羽的《中国政治思想史》一书由上海黎明书局出版，该书明确肯定中国在明清之际已经出现了资本主义萌芽，并以此为背景展开对明清之际及鸦片战争以前社会思潮的初步评述，发前人所未发。另外，还有一位马克思主义史学家邓拓也在中国经济史学研究方面进行了探索，其主要贡献是对"中国社会经济长期停滞"问题的分析和对中国救荒史的专题研究。

　　分析这一时期国内马克思主义学者研究中国经济史的学术贡献，应该承认，学者们运用马克思的社会经济形态理论研究中国历史的发展阶段，这不仅奠定了中国马克思主义史学的基础，而且对于运用马克思主义理论研究中国经济史学也有开创意义。虽然社会经济形态在宏观上属于经济史的理论范畴，但是毕竟对社会形态的研究不能替代对具体经济史的研究，故这一时期马克思主义学者对中国经济史的研究又往往和社会史联系在一起。学者们的研究有的直接与经济史有关，有的则为经济史研究提供了框架和思路，也是这一时期国内马克思主义学者研究中国经济史学的一个特点。另外，这一时期国内马克思主

---

① 顾颉刚：《当代中国史学》，上海古籍出版社2002年版，第97页。
② 吕振羽：《中国上古及中世纪经济史（讲义）》，北京聚魁堂1933年装订。
③ 吕振羽：《史前期中国社会研究》，北京人文书店1934年版，第59页。

义学者研究中国经济史也有一些重大的理论缺陷，其中最为突出的问题是，运用马克思的社会经济形态理论研究中国历史发展阶段时，存在着公式主义的倾向。30 年代前期中国史学界强调"历史发展的一般性"，忽视中国历史特殊性的倾向较明显，马克思主义历史学家在论证中国历史的"普遍性"时，很少留意乃至根本抹杀中国历史、中国社会、中国国情的特殊性，在运用历史规律解释中国历史时，完全否认中国历史与西欧历史的差别和不同。郭沫若、吕振羽、翦伯赞、邓拓等当时都把奴隶制的有无当作唯物史观的存废，都拿着放大镜去寻找奴隶制，这样在解释中国历史发展阶段时，难免不陷入公式主义。

二、"食货学派"的中国经济史学研究

食货学派在 30 年代的中国经济史坛是一支举足轻重的力量，《食货》半月刊是食货学派的基地，因而，研究《食货》是认识食货学派的根本立足点。《食货》是 20 世纪 30 年代的"中国社会经济史专攻刊物"。由于其主编人陶希圣在历史舞台上所扮演的特殊政治角色，学术界对其学术倾向的判断存在很大差别，其学术价值一直为政治的强光所遮蔽。一种具有代表性的意见认为，《食货》的创办意图是与马克思主义史学相对抗，对马克思主义进行反革命围剿。陶希圣等人即使以唯物史观派学人自命，也只是挂着唯物史观的幌子而已。① 这种观点有着浓厚的意识形态色彩，是政治立场直接决定学术立场这一有害假设的产物。而今天，追求学术独立的意识日渐觉醒，学术是政治的附庸的观点正在被超越，因而客观评价食货学派在中国经济史学发展史上的地位和作用，也就有了良好的社会环境。

《食货》半月刊在当时的影响相当大，网罗了全国各地 150 多位作者，其主要成员有陶希圣、何兹全、鞠清远、武仙卿和曾謇等人。在《食货》上发表文章的作者政治背景和学术观点并不完全一致，有相当一部分人在不同程度上接受了唯物史观或者是受了它的影响。因此，食货学派在研究中国经济史时表现出了一定的唯物史观倾向。如果把唯物史观看成一种比较纯粹的学术理论，脱去其政治含义，它只表达一种学术立场，一般来说，可以与政治立场无关。陶希圣及食货学派接受唯物史观，只是一种学术选择，而非政治主张。这一点我们可以从他们对待唯物史观的态度中得到很好的证明。陶希圣在《食货》第 2 卷第 4 期"编辑的话"中指出，"学术界对于唯物史观的攻击，好像风头很猛。

---

① 刘茂林：《〈食货〉之今昔》，载于《中国史研究动态》1980 年第 4 期。

我要声明的是：（一）食货学会会员不是都用唯物史观研究历史的。（二）这个方法又与什么主义不是一件事情。（三）这个方法的毛病是在用来容易指破历史上隐蔽在内幕或黑暗里的真实。因为他指出别人不肯又不敢指出的真实，便易受别人的攻击。"① 在这段颇具感情色彩的话里，陶希圣表达了对唯物史观受攻击这一现象的愤慨，陶希圣认为唯物史观是解开历史之谜的锁匙，是通向历史真相的桥梁，所谓"毛病"正是其长处。陶希圣同时也表明，运用唯物史观只是他对一种治学追求的表达，与什么主义无关。如果说这可能是陶希圣的自我标榜，有挂羊头卖狗肉之嫌，那么我们可以再来看一下他人的评说。同时代的郭湛波认为，"中国近日用新的科学方法——唯物史观，来研究中国社会史，成绩最著，影响最大，就算陶希圣先生了……陶氏在近五十年中国思想史之贡献，就在他用唯物史观的方法来研究'中国社会史'影响颇大。"② 何兹全也回忆说："当时北大史学系的教授思想上大体可以分为三个学派。……一个是乾嘉学＋西方新史学＋马克思修正主义，这派的代表人物可以举出陶希圣。这个问题应该作点说明。我说陶希圣是马克思修正主义，是就学术观点说的，不是从政治上说。政治上陶希圣是国民党，是国民党反对共产党的理论家。他读过马克思、恩格斯、考茨基等人的著作，深受他们的影响。他标榜以辩证法、唯物史观治史，使他成名、在学术上高出别的人，正是辩证法和唯物史观。"③ 他进一步指出："陶希圣的要害问题在政治不在学术。……批判陶希圣和《食货》，学术和政治要分开。"④ 何先生此言可谓一针见血、一语中的。不把学术与政治分开，则无法予以《食货》及食货学派准确的学术定位；将学术与政治混为一谈，正是我们过去判断失当的症结所在。食货学派其他成员的态度也基本一致。总之，食货学派是把唯物史观当作治史的科学方法来看待的。不过有一点必须指明，"食货学派"和学术立场与政治立场互为表里的"唯物史观派"对唯物史观的理解有所不同，最显著的就是食货学派从一开始就意识到防止教条主义倾向。如刘兴唐在《奴隶社会论的症结》（第 5 卷第 11 期）中说："丁先生忽略了理论和实践的统一，唯物史观不是凭空造出的人类社会发展的公式，乃是从人类社会之个别的具体发展的产儿。我们研究中国历史，是研究中国历史之个别的具体的法则，如果不注意个别之分析而纯粹来推测，那么难免不流入玄学之域呢？"⑤ 这里强调不能把唯物史观当作随处可以

---

① 陶希圣：《编辑的话》，载于《食货》1935 年第 2 卷第 4 期，上海书店 1982 年影印版。
② 郭湛波：《近五十年中国思想史》，山东人民出版社 1997 年版，第 179 页。
③ 何兹全：《我的大学生活》，载于《史学理论研究》1997 年第 3 期。
④ 张世林：《学林春秋》，中华书局 1998 年版，第 257、258 页。
⑤ 刘兴唐：《奴隶社会论的症结》，载于《食货》1937 年第 5 卷第 11 期，上海书店 1982 年影印版。

套用的公式而取代具体问题的研究，不能用一般来抹杀、取消个别。刘兴唐在《中国社会发展形式之探险》（第 2 卷第 1 期）中也说道："关于中国社会发展之形式问题，因为个人方法论之限制曾生出各色各样的结论，或求之于自然环境，或求之于野蛮民族，以及把唯物史观当作唯一的历史科学的人们，又把社会之客观发展法则当作历史之具体的结论，由于他们方法论上之错误，自然难得出良好的结果。唯物史观，只是历史之客观的发展法则，并不能单独成为历史科学上的方法论。他只是使用科学方法论所制造出的结果，所以也只能作为历史之具体分析的结果。把唯物史观当方法论使用的先生们，和木匠把商品当斧子使用一样可笑。"① 唯物史观是马克思从当时的社会科学理论中总结出来的，并非历史研究必须无条件接受的先验的逻辑前提，唯物史观也不是历史学唯一的方法论，尤其当进行微观研究时，它缺少可操作性，必须借助于其他学科的方法和理论才能完成对历史的解释。食货学派拒绝将唯物史观当作教条，而这却常常被误解为反对唯物史观本身。

食货学派的唯物史观的价值取向，主要体现在以下两个方面。一是《食货》的创办思路和唯物史观一脉相承。食货学派的骨干成员王瑛在《研究中国经济史的大纲与方法》（第 2 卷第 4 期）中说："故我们研究历史时，最先应下手的就是中国经济史，社会的变更是以经济的变更为指标，故欲求社会的动向，首先就应详尽地研究、把握中国的经济变迁和动向。"② 王瑛的这一认识是由马克思的《〈政治经济学批判〉序言》中的一段话而得出的。恩格斯也曾这样说过，"直接的物质的生活资料的生产，因而一个民族或一个时代的经济发展阶段，便构成为基础，人们的国家制度、法的观点、艺术以至宗教观点，就是从这个基础上发展起来的。因而，也必须由这个基础来解释，而不是像过去那样做的相反。"③ 这里道出了唯物史观的基本立场：从经济角度解说人类历史。我们不难看出，《食货》从研究经济问题入手解答中国社会史问题这一思路，恰恰与唯物史观吻合，与唯物史观的治史理念同出一辙。二是《食货》的研究路径与唯物史观声息相通。唯物史观引入历史研究领域后，在史学领域促成了两大转换：一是从描述孤立的政治事件转向对社会和经济的复杂而长期的过程的研究，即从政治史、事件史转向经济史、社会史；二是抛弃精英史

---

① 刘兴唐：《中国社会发展形式之探险》，载于《食货》1935 年第 2 卷第 9 期，上海书店 1982 年影印版。

② 王瑛：《研究中国经济史的大纲与方法》，载于《食货》1935 年第 2 卷第 4 期，上海书店 1982 年影印版。

③ 恩格斯：《在马克思墓前的讲话》，载于《马克思恩格斯选集》第 3 卷，人民出版社 1972 年版，第 574 页。

观，关注下层社会的历史。虽然《食货》以"经济史专攻刊物"自称，但内容却涉及社会生活的方方面面。经济史有田制、赋税、货币、市场、农业、工矿业、商业、外贸等诸多门类；社会史方面，既有宏观评论，又有微观研究，宏观评论主要是一系列关于中国社会发展形式的文章，微观研究涉及社会等级结构、人口、城市、家庭婚姻、风俗物产、宗教等方面，社会史的微观研究也覆盖了社会生活的各个领域，《食货》构成了一幅以经济为轴心的社会史的立体画面。从精英史转向民间史，关注平民百姓的生活，这是一个非常值得注意的变化。《食货》在这方面可以说是实现了一个突破，把目光转移到作为社会基础的平民大众身上，开辟了历史研究的新路径。例如发表于《食货》第1卷第9期的《宋代女子职业与生计》一文对宋代民间女子的职业作了大体勾勒，实业方面有农业（采桑、养蚕）、手工业（裁缝、织布）、商业（开茶肆、开食店、开药铺、作小贩），游艺方面有歌舞、卖技、讲故事、优伶，杂役方面主要是做佣人，还有妓女（官妓、家妓、营妓、军妓、僧妓），这简直可以视作一幅微型的社会风俗画。《食货》对民间史的研究指出了史学现代化的方向。就此而言，其学术意义不可低估。此外，搜集、研读地方志是史学研究的民间取向的又一表征。陶希圣发出《搜读地方志的提议》，主张从地方志中寻求经济史料，建议先读经济发达的大都会的县志。

三、中央研究院社会科学研究所及其相关学者的中国经济史学研究

中央研究院社会科学研究所是中国社会科学院经济研究所的前身，它筹建于1927年，1934年与中华教育文化基金董事会之北平社会调查所合并，1945年改称社会研究所。该所早在20年代末，就在马克思主义经济学家、中共地下党员陈翰笙的主持下，从事农村社会经济调查。陈翰笙的活动为国民党当局所不容，被迫离开中央研究院以后，继续在农村经济研究会从事此项工作。这些工作虽然不是直接的经济史研究，却为近代农村经济史的研究积累了资料，奠定了基础。而农村经济研究会积极参与的中国农村社会性质的论战，是与中国社会史论战并行和密切相连的。30年代初，陶孟和主持所务时，经济史是社会科学研究的重要研究方向之一，出版了《中国近代经济史研究集刊》。值得注意的是，在这个刊物的背后有一个学术群体在活动，这就是吴晗、汤象龙、罗尔纲、梁方仲等学者组成的"史学研究会"。他们当中有的是社会科学研究所研究人员，有的并不在社会科学研究所工作，但都积极参加了《中国近代经济史集刊》的编辑和有关问题的讨论研究，不少人后来成为中国经济史学

界的台柱子。史学研究会的会员都成为集刊编委会的成员。这批青年史学工作者在治学方面当时有几个共同的看法：一、主张社会经济史的研究工作分工合作，一是按时代分工合作，二是按专业的性质分工合作。因为社会经济史的研究在当时是一种拓荒式的工作，没有什么基础，必须众多的研究工作者共同努力，以期在二十年中理出中国社会经济史的头绪，三十年中写出一部像样的社会经济史。二、当时大家虽然说不上熟悉马克思主义的理论，但都倾向于唯物主义。对一些历史问题的分析，主要倾向于社会和经济的分析，反对理论脱离实际和从理论到理论。三、在治学方法上重视历史资料的收集，认为当时史学工作者最重要的责任是收集资料，这种资料工作虽是一种不成名而费力费时的工作，但这是历史研究的基础工作，不做这种基础工作，中国社会经济史将永远没有写成的日子。这种看法一度遭到人们非议，也与当时老一辈的史学工作者在治史方面的倾向不同。这些人基本上没有参加社会史论战等活动，他们所研究的路数也不同于那种史论式的写作，重视资料的搜集整理和实证研究，他们多数还不是马克思主义者，但有比较进步的历史观。他们反对颂扬帝王将相和少数英雄人物，主张历史研究以"整个民族和民族的发展为主体"，"叙述社会变迁、经济变化和文化的进步，"① 与唯物史观是相通或接近的。他们后来也先后受到马克思主义的熏陶或影响。

这派学者在抗战前即已取得一批重大研究成果，例如梁方仲 1934 年在该刊发表的《一条鞭法》，是对中国近古代田赋制度的一个总结性研究，得到国内和日本许多学者的高度评价和赞许。他的《明代户口、田地及田赋统计》（第 3 卷第 1 期，1935 年）第一次把统计学的方法运用于经济史资料的整理和研究中。梁方仲的研究特色是把典章制度和社会经济发展变化联系起来考虑，他对田赋制度的研究，注意名物术语、史料考订，又做到本末兼备，源流兼探，既继承了传统制度史的成果，又具有社会经济史的特色。

该刊创刊时，正值故宫清朝大内档案发现，社会科学研究所汤象龙等在整理这批档案的经济史资料方面倾注了很大的精力，《集刊》还出版了清代档案的专号。史学研究会的成员在其他刊物上也发表了一些重要论文，如谷霁光的《秦汉隋唐间的田制》（《政治经济学报》第 5 卷第 3 期，1937 年）等。组织人员大量抄录清宫军机处和内阁档案中有关近代财政经济史资料达十二万件，其中一半以上实行了统计表格化，形成了半成品，可供研究之用。这是国内史学工作者最早大量发掘和利用清代政府档案的创举，也是国内史学研究者运用

---

① 《发刊词》，载于《中国近代经济史研究集刊》1932 年第 1 卷第 1 期。

统计方法整理大量史料工作的开始。

四、分布在相关高校的中国经济史学研究力量

国内高校校史档案相关资料显示，20 世纪头 20 年，经济史作为一门独立课程开始走进大学课堂，经济史人才培养开始走向职业化道路，大学开始聘请专职经济史授课教师。北京大学史料第二卷（1912～1937）"民国元年所订之大学制及其学科"规定，"经济学门"和"历史学门"普遍开设经济史课程。在国立北京大学廿周年纪念册"研究科目及担任教员"中由"经济系讲师"罗鼎担任财政史科目，"史学系讲师"黎世衡担任中国经济史科目等的相关记载。《北京大学周刊》第 132 号（1935 年 1 月 12 日）发布了"经济系布告"，布告公布了周作仁教授指导学生毕业论文的详细名单和选题，其中李润生的"中国关税问题"，吴士贤的"清代漕运概况"，刘云章的"清代土地制度"等都是经济史领域的选题。

开设经济史课程，聘请专门经济史授课老师，推动了高校中国经济史学研究力量的形成。高校因教材、教学的需要，他们研究经济史的最大特点是国民经济史，整体经济史，最大的贡献是培养学术传人。其代表人物有傅筑夫、李剑农、马哲民等人。

1932 年傅筑夫改任中央大学教授，讲授中国经济史，从此正式转入中国经济史的教学与研究工作。30 年代初至 40 年代中，在《图书评论》《东方杂志》《中国经济》《文史杂志》和《社会科学丛刊》等刊物上，发表了多篇研究中国经济史的论文，参加了 30 年代的中国社会史论战，较早地注意到秦汉以来中国社会结构的特殊性，初步提出了西周和中国历史上几次经济大波动的见解。1936 年赴英国伦敦大学政治经济学院进修，学习经济理论和经济史。李剑农 1930 年秋受聘武汉大学，主要研究领域为中国古代经济史和中国近代政治史。抗战时期，他写成《中国经济史稿》，这是一部系统研究中国经济史的专著。后经过补充，分成《先秦两汉经济史稿》《魏晋南北朝隋唐经济史稿》《宋元明经济史稿》三册出版。马哲民 1924 年夏东渡日本，进早稻田大学学习政治经济学，1931 年任北平师范大学社会系和中国大学经济系主任。著有《经济史》《社会进化史》《论抗建经济问题》等书。

五、民生史观的中国经济史学研究

"民生"是一个以社会经济为本义的词语，其基本内容是经济的、物质的。

民生史观的重要特点是借"民生"这个通俗常用的旧词论述社会经济问题，在以往对民生史观的研究中，学术界更多的是将民生史观与唯物史观进行比较研究，至于民生史观对中国经济史学研究的贡献与影响却很少有人提及。大革命失败后，国民党政府及其御用学者，为了建立一种与唯物史观对垒的官方哲学，提出了"民生史观"的概念，并对其内容、性质进行了长时间的讨论。"民生史观"一词并不是由孙中山提出的，但孙中山确实提到过民生问题与历史发展的关系，后来解释民生史观的人，又都到他的言论中去找根据，所以讲民生史观，必须从孙中山的历史观讲起。其实，孙中山的历史观，并没有完整的理论体系，只是在讲到政治和哲学问题时涉及它，所以论述不够系统。也正因如此，后来讲民生史观的人，才各取所需，抓住他针对某些具体问题的论述，加以发挥，形成了不同派别。早在1933年，赵剑华就在一篇文章中指出，关于民生史观的派别已达12种之多。① 有的人甚至把民生史观说成唯物史观，叶青认为，民生史观与唯物史观并无不同。他说，唯物史观就是经济史观，它用一般性的经济说明历史，并认定近代的政治、教育、道德等精神文明都是资本主义的产物。这正是有产阶级对于近代历史的看法，这种史观"合于有产阶级的利益"，"并不违反资本主义"。因此，"唯物史观"可以离开无产阶级、社会主义和共产党而单独存在。因此，民生史观和唯物史观并不矛盾，因为民生就是经济，民生史观就是经济史观，两者在理论公式和理论根源上虽然有别，但这仅是形式，就其实质而论，它们"简直是相同的"。② 高承元认为，唯物史观就是经济史观，民生史观也是唯物史观，民生史观是唯物史观的最高层次。其实，叶青、高承元都是借用唯物史观的名词，或披着唯物史观的外衣，来拔高民生史观。

尽管这一时期民生史观在政治层面是作为抗衡唯物史观的一种武器而出现的，但是民生史观对中国学术界带来的影响应该得到承认。其中，杨及玄用民生史观解释经济史对30年代的中国经济史学研究起到了一种推动作用。杨氏说，既然历史只是人类求生存的历史，是"民生变迁史"，那么，社会经济史便是"对于一般历史的研究最为方便的一把锁匙"。他根据民生史观构筑了一个"经济学体系"，其内容有四点：群众的生命、社会的生存、人民的生活、国民的生计。他认为这四件事既是经济史叙述的基本内容，也体现了经济史的四个发展阶段，因为"有了生命的冲动，才有生存的企图，有了生存的企图，

---

① 赵剑华：《反唯心的民生史观》，载于《新中国》1933年卷第1期。
② 叶青：《唯物史观与民生史观》，载于《时代精神》1942年第5卷第4期。

才有生活的要求，有了生活的要求，才有生计的努力，此中的关系是一贯下来的"。① 杨氏提出，"我们的研究上，中国经济史应当是中国社会经济史，更应当是民生史观的中国社会经济史。"② 这种观点，对中国经济史学研究领域的发展方向有着相当的借鉴意义。

杨及玄运用民生史观研究中国经济史有以下几点借鉴意义：一是明确提出中国经济史应当是中国社会经济史；二是强调中国经济史研究需要一定的历史观给予指导，"然则现在我们如果要谈中国经济史研究，唯一正确的途径，不仅需要一种观点，而且需要一种正确的观点，作为领导我们全部研究的原则"；三是根据民生史观构筑的"经济学体系"开始尝试着经济史研究与经济学理论的结合。这些正是民生史观对中国经济史学的学术贡献。

六、海外留学生群体的中国经济史学研究

20 世纪 20～30 年代，海外留学生群体中，有部分学者开始重视中国经济史学研究，其原因一方面是留学生群体中不少人具有良好的国学基础，经济史是他们比较熟悉的领域；另一方面是外国导师对于中国经济史不熟悉，博士论文容易通过。留美博士群体中，冀朝鼎在哥伦比亚大学经济学博士论文——《中国历史上的基本经济区与水利事业的发展》具有代表意义，1934 年写成，英文版 1936 年由乔治·艾伦和昂温有限公司（George Allen & Unwin LTD）在英国出版，1939 年译成日文，1981 年译成中文出版。该书得到英国著名的科学史大家李约瑟的高度评价："这一著作，也许是迄今为止任何西文书籍中有关中国历史发展方面的最卓越的著作"。"如果没有这一著作以及郑肇经《中国水利史》两书作指导，要想写就他的巨著《中国科学与文明》中的'水利工程'那一部分内容是不可能的。"③ 该论文的一部分以"中国历史上统一与分裂的经济基础"为题在 1934 年 12 月的《太平洋事务》（Pacific Affairs）杂志第 7 卷第 4 期上发表。

冀朝鼎在美国留学 10 多年，深受西方学术的影响，他的《中国历史上的基本经济区与水利事业的发展》这篇 11 万余字的博士论文的研究思路是先提出假设，然后逐层深入剖析。他认为中国历史上存在一种显著的动向：一是统

---

① ② 杨及玄：《民生史观的中国社会经济史研究发端》，载于《中山文化教育馆季刊》1935 年第 2 卷 2 号。

③ 冀朝鼎：《中国历史上的基本经济区与水利事业的发展. 译者的话》，中国社会科学出版社 1981 年版。

一与分裂交替进行，"合久必分，分久必合"成为中国"铁的法则"，"这一铁的法则准确地描述了从第一个皇帝起到上世纪中国孤立状态被打破为止时中国历史上半封建时期中的一个基本运动"。① 冀朝鼎认为，中国历史上统一与分裂的经济基础取决于对"基本经济区"争夺的结果。他认为中国历史上存在这样的区域："其农业生产条件与运输设施，对于提供贡纳谷物来说，比其他地区要优越得多，以致不管是哪一集团，只要控制了这一地区，它就有可能征服与统一全中国。"他认为"这样的一种地区，就是我们所要说的'基本经济区'"。②

在提出这一假说之后，冀朝鼎进一步分析了形成"基本经济区"的自然和社会条件。他认为中国历史上存在两个基本经济区：以泾水、渭水、汾水和黄河下游为地理范围的北方基本经济区和以长江中下游为地理范围的南方基本经济区。从自然条件来说，两大基本经济区都拥有十分肥沃的土地：北方的黄土和南方的湖区土地。但由于中国降雨的分布具有多变性和区域分布不均匀的特点，"水分供应的自然过程对满足农业生产的需求来说，不仅是不可靠的，而且还的确是灾难性的"。③ 因此，无论是北方基本经济区还是南方的基本经济区农业生产的繁荣都必须依赖高度发达与完善的水利设施，其中干旱的北方主要是灌溉系统，而多雨的南方则是灌溉系统与排水系统并存。

基于以上分析，冀朝鼎认为历代统治者要控制和发展"基本经济区"，进而加强对国家的控制就必须大力推进"基本经济区"内的公共水利工程的发展。而水利事业的变动也能大体推知基本经济区的转移情况。因此他认为"搞清楚水利事业发展的过程，就能用基本经济区这一概念，说明中国历史上整个半封建时期历史进程中最重要的特点了。"④ 冀朝鼎循此研究思路对中国历史上水利建设与"基本经济区"发展的关系作了细致的定量分析。他在中国水利史研究的学术史上第一次运用各地地方志的史料对 15 个省治水活动的历史发展和地理分布的情况作了统计研究。研究表明，汉代方志中出现的治水次数 15 省共计 56 次，其中陕西 18 次，河南 19 次，说明黄河中游和渭水地区构成当时的"基本经济区"。唐代方志中出现的治水次数 15 省共计 254 次，其中陕西

---

① 冀朝鼎：《中国历史上的基本经济区与水利事业的发展》，中国社会科学出版社 1981 年版，第 3 ~ 4 页。

② 冀朝鼎：《中国历史上的基本经济区与水利事业的发展》，中国社会科学出版社 1981 年版，第 10 页。

③ 冀朝鼎：《中国历史上的基本经济区与水利事业的发展》，中国社会科学出版社 1981 年版，第 25 页。

④ 冀朝鼎：《中国历史上的基本经济区与水利事业的发展》，中国社会科学出版社 1981 年版，第 14 页。

32 次，河南 11 次，山西 32 次，直隶 24 次，四川 15 次，江苏 18 次，安徽 12 次，浙江 44 次，江西 20 次，福建 29 次，说明中国的"基本经济区"出现了南北并存的局面。而宋代方志中出现的治水次数 15 省共计 1110 次，其中陕西 20 次，河南 11 次，山西 25 次，直隶 20 次，江苏 117 次，浙江 302 次，江西 56 次，福建 402 次，说明中国的"基本经济区"已经由黄河中下游转移到长江流域。① 这种分析方法给人耳目一新之感。

在对各地区水利建设情况作出定量分析的基础上，冀朝鼎还对中国历史上国家对北方基本经济区和南方基本经济区进行水利工程建设的历史作了定性分析。该书的最后两章剖析了中国历史上的"基本经济区"的转移问题。冀朝鼎认为中国的"基本经济区"地理上的演进有一个由黄河流域向长江流域转移且长江流域后来居上并逐渐在经济上占据统治地位的演进过程。他认为长江流域"基本经济区"的崛起与三国鼎立及晋朝和南朝北方移民的大量南迁有关。三国时期"发展农业生产与加强水道运输，竟成了加强军事力量的一种手段，他们在这方面所投入的力量也是相当可观的。"② 由于吴、蜀的开发，长江流域和四川盆地开始成为重要的经济区。东晋和南朝时期，由于北方少数民族的入侵，中原百姓大举南迁，肥沃的长江流域得到深度开发。"这种结局就导致了肥沃的长江流域——它最终还是成了中国基本经济区——飞速发展的开端，从而取代了泾渭流域与黄河下游流域的地位。"③

然而，经济重心的南移，并不意味着政治、军事重心也随之南移，因为后者的确立除经济因素外，还自有别的动因，如地理位置居中以驭四方、传统的习惯与政治上的惰性、抗御北方胡人的基本战略考虑等，使得经济重心已逐渐转移的诸王朝，大都仍将首都设于北方。不过，依赖于江南财富的现实，使得统治者必须考虑如何将经济中心与政治中心联系起来。在当时的生产力条件下，陆路交通很难改善，而开发水上交通的优势却十分明显，因而修建一条沟通南北的水上交通线遂成为历史的必然。隋朝大运河的开凿作为一项巨大的水利工程"成了连接北方政治权力所在地与南方新基本经济区之间的生命线。"④

冀朝鼎认为，"基本经济区"是一个历史概念，并不能解释中国鸦片战争

---

① 冀朝鼎：《中国历史上的基本经济区与水利事业的发展》，中国社会科学出版社 1981 年版，第 36 页。

② 冀朝鼎：《中国历史上的基本经济区与水利事业的发展》，中国社会科学出版社 1981 年版，第 81 页。

③ 冀朝鼎：《中国历史上的基本经济区与水利事业的发展》，中国社会科学出版社 1981 年版，第 89 页。

④ 冀朝鼎：《中国历史上的基本经济区与水利事业的发展》，中国社会科学出版社 1981 年版，第 91 页。

之后的历史。"因为以后的情况，由于中国开放世界贸易，及在十九世纪中叶受到工业主义的影响而发生了巨大的变化。随着铁路的修建，工商业的发展以及海外贸易的出现，公共水利工程作为政治武器的作用已大为降低"。①

冀朝鼎作为一位秘密的共产党员，他是中国近代史上第一个运用马克思主义学说系统分析水利事业与区域经济发展进而与国家的统一与分裂的互动关系的学者。在该书中他多次引用马克思的有关论述说明自己的学术观点。如他从"基本经济区"的视角分析这个王朝的更替，就体现了马克思的经济基础决定上层建筑的基本原理。他在论述治水的公共职能时直接引用了马克思《不列颠在印度的统治》一文中的一段有关论述来说明自己的观点。② 在该书的参考文献中他也将马克思的《不列颠在印度的统治》一文列为参考书。③ 这种情况是当时留学欧美从事经济学研究的学者中极为罕见的。另一方面，他又在西方留学 10 多年，对于西方现代学术发展有比较深入的了解，而且他利用了华盛顿美国国会图书馆浩如烟海的中外图书资料。因此，冀朝鼎的《中国历史上的基本经济区与水利事业的发展》一书可以视作运用马克思基本原理和现代西方学术方法的见解独到的开拓性的中国经济史学术著作。

中国近代留日学生也是颇有影响的留学生群体，在经济史方面，民国时期的留日学生吴兆莘在留学日本期间著有《中国税制史》一书。日本、美国学者研究经济史的方法存在着较大差异，美国学者一般是先提出假设，然后运用史料进行求证，而日本学者研究经济史一般注重"求真"，注意运用丰富的史料还原历史真相。留学美、日研究经济史的留学生自然受到两国研究经济史的风格的影响。如上面介绍的冀朝鼎的博士论文就体现了美国研究经济史的套路。以下介绍的留日学生吴兆莘所著的《中国税制史》一书也继承了日本学者研究经济史的特点。

《中国税制史》是一部叙述我国赋税制度发展历史的著作。上起商代，下迄民国二十六年（1937 年）。全书分上、下两册，共计 25 万字。上册分七章，论述清代以前的税制。下册分两章，分别介绍清代和民国的税制。该书于 1937

---

① 冀朝鼎：《中国历史上的基本经济区与水利事业的发展》，中国社会科学出版社 1981 年版，第 120 页。

② 该引文如下："节省用水和共同用水是基本的要求，这种要求，在西方，例如在弗兰德和意大利，曾使私人企业家结成自愿的联合；但在东方，由于文明程度太低，幅员太大，不能产生自愿的联合，所以就迫切需要中央集权的政府来干预。因此亚洲的一切政府都不能不执行一种经济职能，即举办公共工程的职能"。参见冀朝鼎：《中国历史上的基本经济区与水利事业的发展》，中国社会科学出版社 1981 年版，第 61 页。

③ 参见冀朝鼎：《中国历史上的基本经济区与水利事业的发展》，中国社会科学出版社 1981 年版，第 136 页。

年 4 月被商务印书馆列入"中国文化丛书"出版，该书作于日本留学期间，正如作者在该书"前言"中所说的："因旅居海外，关于中国古籍，查证不易，其他参考书籍，亦颇感缺乏"，"平日承东北帝国大学谷田泰三教授多所指导与鼓励"。

《中国税制史》一书继承了日本学者研究经济史的套路，收集了大量中国税制史史料。但由于作者在日本留学时间段，没有系统学习西方经济学理论，因而全书大多是资料罗列，记税制变迁的流水账，没有进行必要的经济分析，体现出作者经济学素养的严重不足，这一点与留美经济学博士所作的经济史博士论文差距很大。吴兆莘的《中国税制史》不是经济学家写的经济史，而是历史学家写的经济史，是历史中的经济，而不是经济中的历史。

第二节　第一次研究高潮中的主要学术刊物

20 世纪 30 年代国内学术界盛行研究社会经济史，各种杂志纷纷刊登社会经济史方面的论文，国内与中国经济史学研究有关的杂志多达数十种，其中《现代史学》《食货》《中国社会经济史研究集刊》《中国经济》等刊物对中国经济史学科发展影响甚大。研究 20 世纪 30 年代中国经济史学科的发展，其中一个很重要的方面就是对中国经济史学研究学术刊物进行分析探讨。这些刊物是学科发展的重要阵地，刊物的学术倾向一定程度上反映了中国经济史学研究的取向。因此，本节将重点研究主要刊物对中国经济史学科发展的影响。

一、《现代史学》评介

《现代史学》创刊于 1933 年，国立中山大学史学研究会编辑发行，第一任主编为王兴瑞。《现代史学》在中国经济史学发展史上占有重要地位，它是国内史学研究学术刊物中最早刊登专门经济史的杂志之一，这一点从它的征稿章程和内容目录分类中可以得到很好的反映。《现代史学》的征稿章程这样记载，"注重有现代性之历史，现代治史之方法，现代史中之重要资料等"。[①] 内容分为"史学理论、文化史及社会史、历史辅助科学等"。[②]《现代史学》第 2 卷第 3 期目录分为"经济·社会史、宗教史、教育史"三个专题[③]。很明显，这种

---

①②③　《现代史学》1934 年第 2 卷第 1～4 期。

专题的变化反映了该刊对史学、史学分支的一种新的认识，第 2 卷第 3 期编后话有一段解释，"论文的分类，对于一个刊物也很重要，他不仅可给读者以方便，还负有指示这个刊物研究的旨趣的重大的任务。"① 第 2 卷第 4 期征稿章程中将内容变为四大块，一是史学理论与方法，二是经济·社会史，三是文化史，四是历史辅助科学等等。从这些有关的叙述中，我们可以判断，《现代史学》重点研究领域之一就是中国社会经济史。《现代史学》第 1 卷还发表了 1 期中国经济史研究专号。由此可见，该杂志对中国经济史学研究的影响。

《现代史学》不仅开辟了"经济社会史"专栏，发表了中国经济史研究专号，而且在具体的研究方法运用和研究理论创新方面也对中国经济史学科的发展方向产生了重要的影响，其中《现代史学》广包并容的学术态度对中国经济史学研究形成"百家争鸣"的学术格局影响甚大。《现代史学》第 2 卷第 1 ~ 2 期编后告读者诸君："诚然我们看重历史的理论，及其他社会科学的修养，有如许多人所认识，但本刊所谓的理论等，却是广包并容的。以史观言，除反时代的唯心史观，我们容纳了社会史观派，文化史观派，以及民生史观派等等，真理是越比较越实在的，我们决不肯限于某个固定观点之下以自豪"②。20 世纪 30 ~ 40 年代相对于"史料派"，"史观派"在史学研究中处于主流地位，但是每一派很少能有客观的学术立场，《现代史学》对各派历史观的广包并容态度尤为可贵。

最后，《现代史学》在中国经济史学研究学术团体的形成、人才的培养方面也贡献甚大。《现代史学》在当时团结了一大批中国经济史学的研究队伍。如王兴瑞、陈啸江、傅衣凌等当时都是《现代史学》的积极撰稿人，在该杂志发表有关中国经济史学研究的文章多篇，这些人后来都成为中国经济史学发展史上相当有影响的人物。

二、《中国社会经济史研究集刊》评介

《中国社会经济史研究集刊》创刊于 1932 年，原名《中国近代经济史研究集刊》，1937 年 6 月更改刊名。从 1932 年创刊到 1949 年停刊，《中国社会经济史研究集刊》共出了 8 卷。这是中国第一份以经济史命名的学术刊物，它创刊的时间比美国经济学会出版的 *Journal of Economic History*（1941 年 9 月创刊）还早 8 年。《中国社会经济史研究集刊》对中国经济史学的影响主要表现

①②　《现代史学》1934 年第 2 卷第 1 ~ 4 期。

在以下几个方面。

首先，《中国社会经济史研究集刊》的创办，进一步加强了经济史在史学研究中的地位。《集刊》在发刊词中指出，"近年来关于社会各方面的历史的新题目日见增多，家庭，经济，风俗，技术，信仰都开出专门的特殊的历史的研究，其中以经济方面的历史更显出长足的发展。在以先历史的范围仅限于政治的时候，英国有名的历史家 Freeman 说过，'历史是过去的政治。'在我们认识经济在人类生活上的支配力并且现代经济生活占据个人，民族，国际的重要地位的时候，我们便不得不说历史的大部分应该为经济史的领域。"[①] 从这一段有关经济史在史学领域的地位的论述，我们可以分析判断出，《集刊》的创办，进一步加强了经济史在史学研究中的地位，使得作为专门史的中国经济史逐渐演变成为一门独立的学科。

其次，《集刊》在经济资料的搜集和整理方面作了大量的工作，而此项工作又是中国经济史学研究的一项基础性工作。《集刊》在发刊词中强调指出，"可是我们要知道过去的经济最要紧的条件便是资料，而这类资料向来是异常缺乏的，在我们中国尤其如此，或者是以先的人对于经济事实或经济现象不加注意，没有记载；或者有记载而人们不认识他的价值，未能保存。无论如何，凡是研究中国经济史的人都感觉到资料的不易搜寻。如私人或家庭的流水账，店铺的生意账，工料的清单，户口钱粮的清册，如这一类有经济意义的文件，以先为人所抛弃的，至少不理会的，现在都变成最有趣的，最可贵的经济史料了，可惜这些资料并不是俯拾即是的。"[②] 可见，搜集和整理经济资料是《集刊》的一项主要任务和工作。有关这一点，我们还可以从发刊词的另一段论述中得到证实，"本所自开始工作以来，无论研究任何问题，时时感到经济史的研究的不可少，于是便注意于经济史料，尤其是近代经济史料的搜集。现在我们希望就着所能得到的资料，无论题目大小，都陆续的整理发表，以就正于经济史的同志，本集刊便是披露整理结果的定期刊物。"[③]

《集刊》不仅重视搜集和整理经济资料，而且在整理经济史料的具体方法上也有所创新。《集刊》认为，"并且研究经济史需要的资料特别是注意关于量的方面，一般的特殊历史所用的资料只要得到叙述的记载，便可认为满意；实在说，有许多的历史事实如国际的关系，制度的改革，思想的变迁不能用量的方法计量的，也不能用量的方法表示的，独有经济事实是具体的可以用量计的，如财富，生产，消费，户口，租税，都可以一定的单位与一定的数目表

---

①②③　《发刊词》，载于《中国近代经济史研究集刊》1932 年第 1 卷第 1 期。

出，所以经济史所运用的资料必求精确的量的记载。"① 《集刊》创刊时，正值故宫清朝大内档案发现，社会科学研究所汤象龙等在整理这批档案的经济史资料方面倾注了很大的精力，《集刊》还出版了清代档案专号。梁方仲还将统计学的方法运用于经济史资料的整理和研究，《明代户口、田地及田赋统计》一文正是这种研究方法的一次成功的尝试。

最后，《集刊》还有一个学术群体在活动，这为中国经济史学研究团结了一批学术骨干。1934 年 5 月汤象龙、吴晗倡议成立了小型的"史学研究会"。参加者除社会科学研究所的汤象龙、罗尔纲、梁方仲以外，还有吴晗、夏鼐、谷霁光、罗尔纲、孙毓棠、朱庆永、刘隽、罗玉东等人，汤象龙为总务，吴晗、罗尔纲任编辑，谷霁光为会计。后来张荫麟、杨绍震、吴铎也加入该会。"史学研究会"经常研究出版《中国社会经济史研究集刊》事宜，以该杂志为阵地，培养锻炼了一大批中国经济史学研究队伍，这一点对中国经济史学科发展产生了长远的影响。

三、《食货》评介

《食货》半月刊的创办直接与社会史论战有关，它以"社会史专攻刊物"自诩，强调系统收集整理资料，把研究推向深入，但同时也重视理论方法的探讨。该刊自 1934 年 12 月创刊，至 1937 年 7 月停刊，网罗了全国各地 150 多位作者，发表了 345 篇文章，《食货》半月刊在组织和推动中国经济史学科的发展方面作出了不可磨灭的贡献，主要体现在以下几个方面。

首先，《食货》促使了中国经济史学研究的学术大转向。社会史论战对 20 世纪 30 年代中国经济史学科发展影响甚大，使得中国经济史学研究经历了两个不同的阶段。在 30 年代中期以前，是运用经济形态理论于中国社会史研究的阶段。在 30 年代中期以后，转入经济史料的搜讨和微观研究的阶段。而《食货》的创办正是这一转变的显著标志。有关《食货》刊物在中国经济史学研究学术转向中的地位和作用，曾在前一章展开过讨论，其中"社会史论战对中国经济史学研究的学术促进"部分对《食货》杂志创刊的背景、刊物的学术取向等问题进行了彻底地分析，无论从哪一方面来看，《食货》对中国经济史学研究学术路径的转换的影响是客观存在的。

其次，《食货》对中国经济史学研究方法的讨论，对中国经济史学科的整

---

① 《发刊词》，载于《中国近代经济史研究集刊》1932 年第 1 卷第 1 期。

体发展产生了积极的影响。如汤象龙的《对于研究中国经济史的一点认识》（第 1 卷第 5 期），吴景超的《近代都市的研究法》（第 1 卷第 5 期），陈啸江的《二十五史文化史料搜集法》（第 1 卷第 5 期），王瑛的《研究中国经济史之方法的商榷》（第 1 卷第 5 期），李秉衡的《方法与材料》（第 1 卷第 9 期），王瑛的《研究中国经济史的大纲与方法》（第 2 卷第 5 期），齐思和的《研究历史问题之方法》（第 4 卷第 3 期），陈啸江的《中国社会史略谈》（第 4 卷第 3 期）等论文，对中国经济史学研究方法展开了广泛的讨论。从经济史学科体系来看，这些讨论与分析属于经济史学基础理论研究，对中国经济史学科发展具有指导意义。另外，《食货》还注意引进外国经济史学研究的最新理论成果，这对于正处于成长期的中国经济史学科的整体发展也产生了积极的影响。如连士升译的《经济理论与经济史》（桑巴特，第 1 卷第 8 期）、《经济史的纪律》（克拉潘，第 2 卷第 2 期）、《论经济史的研究》（克拉潘，第 2 卷第 8 期）、菊清远译的《经济史的兴起》（格拉斯，第 2 卷第 3 期）等文，都出自于国外著名的经济史学家，《食货》杂志能登载这些专业的经济史论文，也从一个侧面反映了《食货》在中国经济史学研究的地位。

最后，《食货》积极推动了中国经济史学研究学术队伍的形成。1935 年 9 月，陶希圣在北京大学法学院设立中国经济史研究室，召集一批弟子从事中国古代社会经济史的史料搜讨和史事研究工作。参加工作的有连士升、菊清远、武仙卿、沈巨尘、贾钟尧等人。这一批人后来大都成为中国经济史学研究的巨匠。从这一点来看，《食货》的创办还为中国经济史学的研究培养了一大批人才。

四、《中国经济》评介

1932 年中国经济研究会正式成立，并于 1933 年开始创办《中国经济》。该刊在创办的过程中，重视经济史研究，在中国经济史学科成长的历程中，影响甚大。具体分析其学术影响，主要表现在以下几个方面：

第一，《中国经济》研究范围甚广，对中国经济史学研究产生了全面的影响。该刊明确表明，研究范围有"（1）研究经济学科之各种理论，（2）调查中国各地之经济状况，（3）搜集和整理中国经济之资料，（4）探讨解决中国经济问题之方案，（5）筹办并促进有关经济之各种文化及社会事业。"[①] 调查

---

① 《会务记录》，载于《中国经济》1933 年创刊号，第 1～5 页。

中国各地之经济状况，将会留下极有价值的资料，这对中国经济史学科的未来发展尤为重要，而搜集和整理中国经济之资料，这原本就是中国经济史学研究的基础性工作。

第二，《中国经济》是中国经济研究会的会刊，而中国经济研究会成立时，设有十二个研究小组，其中就有经济史组。12 个组分别为，"a. 经济理论组，b. 经济学史组，c. 经济史组，d. 财政组，e. 金融组……l. 国防经济组。"① 每一会员须加入一组，每组每月有研究或调查报告一次。因此，《中国经济》在推动经济学界中国经济史学研究力量的整合方面作出了一定贡献。

第三，《中国经济》重视经济史研究，是中国经济史学研究的重要学术园地。从 1933 年创刊开始，登载的论文中，有关中国经济史方面的专题论文就占了相当大的比例。据学界按照研究主题和研究热点比例对《中国经济》刊载论文的统计分析，1933 年经济史占 6.72%，1934 年占 9.68%，1935 年占 8.25%，1936 年占 9.49%，1937 年占 5.75%，合计占 8.36%，经济史问题在《中国经济》成果发表中占有一定的比例。② 另外通过分析《中国经济》（创刊号），我们发现，《中国经济》一开始就有着重视中国经济史学研究的倾向。创刊号共有论文 12 篇，其中 5 篇是关于中国经济史学研究方面的成果。自创刊以来，《中国经济》共发表 5 个专号。"经济史研究"专号就占了 2 个，1934 年《中国经济》第 2 卷 9、10 两期为中国经济史研究专号。通过分析《中国经济》发表的文章，可以从一个方面反映出其重视经济史研究的倾向。另一方面，我们还可以从《中国经济》的一则征稿启事中看出其对经济史的重视程度，"经济史研究在经济学研究领域内占据极重要地位，已为一般人所共知。目前中国经济学之研究，虽尚在幼稚时代，然国人对于经济史之研究已发生极大趣味，……兹定于九月号'中国经济史研究专号'藉以促进国人研究中国经济史之兴趣。"③

除了上述三个方面的影响，另外还有一点尤为重要。客观上分析，《中国经济》是一份理论经济学刊物。从这个角度来说，《中国经济》所倡导的中国经济史学研究，更多的是从经济学角度来研究中国经济史，而 20 世纪 30 年代从历史学的角度研究中国经济史学，在学术界更为普遍。因此，《中国经济》推动经济史学与理论经济学结合影响甚大。

通过分析、评介这一时期中国经济史学研究的主要学术刊物，我们发现

① 《会务记录》，载于《中国经济》1933 年创刊号，第 1～5 页。
② 李詹：《民国〈中国经济〉月刊研究》（未刊稿），第二届民国经济思想研讨会论文集，第 175 页。
③ 《会务记录》，载于《中国经济》1933 年创刊号。

《现代史学》《中国社会经济史研究集刊》《食货》《中国经济》 等刊物的出现并不是一个孤立的现象，与中国经济史学研究第一次高潮的出现有着密切联系。这些学术刊物在创办的过程中，团结和锻炼了一大批中国经济史学研究的队伍，都有着各自独立的学术倾向，形成了一些中国经济史学流派，因此，从一定意义上来讲，这一时期形成的主要的中国经济史学流派，创办的有关中国经济史学研究学术刊物，对中国经济史学科的初步形成，第一次研究高潮的到来，起到了相当大的推动作用。

第六章

1937～1949 年中国经济史学的曲折发展

  1937～1949 年中国经济史学研究受战时环境影响，经历了一个曲折发展的历史阶段，其总的变化趋势是退中有进。从这一时期中国经济史学研究成果的数量方面来分析，数量上较上一时期大为减少，学科发展呈退步的趋势。有学者对这一时期出版的中国经济史著作进行了专门统计，这一时期"共出版著作116 种"。[①] 但是从学科研究领域拓展方面的情况来分析，学科发展在整体上呈进步的趋势。这一时期开创了国民所得问题、战时沦陷区经济问题、战时交通问题、官僚资本问题等一些新的领域。另外，这一时期运用马克思主义理论进行中国经济史学研究更加成熟，一定程度上克服了前一阶段公式主义的倾向，学术水平有了较大的提高，这也是中国经济史学科发展和前进的具体标志之一。本章将围绕中国经济史学研究取得的主要成绩及存在的问题来分析这一阶段中国经济史学研究的学术特点，并对这一时期出现的代表性人物及其著作进行简要评析。

第一节　1937～1949 年中国经济史学发展成就及存在的问题

  1937～1949 年是中国经济史学科发展史上一个特殊的历史时期，在此之前，作为一门独立学科的中国经济史学已初步形成，中国经济史学研究迎来了第一次高潮。学术史发展的一般规律告诉我们，中国经济史学研究此时本应进

---

① 曾业英：《五十年来的中国近代史研究》，上海书店出版社 2000 年版，第 86 页。

入一个蓬勃发展的阶段，但是受战时环境的影响，这一时期的中国经济史学科发展在曲折前进中不断发展，成绩与问题并存。学科研究成绩主要表现在学科研究领域进一步拓展，运用马克思主义理论进行中国经济史学研究更加成熟，搜集和整理中国古代经济史资料的工作取得较大进展，出版了一批学术价值较高的中国经济史学专著和论文。但战时环境打断了正常的学科发展进程，是这一时期学科研究存在的主要问题。具体表现在以下几个方面：

一、马克思主义唯物史观的中国经济史学研究学术水平有了较大的提升

任何一门学科的成熟首先取决于它是否形成了自身完整的理论体系，史学也是如此。中国马克思主义史学经过 20~30 年代的艰苦拓荒，进入 40 年代已根本确立了历史唯物论的指导地位。一大批进步史学家将唯物史观的普遍原理运用于中国历史各个领域的研究上，取得了丰硕的成果，特别是在经济史论著方面完成了唯物史观、方法论与丰富复杂的具体历史内容融会贯通、有机结合的体系化和理论化。

在上一阶段社会性质大论战的带动下，又因为中国共产党革命事业和抗日战争的需要，这一时期运用马克思主义理论研究中国经济史的队伍逐渐扩大，研究者的学术水平也有了进一步提高。如毛泽东的《中国革命和中国共产党》、侯外庐的《中国古代社会史论》、何干之的《中国社会经济结构》、许涤新的《中国经济的道路》和《官僚资本论》、王亚南的《中国经济原论》等，都是这一时期学术界运用马克思主义理论研究中国经济史学的代表作。这些论著的学术水平较前一阶段出版的同类著作有很大的提高，有的至今仍无出其右者。

如毛泽东在《中国革命和中国共产党》一书中，从中国近代国情出发，完成了对近代中国社会性质的科学论证，对中国的历史发展、当时的社会性质，作了科学的、马克思主义的分析。关于半殖民地、半封建中国经济的特点，关于半殖民地、半封建中国阶级结构，在《中国革命和中国共产党》一书中，毛泽东都有过精辟的分析与论断。《中国革命和中国共产党》对社会形态的分析属于整体的、宏观的中国经济史学研究。在高度概括近代中国国情的同时，毛泽东还提出了系统地、深入地、完整地研究中国近代史的理论和方法，从而开创了运用马克思主义研究中国近代史的新时代。毛泽东的治史态度与方法影响、启迪和培育了一大批著名史学家，如郭沫若、范文澜、何干之、侯外庐、胡绳等，他们都倾注毕生精力研究中国近代史，开启了中国近代史研究领域里

关于经济史、政治史、文化史的研究。

再如侯外庐的《中国古代社会史论》一书,体现了他在社会史研究方面的总体成就。侯外庐从经济学入手研究社会史,关注社会形态如亚细亚生产方式的理论,是马克思主义关于亚细亚生产方式及氏族、财产、国家等问题在中国的"理论延长"。他以扎实周密的理论探讨,对奴隶社会的存在及特征进行了有力论证。《中国古代社会史论》标志着中国马克思主义史学发展的崭新阶段,同时也表明了这一时期马克思主义唯物史观的中国经济史学研究学术水平的提高。

二、有组织地搜集和整理中国古代经济史资料

长期以来在国内学术界,相对于其他学科,中国经济史学研究是一个薄弱环节。资料的缺乏和不易搜集,更是导致中国经济史学研究不够繁荣的又一重要原因。从中国经济史学科萌芽开始,资料缺乏曾长期制约着整个学科的发展。虽然传统中国经济史学留下的学术遗产有较强的史料价值,但是中国的古代文献浩如烟海,很少有专门论述经济制度或经济问题的书,古书中蕴藏的大量经济资料,只是散见在几乎所有的古书中,并且多数又是隐藏在字里行间。因此,从整个学科长远发展来看,对中国古代经济史资料的搜集和整理就显得尤为重要。1937 年抗战爆发后,虽然战时的环境给中国经济史学研究带来了一定的负面影响,但是另一方面,中国经济史学研究在局部领域、某些方面却取得了突破性进展,其中最为突出的是在资料的搜集和整理方面所取得的成果。

抗战爆发后,国立编译馆迁到四川,当时疏散到后方的还有几个大的图书馆。1939 年,傅筑夫受聘于国立编译馆,在他的倡导下,从 1940 年开始,该馆大规模地展开中国古代经济史资料的搜集和整理工作。当时参加此项工作的有傅筑夫、王毓瑚、史念海等人,他们利用疏散在后方的几个大图书馆的藏书,以全部精力进行阅读和搜集工作。到 1945 年抗战结束时,第一轮的搜集工作基本结束。他们对搜集到的资料进行分纲列目,分类条编,用薄纸做卡片,抄出的资料可装几大箱。每一条目都写了简短的说明与分析,因此,这些东西形式上虽还都是资料,但实际上已经是雏形的中国经济史了。如孙毓棠的《中国古代社会经济论丛》(云南经济委员会,1943 年)就是在搜集和整理资料基础上的研究成果。编者的见解很明确:"不仅要为自己的科研工作进行基本建设,同时也希望为全国学术界提供方便,所以,自始就没有打算

把所得资料据为私有，而是要公布于众，希望有更多的人来向这一门学科进军。"①

在抗战大后方大规模地展开中国古代经济史的搜集和整理工作，对中国经济史学研究影响深远，意义重大。中国经济史学研究第一次高潮中就有着重视对经济史资料的搜集和整理的学术传统，随着搜集和整理中国古代经济史资料工作的不断深入，其学科研究也不断前进。早在 20 世纪 30 年代初，中央研究院社会科学研究所曾组织人员发掘和利用清代政府的档案资料，在中国经济史学研究第一次高潮中形成了一支重要力量。这一时期的资料搜集和整理工作同样在中国经济史学科发展史上有着相当的影响力，甚至影响着 1949 年后中国经济史学的发展，我们可以从《傅筑夫自述》一文中看出这种影响。傅先生是中国经济史学的一代大师，新中国成立前傅先生在中国经济史学研究方面就取得了相当的成就，他是这一次大规模搜集和整理中国古代经济史资料的倡导者和主持人，他认为对中国古代经济史资料的搜集和整理影响着他一辈子的学术研究。"1957 年以后我进行了第二轮的资料搜集和整理工作，把过去没有找到的书或没有来得及看的书进行了补课工作，使搜集的范围更广泛，内容更完备和更充实，一直进行到十年动乱的前夕。这样，资料工作前后共用了三十多年的时间。这个预备阶段实在是太长了，投下的劳动也太多了，当然收获也是很大的，例如，现在我正在撰写的《中国封建社会经济史》（七卷本）、《中国古代经济史概论》和以前撰写的《中国经济史论丛》之所以能较为迅速顺手，就是因为漫长的准备工作已经先行了"。②

这一时期在整理资料方面取得突出成就的还有中央研究院历史语言所编《史语所集刊》。主持人为陈寅恪、傅斯年、徐中舒等人。历史语言研究所当时组织力量，对明清内阁大库所藏档案进行整理。这是一项非常浩大的系统工程，最终的成果编为《明清史料》，前后印了数十册，引起了学术界的广泛关注。历史语言研究所整理清内阁大库档案，在当时有着积极的意义。一是开启了注重直接史料之风气，二是尝试运用官府文籍与私家记载相比较，对考证经济史料的方法来讲，是一种创新。

另外，这一时期的中国经济史资料的搜集和整理，不仅仅在国统区有较大进展，而且在解放区方面也做出了相当的成绩。1942 年中国共产党在解放区组织了一系列的社会调查，其中规模较大的两次调查结果是《绥德、米脂土地问题初步研究》和《米脂县杨家沟调查》两书。从学术层面分析，这些成果

---

①② 高增德：《世纪学人》（第二卷），北京十月文艺出版社 2000 年版，第 189 页。

也属于中国经济史学研究成果。关于社会调查与中国经济史学萌芽的关系在前面已有详细的分析论证。同时这些调查的目的是为中国共产党制定完善土地改革政策提供决策依据，也从另一侧面反映了中国经济史学研究为现实服务的功能。

三、开拓了新的中国经济史学研究领域

和中国经济史学研究第一次高潮相比，这一阶段中国经济史学研究领域进一步拓展，开创了国民所得问题、战时沦陷区经济问题、官僚资本与官僚政治问题、战时交通问题等一些新的研究领域，研究领域的拓展和变化也是反映一门学科发展水平非常重要的一个方面。

首先是巫宝三开创的国民所得研究。1932～1935年，中央研究院社会科学研究所巫宝三等人从生产方面按价值增加法，估算1933年国民所得，并附带估算该年的国民可支配所得。他首先估算全国各业生产总值、中间投入、固定资本消耗及间接税净额，然后自各业生产总值减去中间投入，而得全国国内生产毛额，再减去固定资本消耗而得国内生产净额，再减去间接税，而得按要素成本计算的国内生产净额，最后加入国外要素所得收入净额而得全国国民所得。计算程序与联合国1935年公布的国民会计制度所用者甚相接近。巫宝三还以1933年为基础，推算1931～1936年各年的国民所得。巫宝三对国民所得的研究成果最终形成了一本专著，《中国国民所得，1933》，中华书局1947年正式出版。巫宝三的国民所得研究接近西方经济学中GNP测算，在中国经济史学研究中具有开创意义。长期以来，中国经济史学研究存在着重定性分析而忽视定量分析的倾向，这一阶段开创的国民所得问题研究，使得中国经济史学研究开始向定量分析迈进了一步。

战时沦陷区经济问题也是这一阶段中国经济史学研究的一个重要领域。中国经济史学研究关注战时沦陷区经济问题也再一次体现了中国经济史学关注现实、服务现实的传统。回顾中国经济史学发展的历史，从学科萌芽到中国经济史学研究的第一次高潮，中国经济史学研究每前进一步，都和中国现实的社会经济发展息息相关。抗日战争爆发后，中国经济史学研究继续发扬了科学研究为现实服务的学术传统，取得了一大批的研究成果。如梁方仲1942年在《人文科学学报》第1卷第1期发表的《田赋史上起运存留的划分与道路远近的关系》一文就是特定历史背景的产物。当时国民党政府正在试行田赋方面的改革，主要措施有两条：一是改征实物，二是收归中央接管，这两项改革措施其

实不过是恢复历史上的老办法。① 为了从理论上论证现实的改革措施的得与失，正是作者研究"田赋史上起运留存的划分与道路远近的关系"② 的初衷。从历史上探讨抗战时期田赋方面的改革是当时学术界讨论的一个理论热点，如吴景超 1938 年在《新经济》第 6 卷第 1 期发表的《四川田赋征实的办法及其问题》一文，张道民 1947 年在《粮政季刊》第 5、6 卷发表的《我国赋籍整理之史之检讨》一文，关吉玉 1943 年在《西康经济季刊》第 5、6 卷发表的《中国田赋沿革及征实政策之运用》一文等都是当时从历史方面探讨田赋改革的代表性成果。据笔者掌握的资料，当时学术界发表的这方面的论文多达数十篇。

华北当时属于沦陷区，汪敬虞 1947 年在《社会科学杂志》第 9 卷第 2 期发表了长篇论文《战时华北工业资本就业与生产》，就是对华北沦陷区经济研究的代表。对于战时华北地区经济的研究，《中国经济》开辟的各个栏目中，无论是论著介绍，还是现代史料与调查及统计，都有大量关于华北地区经济的研究成果发表。

官僚资本在这一阶段成为中国经济史学研究关注的另一领域，和中国当时的社会经济现实情况有着相当大的关系。1861～1927 年，在官办、官督商办、官商合办形式下，清政府和北洋军阀兴办了一系列近代军用企业和民用企业，这是中国官僚资本的先驱。1927 年以后，官僚资本开始在中国形成并于抗战后期发展到高峰。在有关中国官僚资本的研究方面，最具有代表性的是许涤新的《官僚资本论》，该书 1949 年由海燕书店出版。官僚政治在中国已有几千年的历史，但是学术界对这一问题的研究几乎是一片空白，王亚南以历史和经济分析为基础，对官僚政治进行了剖析，在《时与文》杂志上连续发表 17 篇文章，最后这些文章收集起来，形成一本研究中国官僚政治的专著，名为《中国官僚政治研究》，1948 年出版。对于王亚南研究官僚政治与官僚资本的初始动机，我们或许可以从作者在 1948 年为《中国官僚政治研究》一书写的《自序》中找到答案，"先言研究动机。1943 年，英国李约瑟（Prof. Needham）因为某种文化使命……他突然提出中国官僚政治这个话题，要我从历史与社会方面作一扼要解释。他是一个自然科学者，但他对一般经济史，特别是中国社会经济史，饶有研究兴趣。他提出这样一个话题来，究竟是由于他研究中国社会经济史时对此发生疑难，或是……我从此即注意搜集有关这方面的研究资料了。加之，近年以来，官僚资本问题已被一般论坛所热烈讨论着。……此外，我在大学里有时担任中国经济史的课程，在我的理解和研究上，认为中

---

①② 梁方仲：《田赋史上的起运存留的划分与道路远近的关系》，载于《人文科学学报》，1942 年第 2 卷，第 7 期。

国社会经济的历史演变过程有许多是不能由硬套刻板公式去解明的，……在这种意义上，中国官僚政治的研究，又必然要成为我关于中国经济史研究的副产物。"①

抗日战争凸显了现代交通的重要性与国内交通事业存在的弊端。1947 年，龚学遂著《中国战时交通史》，以为总结。龚学遂毕业于日本东京帝国大学，长期在国民党政府交通部门任要职，对战时交通状况有切身体会。这本书分为三篇，上篇公路，中篇铁路、水运、驿运、空运，下篇是建议，包括友邦人士的建议和从业人员的建议。由全书的论述和下编的建议可知，该书有强烈的鉴往知来的意味。漕运也是这一阶段中国经济史研究关注的一个领域。李文治1949 年在《学原》第 2 卷第 8 期发表的《清代屯田与漕运》和《历代水利之发展和漕运的关系》两篇文章，万国鼎 1940 年在《政治季刊》第 4 卷第3 期发表的《明清漕运概要》一文是这方面研究成果的代表。另外，还有嘉予 1947 年在《粮政季刊》第 5、6 卷发表的《从唐宋的漕运说到现在的粮运》一文，铮铮 1941 年在《新东方》第 2 卷第 5 期发表的《明初漕运问题考述》一文，杨文煊 1944 年在《中国学报》第 2 卷第 2 期发表的《历代漕运评述》的一文，王楚材 1942 年在《西北公论》第 4 卷第 3 期发表的《明代的漕运》等专题论文也对这一问题有过一定的研究。中国经济史学研究关注漕运这一问题，也再次反映了抗战时期，中国经济史学研究选题密切联系现实的特点。

上述国民所得、战时沦陷区经济、官僚资本与官僚政治、战时交通等方面研究成果的简介，仅仅是这一阶段中国经济史学研究领域拓展的代表。客观上分析这一时期中国经济史学研究领域，应该是全面拓展。无论在宏观方面，还是微观方面；无论是整体的国民经济研究，还是部门、区域部门经济；无论是经济事实，还是经济人物等各方面都取得了丰硕的成果。

随着学科研究成果的不断问世，学科研究领域将不断得以拓展，这是学科发展的普遍规律，这一时期中国经济史学研究也再次验证了这一规律。1937 ~ 1949 年中国经济史学研究领域的进一步拓展，也从一个侧面说明尽管受到战争的影响，中国经济史学研究的成果从数量上较前一阶段减少了，但是中国经济史学研究的学术水平确实提高了，中国经济史学科从整体上来看是向前发展了。

四、一大批中国经济史学的论文和著作相继出版

　　虽然这一阶段的中国经济史学研究受战时环境的影响，整个学科发展经历了一个非常艰巨的时期，出版的中国经济史学研究成果在数量上大为减少，但是从抗战爆发直到1949年，还是有一大批中国经济史学研究成果相继问世。首先，在杂志刊物方面，虽然没有一种系统的经济史专刊出版，但是《史语所集刊》《人文科学报》《财政评论》《中农月刊》《说文月刊》《经济学报》《清华学报》（清华）《辅仁学志》（辅仁）《史学年报》（燕大）《经济季刊》（达仁）《学林》《文化界》《思潮》《文史月刊》《东方杂志》《河南政治月刊》都刊登了有关于中国经济史学研究方面的文章。其中《文史杂志》第4卷第5～6期（1944年9月）出版了中国经济史专号，有论文9篇，书评1篇，并发表了《略谈中国经济史研究》的社论。

　　中国经济史论文方面，主要有全汉升的《中古自然经济》，他是中国第一个比较系统考察中国中古时期和近代时期自然经济和商品经济的学者，该文在这方面的研究具有拓荒性。他的《唐宋帝国与运河》一文则深刻分析了运河的畅通与否和唐宋国运盛衰的关系。何兹全的《东晋南北朝的钱币使用与钱币问题》一文则是对全汉升的《中古自然经济》的修正和补充。另外，李埏写了《北宋楮币起源考》《宋代四川交子兑界考》《宋代交子发展史》等文章，谷霁光写了《战国秦汉间重农轻商之理论与实际》，张荫麟写了《北宋的土地分配与社会骚动》，汪敬虞写了长篇论文《战时华北工业资本就业与生产》（《社会科学杂志》第9卷第2期，1947年12月），卫聚贤写了《编纂中国经济史的组织计划》（《说文月刊》第2卷第1期，1940年4月发行），秦佩珩的《中国经济史坛的昨日今日和明日》（《新经济》第11卷第3期，1944年11月发行）、《从蓬勃到沉寂的中国经济史坛》（《清议》第2卷第4期），陈啸江的《中国地理对于中国经济史特殊发展之响》（《中山学报》第1卷第1期，1941年11月发行），王亚南写了《由半封建半殖民地经济到新民主主义经济》（《新中华》第15卷，1949年7月发行）等是发表的专题论文的代表成果。在亚细亚生产方式方面，有吕振羽1940年在《理论与现实》发表的《"亚细亚生产方式"和所谓中国社会的"停滞性"问题》一文，在封建社会长期延续问题方面，有王亚南1948年在《时与文》发表的《官僚政治对于中国社会长期停滞的影响》一文，在历史分期问题方面，有傅筑夫1945年在《文史杂志》发表的《中国经济史的分段及其缺点》一文，在近代工业方面，有言范

五 1943 年在《东亚经济》发表的《中国近代工业发展之史的考察》。有关这一时期经济史论文的准确数目我们无法统计，上述所列举的仅仅是这一时期中国经济史论文中极少的一部分。但是有一点可以肯定，受战时环境的影响，发表论文的数量有所减少。

中国经济史专著方面，主要有李权时的《中国经济史概要》（二册），罗章龙的《中国国民经济史》，朱伯康、祝慈寿合著的《中国经济史纲》，田崎仁义著、曹贯一译《中国古代经济史》，何干之的《中国社会经济结构》、钱亦石的《近代中国经济史》、严中平的《中国棉业之发展》、许涤新的《中国经济的道路》、《官僚资本论》和《现代中国经济教程》、王亚南的《中国经济原论》和《中国官僚政治研究》、巫宝三的《中国国民所得》、贾植芳的《近代中国社会经济》、李剑农的《中国经济史讲稿》、孙毓棠的《中国古代社会经济论丛》、侯外庐的《中国古代社会史》、吕振羽的《中国原始社会》、钱建夫的《中国社会经济史上的奴隶制问题》（商务印书馆 1948 年）、钱建夫的《唐代的官僚资本》（《大公报》（天津）、1948 年 7 月 22 日）、陈安仁的《中国近代经济史纲》（1938 年版）、朱斯煌的《民国经济史》（1948 年 1 月初版）。

五、中国经济史学基础理论研究取得一定进展

这一时期，中国经济史学基础理论研究进展具体表现在以下几个方面：首先，开始出现对中国经济史学发展历史本身的研究。秦佩珩 1944 年在《新经济》第 11 卷第 3 期发表的《中国经济史坛的昨日今日和明日》，1948 年在《清议》第 2 卷第 4 期发表的《从蓬勃到沉寂的中国经济史坛》的专题论文都是这一时期有关中国经济史学发展史研究成果的代表。秦佩珩不仅对中国经济史学发展历史阶段进行了划分，而且还总结了每一阶段中国经济史学研究所取得的成绩及学术研究特点。他认为，"所谓昨日的中国经济史坛，我们为了讨论方便起见，暂把这个阶段划入自民国十年到民国二十六年之中。虽在这样短短的期间内，一般的经济史学者，却在经济史的研究上，作了极大的努力。自胡适之与胡汉民等讨论井田问题，以起中国经济史研究之端，……在这个阶段中，中国经济史研究的主潮是材料的整理及方法的讨论"。[①] "我们不妨把抗战时期之现阶段作为今日之经济史坛来做一鸟瞰。在这个阶段中，因为生活的困难，物价的高涨，书籍的缺乏，确实对于研究前途影响了不少。可是尽管环境

---

① 秦佩珩：《中国经济史坛的昨日今日和明日》，载于《新经济》第 11 卷第 3 期。

困难，研究的精神似从未稍懈，短短七年的抗战时期中，在经济史的研究上，又迈进一个新的阶段"。①

其次，对中国经济史学研究进行了许多前瞻性的设想，提出了一些具体的建议。秦佩珩认为，"现在为讨论便利起见，我把明日的经济史界，应走的道路，以及我们的主张和理由，略述于后。第一，我们要成立一个方志索引社，至低的限度，我们也应该把以下各书的索引工作，在短短时间内，可以完成。……第二，我们要成立一个欧洲经济史译学社。此社之主要工作，即翻译欧洲经济史之名著。……第三，我们要成立一个国学研究社。此社的主要工作，是要把中国过去笔记或诗文集中，有关经济史的材料即分类加以抄纂。分工合作，则用力少而成效大。第四，我们要成立一个西洋史料供应社。本社之活动，大都偏重采集各国史籍中，有关于中国史料者。"② 在《从蓬勃到沉寂的中国经济史坛》一文中，秦佩珩对中国经济史研究也提出了一些初步的设想，"针对着目前的情形，我们应对中国经济史的研究问题及其方向有几个提议，并且，是一个十分谨慎的提议。我们希望这个提议，可使中国经济史坛由沉寂恢复到蓬勃。第一，建立一个经济史研究大纲。第二，提倡翻译工作。第三，各大学经济系或研究院广收中国经济史研究生。第四，建立中国经济史论著索引。第五，标点古书。"③

最后，出现了从组织、制度层面讨论中国经济史学科建设的研究文章。这一方面的研究成果主要是卫聚贤 1940 年在《说文月刊》第 2 卷第 1 期上发表的《编撰中国经济史的组织计划》一文。卫聚贤认为，"经济的研究，分为三种途径，一是学理的探讨，一是现状的考察，一是历史的整理。我国经济学学理和现状的研究，现在已经有不少成果，但是对于我国经济史的研究，除以前有两三种杂志零碎的讨论外，还没有一部完整的经济史出现。研究经济史的工作，当然先应从搜集材料下手，但这巨大的工作，非私人经济力量所能办到，应由财政经济机关编辑最为适宜"④。具体组织形式应采用"半包工制"。

虽然从出版的专著、发表的论文、开拓的领域来分析，1937～1949 年的中国经济史发展取得了相当的成就，但是这一阶段的中国经济史学研究依然存在着不少问题，特别是战时环境对这一时期学科发展影响甚大。具体来分析，这一阶段中国经济史学研究主要存在以下几个方面的问题：首先是在战争的影响下，中国经济史学研究第一次高潮中出版发行的经济史研究专刊，大都不能正

---

①② 秦佩珩：《中国经济史坛的昨日今日和明日》，载于《新经济》第 11 卷第 3 期。
③　秦佩珩：《从蓬勃到沉寂的中国经济史坛》，载于《清议》第 2 卷第 4 期。
④　卫聚贤：《编纂中国经济史的组织和计划》，载于《说文月刊》1940 年第 2 卷第 1 期。

常出版发行，有的甚至停刊。如创刊于 1934 年 12 月的《食货》，至 1937 年停刊。《食货》以"社会史专攻刊物"自诩，既强调系统收集整理资料，同时也重视理论方法的探讨，作为我国第一份关于社会经济史的专业性期刊，《食货》在组织和推动中国经济史学科的发展方面作出了不可磨灭的贡献。还有中央研究院社会科学研究所主编的《中国社会经济史研究集刊》，这是中国第一份以经济史命名的学术刊物，也不能正常出版，当时这份刊物还联系和团结了国内不少学者，在中国经济史学第一次研究高潮中，是一支相当活跃的中国经济史研究队伍。可以这么说，因为战争的烽火，这些刊物的停刊使得研究中国经济史的学术园地大为减少，中国经济史学研究由抗战前的蓬勃发展转为相对沉寂时期。

其次，中国经济史学研究第一次高潮开辟的一些研究领域也因为战争的原因不得不中断，战争打断了中国经济史学正常的学术发展和演变的路径。如中国学者对于汉唐佛教寺院经济的研究，始于 20 世纪 30 年代前半期。1934 年 9 月，何兹全在《中国经济》第 2 卷第 9 期上发表《中古时代之中国佛教寺院》一文，开辟了这一学术研究的新园地。此文的发表迅速在学界引起了重视和反响，一些社会史研究者和宗教界人士开始注意和研究这个问题。不到三年时间，发表的论文计有七篇，除了何兹全的开山之作外，按发表时间先后分别是：全汉升的《中古佛教寺院的慈善事业》（《食货》第 1 卷第 4 期，1935 年 1 月），叶受祺的《唐代寺院经济之管窥》（《学风》第 5 卷第 10 期，1935 年 12 月），何兹全的《中古大族寺院领户研究》（《食货》第 3 卷第 4 期，1936 年 1 月），雨昙的《唐代的佛教与社会》（《海潮音》第 17 卷第 8 期，1936 年 8 月），武仙卿的《南北朝国家寺院大族的协和与冲突》（《文化建设》第 3 卷第 1 期，1936 年 10 月），陶希圣的《唐代寺院经济概说》（《食货》第 5 卷第 4 期，1937 年 2 月）。汉唐寺院经济的研究初步呈现出繁荣兴旺的景象。可惜这一良好的开端被日本侵略者的炮火打断了。从 1937～1952 年，未见有研究汉唐寺院经济的著述。何兹全 1937 年曾有一部研究寺院经济的书稿交商务印书馆，因抗战的烽火爆发，书稿不幸遗失。这一时期受战争的影响不得不中断的研究领域还有许多，汉唐寺院经济只是其中的一个例子。如果没有战争的破坏，抗战爆发前开拓的中国经济史学研究领域在这一阶段应该取得更加丰硕的成果，中国经济史学研究的整体水平也会有一个较大的提升。但是，抗战的烽火打断了中国经济史学研究发展和演变的正常路径，这也正是这一时期中国经济史学研究存在的问题之一。

再其次，中国经济史学研究的整体发展水平并不平衡，相对于客体的中国经济史学研究，这一时期中国经济史学基础理论研究依然显得相对薄弱。从中国经济史学科的长远角度来看，加强中国经济史学基础的研究，更加有利于中国经济史学科的整体发展。因为随着中国经济史学基础理论研究的不断深入，对中国经济史学的学科性质、研究对象和研究方法等问题的认识就会随之深入，这对推动客体的中国经济史学研究影响甚大。

最后，这一时期的研究成果中，有不少著作以叙述历史概况为主，缺少理论分析，也有一些论著存在着因现实经济和政治形势的需要而突出了现实性却忽视了科学性，这也是这一阶段中国经济史学研究存在的主要问题之一。

上述对 1937～1949 年中国经济史学研究的主要学术成就及存在问题的分析，仅仅是对这一时期中国经济史学发展的初步探讨。全面、客观地评价 1937～1949 年中国经济史学科整体发展状况，还需要我们结合这一时期学术界的代表人物及其学术著作来作出判断。

第二节　1937～1949 年中国经济史学研究的代表人物及著作

1937 年抗战爆发直至 1949 年以前这一阶段，中国经济史学研究经历了一个曲折发展的历史阶段，虽然很少出现有影响的中国经济史学流派，但是这一时期涌现出的中国经济史学家及其相关的学术著作在学科发展史上却占据着重要的历史地位。研究这一阶段的中国经济史学发展，一个很重要的方面就是要分析相关中国经济史学著作的学术特点，评价中国经济史学家的学术贡献。这一时期涌现出一大批中国经济史学工作者，他们都在不同的方面对中国经济史学的发展作出了贡献。有些人物及其代表作在前面有关部分已有介绍，为了避免不必要的重复，本节将结合 1949 年以后中国经济史学科发展的状况，有选择性地简要评析这一阶段出现的主要中国经济史学家及其学术著作。

一、严中平（1909～1991 年）及其代表作《中国棉业之发展》

严中平，江苏涟水人，著名经济史学家。1931 年考入中央大学英语系，次年考入清华大学经济系，1936 年毕业后，进入中央研究院社会科学研究所工作，1947 年秋，赴英国进修，1950 年回国，任中国科学院社会科学研究所研究员。1953 年，该所改为经济研究所，严中平任中国近代经济史研究组组长，同年任副所长。1978 年任中国社会科学院经济研究所中国经济史研究室主任，中国经济史学会第一任会长。其主要著作有《中国棉业之发展》《清代云南铜政考》《中国近代经济史统计资料选辑》（主编）《上海棉纺织工人状况》（与民主德国库钦斯基院士合著）《老殖民主义史话选》《科学研究方法十讲》等。

《中国棉业之发展》一书成于 1941 年，1943 年由商务印书馆出版，作者后来又作了进一步的补充修改，改名为《中国棉纺织史稿》，1955 年由科学出版社再版。1936 年 11 月太平洋国际关系会致函中央研究院社会科学研究所，委托该所作中国纺织业的研究。学会的意图是比较太平洋各关系国的棉业状况，计划于 1939 年 11 月第七次大会提出讨论。当时，英、美各国棉业萧条已久，远东市场日货泛滥，中国棉业衰败尤甚。中央研究院社会科学研究所决定由王子建和严中平承担这一项目。因战争爆发，原来的研究计划已失去意义，因此严中平修订了原定的对棉纺织业进行全面研究的计划，并改由自己独立承担。本书完成后，于 1942 年获得第一届杨铨纪念奖金。该书是一部以棉业为样本，对中国资本主义生产的发生与发展作一个案研究的专著。故该书的副标题为《中国资本主义产生过程之个案分析》。该书奠定了作者在中国经济史学研究领域的学术地位。新中国成立后，严中平在中国经济史学领域取得了丰硕的成果，成为中国经济史学的一代宗师。

无论以雇佣工人人数或所投资本总额作标准，棉纺织业都是中国最重要的工厂工业。因此过去关于棉纺织业的研究著述，也较关于其他工业的为多。《中国棉业之发展》是许多著作中最晚出的一种，虽然其中大部材料的搜集分析与全书的撰述，都是成于战时流离颠沛生活艰难之中，可是与过去的棉业著述相较，在内容上更有许多独到的地方。作者著述的目的，一方面对"中国棉业的发展，何以如此缓慢"的问题提供一个答案。另一方面，则在取棉业为样本，窥探近百年中国资本主义发生过程的特殊性，作了"中国资本主义发生过程的个案分析"。[1] 据作者的见解，手工棉纺织业之所以历五百余年而无甚进展，中国经济主体所以长期停滞，其主要原因在于"农业生产技术停留于低级水平，农家不得不力求自足。经营副业，不过以补生计不足，不能积蓄资本，扩充生计，进为工场工业"。[2]《中国棉业之发展》一书的主要特点有以下几个方面：第一，过去的中国近代工业史以及多数关于棉业的著作，大都只以罗列材料，铺陈事实为已尽能事，很少有以解答一个或几个问题为目的的，更少有征言大义，举一反三的。而《中国棉业之发展》以探索中国棉业史的演进程序

---

①② 严中平：《中国棉业之发展》，商务印书馆 1943 年版，第 1～3 页。

与其因果关系为主线，而并不仅限于简单的历史叙事。本书可称为有一中心，成一系统，为一本真正意义上的历史著作。第二，《中国棉业之发展》在史料的搜集整理方面，较之过去的中国棉业史以及新工业史的著作，可以说是后来居上。该书利用许多原始资料，广征博引，一方面有许多新史实的发现，另一方面关于有些历史变迁，有较前人更深入的认识，更透彻的解释。例如，关于棉花在中国的繁殖，过去的著述多不辨别木棉与草棉，传入与繁殖，一般认为棉之种植，始于唐代。该书则认为始于元而盛于明，《中国棉业之发展》第二章中关于中国植棉事业发轫与推广的记述，是极可贵的独立发现。另外，作者对于历来在华纱厂的沿革，开工年月，锭子增减，都曾经详密考证，予以修正。对于纱厂的创办人及其本来职业，尤经过苦心研索，可惜这一部分原稿（中国纱厂沿革表及各项统计表）因当时印刷困难，未能刊入。第三，作者对我国机械棉纺织业的发展所划分的三个时期，虽非创见，不过对每期发展的特征的分析，却有开创之论。尤其对华商纱厂与外来竞争的关系，作者更是有独特的见解。

严中平的著作出版后，陈振汉在《图书评论》上发表书评，肯定了严著的两个优点：一是取材丰富，论断精当。原始资料旁征博引，发现了很多新史实。二是过去的棉业著作，只以罗列材料、铺陈事实为能事。严著从个别史实的始末中，发现一般性，或者说发现较之棉业的兴衰过程本身更广泛的意义、更重大的价值，实现了棉纺织研究史上的重要突破。当然，陈振汉也提出了一个重要的商榷意见：如何对待内资和外资。他提出，"民族资本"的概念，除了可以激励民族感情外，并不值得重视。

二、李剑农（1880～1963 年）与《中国经济史讲稿》

李剑农，又名剑龙，号德生，湖南邵阳人，著名政治经济史学家。1904 年入湖南中路师范学堂史地科学习。1910 年留学日本，入早稻田大学学习政治经济学。辛亥革命爆发后，回国参加革命，撰成《武汉革命始末记》等文。1930 年任武汉大学教授，并曾任史学系主任。1940～1945 年执教于蓝田师范学院，1947 年重回武汉大学。其主要著作有《中国经济史讲稿》《中山出世后中国六十年大事记》《中国近百年政治史》《魏晋南北朝隋唐经济史稿》《宋元明经济史稿》等。

《中国经济史讲稿》1943 年由蓝田新中国书局出版。1947 年再由武汉大学出版部以《中国经济史稿》为名出版。1956 年经略加修订后，改名为《先秦两汉经济史稿》，1957 年由三联书店出版，已编入《民国丛书》第三编。李剑农在蓝田师范学院讲授中国古代经济史时，曾将讲义油印使用。油印稿分五编，起于殷周，止于明代。中国图书局只收进前三编，自殷周至两汉。第一编《殷周之际及周代前期》，共四章。第一章为《甲骨文时代之经济史影》，第二至第四章论述周代前期的社会经济。第二编《周代后期》，共六章。第三编《两汉时代》，共八章。《中国经济史讲稿》史料丰富，论述颇有独到见解，是研究先秦两汉经济史的重要参考书。

三、罗章龙（1896～1995 年）与《中国国民经济史》

罗章龙，湖南浏阳人，毛泽东的少年朋友，中共早期重要领导人，是党史上的著名人物，立过大功，也犯过错误。早年留学德国，对经济学有相当精湛的研究，学术见解深刻而独到，并且学贯中西，他以李斯特国民经济学为蓝本，而对英国古典学派批评较多，对于中国经济史上的著名改革派，诸如秦始皇、曹操、王安石等，都曾给予正确的评价。罗章龙最重要的学术成果，是完成了《中国国民经济史》上册的著述。此书于 1944 年由商务印书馆出版，引起学术界强烈的反响，国内出版界及经济学、史学方面的专家给予高度评价，认为是 1944 年所出版中国经济史中的上乘之作，国学大师钱穆、著名经济学家马寅初、著名史学家顾颉刚等皆有好评。该书还获教育部学术审议会奖金，并被列入大学丛书。《中国国民经济史》可说是罗章龙从政界转向学界的一个里程碑式的标志。罗章龙的《中国国民经济史》一书，是最早以"国民经济史"命名的中国经济史著作。中国经济史学科发展到 20 世纪 40 年代，学术界对于中国经济史的学科性质、中国经济史学科自身的层次性等问题依然没有统一的认识。以"国民经济史"命名的中国经济史著作的出现，也反映了学界对中国经济史学科性质认识的发展与深化，同时也是罗章龙对中国经济史学科发展做出的独特贡献。

四、巫宝三（1905～1999 年）与《中国国民所得，一九三三年》（中华书局）

巫宝三，1905 年 7 月 28 日生，江苏省句容县人。1932 年清华大学经济系毕业，获经济学学士学位。1932～1933 年任南开大学经济学院研究员，1938 年获美国哈佛大学经济学硕士学位，1948 年获美国哈佛大学经济学博士学位。

1941 年获杨铨社会科学研究奖。1947 年主编出版《中国国民所得，一九三三年》（中华书局）。致力于当代经济学理论研究，先后任中央研究院社会科学研究所助理研究员、副研究员、研究员。新中国成立后致力于经济思想史研究。主要著作有《农业十篇》（合著，1943 年）、《国民所得概论》（正中书局，1945 年）、《中国公民所得》（中华书局 1947 年）、《近代中国经济思想与政策资料选辑 1842～1854》（1959 年出版）、《经济思想论文集》（与陈振汉等合编，1984 年出版）、《中国经济思想史资料选辑（先秦部分）》（合编，1986年）等。主要译著有《经济学概论》（1937 年）、《用商品生产商品》等。

巫宝三主要从事经济思想史研究，但是他对中国经济史学科发展所作的学术贡献也得到了中国经济史学界的公认，其最主要的贡献在于拓展了中国经济史学的研究领域。中国经济史学自萌芽开始，研究领域狭窄就一直制约着学科的整体发展水平。巫宝三开创的中国国民所得研究具有现代意义上的 GNP 意义，不仅进一步开拓了中国经济史学研究的领域，而且使得中国经济史学研究从定性分析向定量分析迈进了一步。长期以来，中国经济史学研究存在重定性分析而轻定量分析的倾向，从这一层面来分析，巫宝三开创国民所得研究不仅仅是拓宽了研究领域，而且还影响着中国经济史学研究方法的改革与创新。

五、傅筑夫（1902～1985 年）对中国经济史学研究的学术贡献

傅筑夫，河北永年县人，著名经济史学家。自幼喜爱读古书，1921 年考入北京师范大学，1926 年大学毕业，1932 年任中央大学经济系教授，主要讲授中国经济史。1936 年到英国伦敦大学经济学院进修，先在罗宾斯（L. Robins）教授指导下研究经济理论，又在陶尼（R. H. Tawney）教授指导下研究经济史。也正是从这一时期开始，傅筑夫正式转入中国经济史的教学和研究工作，也主要是在这个时期（30 年代初至 40 年代中），他曾在《图书评论》发表有关中国经济史的评论文章数篇，在中央大学《社会科学丛刊》第 1 卷第 1 期发表《由经济史考察中国封建制度生成与毁灭的时代问题》，在中央大学《社会科学丛刊》第 1 卷第 2 期发表《中国经济结构之历史的检讨》，在中央大学《社会科学丛刊》第 1 卷第 3 期发表《中国历代的银币及银问题》，在《东方杂志》第 30 卷第 14 号发表《中国经济衰落之历史的原因》，在《中国经济》第2 卷第 9 期发表《研究中国经济史的意义及方法》，在《文史杂志》第 4 卷第5、6 期发表《由汉代的经济变动说明两汉的兴亡》，在《文史杂志》第 4 卷5、6 期发表《关于殷人"不常宁"、"不常厥色"的一个经济解释》等论文。

傅筑夫在经济史学界享有较高的声誉，素有"南北二傅"之称。这一时期傅筑夫对中国经济史学科最大的贡献是在国立编译馆主持了大规模的展开中国古代经济史资料的搜集和整理工作。中国经济史是一门基础学科，研究的人相对于其他学科非常少，缺乏资料，而资料又不易搜集。专门、系统地搜集和整理资料，是进行中国经济史学研究的基础性工作，这样的基础性工作对中国经济史学科的发展会产生长远的影响。例如，新中国成立后，傅筑夫撰写《中国经济史论丛》《中国封建社会经济史》（七卷本）《中国古代经济史概论》等中国经济史专著之所以能够较为迅速顺手，就是先前的资料准备工作非常充分。

六、秦佩珩（1914~1989 年）对中国经济史学研究的学术贡献

秦佩珩，山东安邱人，著名经济史学家。1937 年考入燕京大学。四年大学期间，就开始涉足中国经济史研究，他写了不少关于明清经济史考证方面的文章。1942~1947 年一直在成都工作，先后在四川大学、光华大学、华西大学讲授商业史、工业史、欧洲经济史和中国经济史。1947 年夏天离开成都去西安，到西北大学任教，主要讲授的课程有经济学原理、经济史、国际贸易、中国社会经济史、商业史等课程，也正是从西北大学教书开始，秦佩珩开始研究西北少数民族经济史。1948~1953 年，他一直在湖南大学教书。1953 年院系调整来到中南财经学院，后来又去郑州大学任教。秦佩珩一生著述颇丰，在学术界有着相当的影响，对中国经济史学发展最大的学术贡献就是较早地研究了中国经济史学产生发展演变的历史。

秦佩珩 1944 年在《新经济》第 11 卷第 3 期发表的《中国经济史坛的昨日今日和明日》、1948 年在《清议》第 2 卷第 4 期发表的《从蓬勃到沉寂的中国经济史坛》是研究中国经济史学发展史的代表作。在这两篇文章中，他对中国经济史学萌芽的时间和标志提出了自己的观点，并对中国经济史学发展作出了阶段性的划分。

七、朱斯煌（1907~1985 年）及其主编的《民国经济史》

朱斯煌曾获得美国哥伦比亚大学经济学硕士学位，主攻信托业研究，是复旦大学教授、《银行周报》主编。《民国经济史》是为纪念《银行周报》创刊三十年而编写。此时内战全面爆发，国内出现严重的通货膨胀，物价高涨，工商业不振。朱斯煌等人希望通过全面研究民国以来的经济史，总结经验、应对

危局。该书共分四编：第一编为论著，分成金融、财政币制、农工矿商、一般经济、战时经济等若干部分，邀请各方面专家，如寿勉成、金国宝、张一凡、吴觉农、方显廷等，撰成几十篇论文，分列于各部分之下。第二编为统计，包括银行营业、外贸、物价等各方面的统计数字，供研究者参考。第三四编分别为经济资料和经济大事记。这本书兼具专著和工具书的功能，学术价值较高，拥有广泛的影响力。

《民国经济史》是有关近代经济史总论方面的第三本书，此前还有侯厚培出版的《中国近代经济发展史》，这是第一部系统研究中国近代经济史的著作。侯厚培认为"吾国以不平等条约之束缚，无论何种产业，均落人后，固无经济发展之可言。唯自清以来，经济界亦不无相当之进步"。侯厚培在感叹我国受到不平等条约束缚的同时，以较为乐观的态度、发展的眼光看待清末以来的经济史，特用"经济发展史"而非"经济史"作为书名。1939 年，生活书店推出钱亦石的《中国近代经济史》。这部书的主旨是运用列宁《帝国主义论》中的理论，探讨帝国主义侵略与控制下的中国经济。

八、傅衣凌（1911～1988 年）与《福建佃农经济史丛考》

傅衣凌（1911～1988 年），福建福州人，我国著名经济史学家。早在大学期间就对史学发生了浓厚的兴趣，曾在陈啸江创办的《现代史学》上发表论文数篇。大学毕业后，东渡日本留学，因国内研究日本史的人很少，为填补这个空白，作者曾立志研究日本史，后因中日关系恶化，提前回国，研究日本史的愿望也就落空了。回国后曾在福建省银行经济研究室工作，1941 年，傅衣凌应聘到协和大学任教，讲授中国通史、中国近代史等课程，1944 年前往闽清福建学院任副教授，讲授中国通史、中国经济史等课程，1946 年任福建省研究院社会科学研究所研究员，兼任文史组长，全国解放后，一直在厦门大学任教。1944 年，他以永安发现的农村契约文书为中心，编成《福建佃农经济史丛考》一书，在协和大学出版，此书流传到日本后，得到日本学者的重视，山根幸夫教授摘要翻译刊登在《史学杂志》上，田中正俊教授亦在日本的《历史学研究》杂志上作专文介绍，成为战后日本史学界重建中国史学方法论的一个来源。

傅衣凌对中国经济史学的贡献，主要在于他开创了中国社会经济史学派。这个学派，在研究方法上，以社会史和经济史相结合为特征，从考察社会结构的总前提出发，探求经济结构与阶级结构，经济基础与上层建筑之间的相互关系和相互影响。特别注意发掘传统史学所弃之不顾的史料，以民间文献（诸如契约文献、谱牒、志书、文集、账籍、碑刻等）证史；强调借助史学之外的人文科学和社会科学知识，进行比较研究，以社会调查所得资料（诸如反映前代遗制的乡例、民俗、地名等）证史。特别注意地域性的细部研究和比较研究，从特殊的社会经济生活现象中寻找经济发展的共同规律。从社会史的角度研究经济、从经济史的角度剖析社会。这种研究方法，为中国经济史研究别开了生面，另辟了蹊径。作为撰写中国农村经济史计划而准备的长编之一部分，写于30 年代末、出版于1944 年的《福建佃农经济史丛考》一书，是运用这一方法的力作。当时处于战争环境，交通阻隔，此书在国内流传不广，但很快被介绍到日本，成为战后日本史学界重建中国史学方法论的一个来源；而后又由日本学界的媒介，传播到美国，成为美国20 世纪50～60 年代新汉学研究方法的一个重要组成部分。另外，傅衣凌在国内首次提出了手工业中资本主义萌芽的问题。

九、卫聚贤（1899～1989 年）与《编纂中国经济史的组织计划》

卫聚贤，山西万泉人。历史学家，清华大学研究院毕业。历任暨南大学、中国公学、持志大学教授，曾任南京古物保存所所长。编辑出版《说文》月刊，著有《古史研究》《中国考古学史》《山西票号史》《中国社会史》等。在中国经济史学发展的历史进程中，卫聚贤对学科发展所作的学术贡献应该得到充分肯定。首先，卫聚贤发表出版了大量的有关中国经济史的论著，其中《山西票号史》、《中国社会史》等著作是其有关中国经济史学研究成果的代表。从中国经济史学科的整体发展来分析，卫聚贤最大的学术贡献应该是编辑出版《说文》月刊。抗战爆发后，中国经济史学第一次研究高潮中创办的中国经济史研究专刊都纷纷停刊或不能正常出版；相对抗战前，公开出版和发表的中国经济史学研究成果在数量上大大减少了。但是这一时期也有一些刊物在战时环境依然刊登征集中国经济史学研究成果，其中卫聚贤编辑出版的《说文》月刊在这一时期发表了不少的研究成果，是抗战期间少有的中国经济史学研究学术园地之一。从这一层面来看，卫聚贤对中国经济史学科发展作出了较大贡献。

另外，卫聚贤在《说文》月刊发表的《编纂中国经济史的组织计划》一文，也对学科发展有着较大影响。该文是卫聚贤对如何编纂完整的中国经济史的设想和打算，文中有些观点也反映了作者对中国经济史学基础理论的认识和看法，具体来讲，《编纂中国经济史的组织计划》主要从以下几个方面影响中国经济史学的发展。

第一，《编纂中国经济史的组织计划》一文反映了学术界对中国经济史学研究所取得的总成绩，学科发展的总体水平的一种认识。卫聚贤认为，"我国经济学理论和现状的研究，现在已经有不少成果，但是对于我国经济史的研究，除以前有两三种杂志零碎的讨论外，还没有一部完整的经济史出现。"[①]无论作者的这种观点是否完全正确，有一点是可以肯定的，中国经济史学科发展至抗战时期，仍然没有一部完整的经济史著作出现。前面我们讨论分析了中国经济史学研究第一次高潮所取得的总成绩、创办的主要学术刊物、出现的主要流派，我们认为，在第一次研究高潮中，中国经济史学初步形成了。但是形成完整的学科体系，却需要进一步的努力，其中是否有完整的中国经济史著作出现，显得尤为重要。

第二，《编纂中国经济史的组织计划》一文对中国经济史学研究的一些设想和打算对其学科的发展将产生长远的影响。卫聚贤认为，"研究经济史的工作，当然应先从搜集材料下手，但这巨大的工作，非私人经济力量所能办到，应由财政经济机关编辑最为适宜。又此事非少数人在短期间内可以编纂成功，但是用大多数人编辑，各编辑人员，仍照机关式的做法，成功的效率可就是很小的；我主张应采用半包工制，……。"[②] 作者不仅提出采用半包工制搜集经济史料，而且制订出了详细的计划和实施步骤，对搜集材料的分类、材料的性质、人员的分配、待遇、人员的考录、经济史料的编辑、社会实地调查、中国经济史的编纂等方面都作了周密的考虑和安排。这些对编纂中国经济史的组织计划，对我们当前从事大型的中国经济史学研究课题依然有较强的借鉴意义。

十、侯外庐（1903～1987 年）与《中国古代社会史论》

侯外庐，山西平遥人，我国著名的马克思主义史学家。1924 年前后到北京，先后在北平大学法学院、北平师范大学学习法律和历史，1927 年留学巴黎，开始从事《资本论》的翻译工作，1930 年回国，在各大学讲授哲学和经济学。20 世纪 30 年代中期，从经济学转向史学。由于郭沫若的《中国古代社会研究》一书出版，以及苏联提出亚细亚生产方式讨论，在史学界展开关于社会史大论战，引起了侯外庐对史学的兴趣。他认为论战虽然取得了一些成绩，

---

①②　卫聚贤：《编纂中国经济史的组织和计划》，载于《说文》月刊 1940 年第 1 期。

但各方"每每产生公式对公式,教条对教条,而很少以中国的史料作为基本立脚点;或者虽然形式上占有中国古代的材料,而又忘记了中国古代社会的基本法则的现象",因此,都"没有找到研究中国古代的科学路径"。① 侯外庐于1933 年撰写了《社会史导论》一文,这篇文章可以看作他研究社会史的开端。文中指出,历史研究的先决条件课题是对社会发展一般构成的探讨,只有了解社会构成的性质,才能更好地研究中国社会的发展。这篇文章反映了侯外庐历史研究的基本态度,其理论框架已粗略可见。

侯外庐社会史研究的总体成就,集中反映在《中国古代社会史论》一书中,他以扎实周密的理论探讨,对奴隶社会的存在及特征进行了有力论证,是马克思主义关于亚细亚生产方式及氏族、财产、国家等问题在中国的"理论延长"。因此,它标志着中国马克思主义史学发展的崭新阶段,具有强大的学术生命力。侯外庐研究社会史从经济学入手,关注社会形态如亚细亚生产方式的理论。他同时强调,既要掌握哲学党性,又要坚持历史主义,根据共性寓于个性的科学分析方法,从历史实际出发,具体地研究中国历史的特殊运动规律。

十一、陈振汉（1912～2008 年）与《美国棉纺织工业的区位,1880～1910》

这一时期海外留学生群体的外国经济史研究方面的代表作是哈佛大学专攻经济史的陈振汉的博士论文《美国棉纺织工业的区位,1880～1910》。陈振汉(1912～2008),浙江诸暨人。1919～1929 年先后在浙江诸暨、上虞、杭州等地上小学和中学。1929 年考入南开大学预科,两年后升入南开大学经济学院,1935 年毕业。同年考取清华大学公费留美,1936 年赴美国哈佛大学文理研究生院经济系留学,攻读经济史学,1940 年 2 月获得博士学位后回国,担任南开大学、中央大学、北京大学等校教授。1950 年 9 月至 1951 年 8 月年任中共中央《毛泽东选集》英译委员会委员,参加具体翻译工作。1952～1953 年,任北京大学经济系代主任。1957 年因主笔《我们对于当前经济科学工作的一些意见》而被划分为"资产阶级右派分子"。"文化大革命"时期到江西鲤鱼洲农场接受劳动改造。1979 年返回北京大学重新走上科研教学岗位,开设经济史学概论、经济史名著选读、中外经济史等课程。1981～1982 年任德国柏林自由大学客座教授,讲授中国近代经济史。主要著作有《工业区位理论》（与

---

① 卫聚贤:《编纂中国经济史的组织和计划》,载于《说文》月刊 1940 年第 1 期。

厉以宁合著，1982）、《清实录经济史资料》第一辑《农业编》（1989）、《社会经济史学论文集》（1999）、《步履集——陈振汉文集》（2005）等。

陈振汉留学哈佛大学之时，在经济学说史上占据重要地位的经济学巨匠熊彼特正在哈佛执教，他的经济学理论和经济史理论以及研究方法对致力于经济史研究的陈振汉产生了重要影响。熊彼特认为，在经济学三门基础学问——历史、统计学和经济理论中，经济史是最重要的一门，如果没有掌握历史事实，没有适当的历史意识就不可能真正了解一个时代的经济现象。此外，哈佛大学也有研究经济史的历史传统和优势。该校是世界上第一个设置经济史专职教授的大学。早在 1887 年哈佛大学就开设了经济通史课程，1893 年聘请了英国的艾什里（William James Ashley，1860～1927）为这门学科的专职教授，他是全世界第一位大学经济史教授。

1939 年陈振汉在哈佛大学经济史家阿希尔（A. P. Usher）教授的指导下，完成了他的博士论文《美国棉纺织工业的区位，1880～1910》，该论文的核心部分《美国棉纺织业成本和生产率的地区差异，1880～1910》（下称《地区差异》）[1] 1940 年 8 月发表于由哈佛大学经济系编辑的、美国最早和学术地位很高的刊物《经济学季刊》（Quarterly Journal of Economics）上。

《美国棉纺织工业的区位，1880～1910》一文除"序言"以外，共分 3 篇 14 章，第一篇分 3 章：《基本特征与区位因素》、《1880 年以前棉纺织业的区位与集中》、《社会变革、技术发明与南部棉纺织业的兴起》；第二篇（"新英格兰与南部之间的地区性竞争：1880～1910）"分 8 章：《棉纺织业的增长与竞争的特征》《原棉转运成本的比较》《最终产品转运成本的比较》《燃料运输成本的比较》《生活预算内物资运输成本的比较》《劳动成本比较》《劳动生产率比较》《其他生产成本的相对条件》；第三篇（"集中：1880～1910"）分 3 章：《新贝福德（马萨诸塞州）的兴起》、《南部棉纺织业的集中》和《结论》。[2] 正是在全面、系统比较分析南部地区和新英格兰地区棉纺织业劳动成本和生产率的地区差异的基础上，《地区差异》一文得出的总的结论是："南部棉纺织业的迅速增长主要靠的是廉价的劳动。"[3] 这篇论文资料之丰赡严谨、分析之缜密通达、运用理论之娴熟，都令人印象深刻。值得一提的是，这篇论文中的许多统计数据，都是得自于陈振汉对于美国南方棉纺织工业区的实地考

---

①　该论文由章铮翻译成中文收入《社会经济史学论文集》和《步履集——陈振汉文集》，该文的主要内容实际上是陈振汉博士论文的第二篇。
②　陈振汉：《博士论文：美国棉纺织工业的区位，1880～1910》，见陈振汉著：《社会经济史学论文集》，经济科学出版社 1999 年版，第 70～71 页。
③　陈振汉：《步履集——陈振汉文集》，北京大学出版社 2005 年版，第 189 页。

察，因此能够对美国棉纺织工业的劳动成本、劳动生产率、工人状况、技术水平等有深切的了解。这也奠定了陈振汉经济史研究的一贯风格，那就是将经济理论、统计学和史实紧密结合，从而建立科学的经济史学。

十二、杨联陞（1914～1990 年）与《〈晋书·食货志〉译注》

杨联陞，浙江绍兴人。1937 年毕业于清华大学经济系，其本科毕业论文《租庸调到两税法》是由陈寅恪指导完成的。1940 年开始留学美国哈佛大学，在哈佛历史系攻读博士学位期间，在魏凯（James R. Ware）教授的指导下，选定的论文题目为"〈晋书·食货志〉译注"[①]。

杨昇陞的博士论文是其一生的代表性著作，论文在《哈佛亚洲研究》上刊出后，著名华裔汉学家、经济史学家全汉昇于 1947 年在剑桥大学主办的《经济史杂志》上发表了针对杨联陞的博士论文的评论文章，高度评价杨联陞的博士论文，认为其是"最近几年出版的面向英语读者的几部优秀的中国经济史著作之一"，"它不仅涉及公元 3 世纪的中国经济状况的研究，而且提供了《晋书·食货志》的全文英文翻译，成为英语读者理解中国经济史的最重要的文献资料"，"杨先生的《晋书·食货志》的翻译是非常优秀的"，"毫无疑问，这篇论文对西方的中国经济史研究是有价值的"[②]。杨联陞是国际上享有盛誉的汉学家，代表性的经济史著作还有《中国的货币与信贷简史》《中国制度史研究》等。

上述有关中国经济史学研究的代表人物及其相关著作评介，仅仅是这一时期中国经济史学研究成果中极少的一部分，很难对这一时期的中国经济史学研究成果作出全面评价。一方面由于学者们学术活动具有连续性，有些学者在学科发展的各个历史时期都颇有影响，如郭沫若、吕振羽、陶希圣、梁方仲、罗尔纲等学界前辈的研究成果及学术贡献在前面已有介绍，另一方面限于笔者掌握资料的局限性。

通过全面总结、分析、评价 1937～1949 年中国经济史学发展成就及存在

---

① 关于博士论文的选题情况，在杨联陞于 1943 年 10 月 26 日写给胡适的信中有详细描述："系里的规定是以翻译为主，可是很难找适当材料。想译《宋史·食货志》的一部分，全译太长又似乎没有意思。您想自汉至宋的史料之中，有什么相当重要而不甚难译又不甚长的东西吗？比方《徽宗纪》，要译注好了很有意思，可是似乎头绪太纷繁了。""后来忽然想起一段简短而自成片段的文字，就是《晋书·食货志》，同 Ware、Elisseeff 商量，都觉得还可以，暂时就算定了。译注之外，加一两章引论，讲《晋书》本身同经济史上的重要问题。"

② 转引自邹进文：《近代中国经济学的发展：以留学生博士论文为中心的考察》，中国人民大学出版社 2016 年版，第 640 页。

的问题，我们对这一时期的中国经济史学科发展整体状况有了较全面、客观的认识。从整个 20 世纪来看，中国经济史学科发展到 1949 年，应该是进入了一个学科发展的转折时期，1949 年新中国成立，中国经济史学又开始了新的发展历程。

第七章

1950～1978 年中国经济史学的
繁荣与曲折发展

　　新中国成立后，中国经济史研究领域影响最深远的变化是马克思主义指导地位的确立。1949 年以后的中国，不仅是社会天翻地覆，学术界也同样乾坤倒转。毫无疑问，这是一个中国经济史学的转型时期。许多知识分子都深感重新学习的必要，掀起了学习马克思主义的热潮，他们都将马克思主义唯物史观作为自己工作和研究的指导思想。马克思主义唯物史观重视研究社会经济基础，这使得经济史学在新中国的历史学和经济学中的地位越来越重要，中国经济史学迎来了"文革"前十七年的转型与初步繁荣。

　　马克思主义指导地位的确立对中国经济史学发展的推动力是巨大的，它主导了"文革"前十七年中国经济史学的转型与发展。但十年"文革"使得包括中国经济史学在内的所有社会科学受到致命打击，学科研究几近停顿。回顾1950～1978 年的中国经济史学发展的艰难曲折历程，我们认为，无论是中国古代经济史与近代经济史在 1949 年前基础上的深化与发展，还是新中国成立后中国现代经济史的发端与起步，它们既有可喜的成果，也存在仍需努力的地方；它们既有宝贵的经验，又有深刻的教训。

第一节　中国经济史学发展环境大转换

　　1949 年新中国成立后，百废待兴，国民经济的恢复工作急需大批财经干部，熟悉掌握国情，学习、研究中国经济史开始成为紧迫的现实工作任务。党和政府高度重视中国经济史研究，政府机构、高等院校、科研团体纷纷响应，学习中国经济史，研究中国经济史，重视中国经济史研究工作开始成为时代潮流，中国经济史学发展迎来了新的转折与机遇。中国经济史学在中国史学中的地位发生了根本性的变化，1951 年，郭沫若曾概括地形容学界这一变化。① 中国经济史学研究顺应学术环境大转换，迎来了新的转型时期。20 世纪五六十年代党和政府高度重视经济史研究工作，营造了学科发展良好的社会环境，"文革"前十七年是中国经济史学发展的春天。但是随之而来的十年"文革"动荡与破坏使得中国经济史学发展受到严重挫折，出现了万马齐喑的局面。

一、新中国成立初期学术环境的大转换

1949 年后的中国，不只是社会天翻地覆，学术界也同样乾坤倒转：史观派从边缘走向中心，由异端变为正统，考订派连同其路数则被放逐到史学界边缘，以后几十年（特别是 20 世纪 50 年代前期）的中国经济史学就是在这一时代背景下继往开来的。一切都已经翻过来了，新旧中国史学界之间出现了一条鸿沟。② 因此，我们可以说，这是一个经济史学的转型时期。从学理方面来说，马克思主义指导地位的确立和新中国经济史学的转型具有极强的关联度。高度重视强调社会经济在历史发展中的地位是马克思主义最大理论特点，社会经济史历来在马克思主义史学中都具有支配性地位。即使是马克思主义理论在 20 世纪西方学界的主要敌人的波普尔也认为"马克思对社会科学与历史科学"的一个"不可磨灭的贡献"，就是"强调经济条件对社会生活的影响"，"这可以说完全扭转了先前历史学家的观念"，因此"在马克思之前没有严肃的经济史"。③

从 20 世纪 50 年代开始，中国学界从苏联全面引入马克思主义史学理论体系，并确立了马克思主义史学在中国史坛的主导地位。学界掀起了学习马克思主义的热潮，绝大多数史学工作者努力学习马克思主义并用于指导自己的研究。史学界掀起的全国性的"五朵金花"④ 学术大讨论，几乎每一个问题都涉及经济史命题，有论者指出："中国的大部分史学家们纷纷浸淫于五朵金花及其相关命题的研究，这就不能不使得这些命题的研究深度，得到空前的发掘，从而形成这个时期中国史学成就的一个显著特色，尤其是中国古代生产关系、农村社会经济史、商品经济史的研究，为后人的学术进步打下了坚实的基

①②③　李伯重：《回顾与展望：中国社会经济史学百年沧桑》，载于《文史哲》2008 年第 1 期。
④　20 世纪 50 年代学界围绕"古史分期、封建土地所有制形式、资本主义萌芽、汉民族的形成、农民战争"等问题展开学术大讨论。

础。"①

马克思主义的确立，导致了经济史研究在理论与方法上的变革。这个变革一反过去考订学派"有史无论"的偏见，提出了"以论带史"的口号。这种对理论的高度重视，同 20 世纪 50 年代国际"史学革命"的领袖、年鉴学派的旗手布罗代尔的著名口号"没有理论就没有历史"，形成相互呼应之势。这个变革也强调对过去史学家漠视的人民大众在经济活动中的作用与地位进行研究，对于促进经济史研究范围的扩大，意义尤为深远。

二、五六十年代党和政府高度重视，营造了学科发展的社会环境

新中国成立后，党和国家的工作逐渐转移到以经济建设为重心上来，国民经济的恢复工作成为当时的首要任务。百废待兴的新中国，急需大批财经干部，学习中国经济史，重视中国经济史的研究逐渐成为时代潮流。早在 20 世纪 40 年代，毛泽东同志在《改造我们的学习》一文中就批评指出，"对于自己的历史一点不懂，或懂得甚少，不以为耻，反以为荣。特别重要的是中国共产党的历史和鸦片战争以来的中国近百年史，真正懂得的很少。近百年的经济史，近百年的政治史，近百年的军事史，近百年的文化史，简直还没有人认真动手研究。"他又强调指出，"对于近百年的中国史，应聚集人才，分工合作地去做，……应先作经济史、政治史、军事史、文化史几个部门的分析的研究，然后才有可能作综合的研究"。② 新中国成立后，周恩来同志曾明确指示培养财经干部必须懂得中国经济史。帮助新中国建设的苏联专家在指导高校课程设置时，也明确建议要重视经济史。1953 年，高等教育部院系调整，各综合大学经济学（院）系，各财经学院各系都要求开设经济史课，重点开设中国近代经济史。为了解决师资短缺问题，高等教育部专门委托中国人民大学开办经济史教师研究生班。强烈的现实需求迫切需要中国经济史学研究打开新局面，迈上新台阶。

1953 年中央人民政府组织成立的中国历史问题研究委员会，启动编辑出版中国近代经济史资料工作。1960 年，毛泽东同志在政治经济学的读书笔记中提出："很有必要写出一部中国资本主义发展史。"③ 早在 1942 年，毛泽东同志就指出："特别是在经济理论方面，中国资本主义的发展，从鸦片战争到现在，已经一百年了，但是还没有产生一本合乎中国经济发展实际的、真正科学

① 陈争平：《20 世纪历史学的三大情节》，载于《厦门大学学报》2001 年第 4 期。
② 毛泽东：《改造我们的学习》，载于《中华教育界》1949 年复刊 3 第 6 期。
③ 许涤新、吴承明：《中国资本主义发展史》第 1 卷，人民出版社 2003 年版，序言第 2 页。

的理论书。"① 周恩来总理把这一光荣的任务亲自交给了当时在中央工商行政管理局工作的许涤新。广东从化政治经济学学习班结束后，中国科学院经济研究所（孙冶方同志当时是所长）和中央工商行政管理局共同组织了一个"资本主义经济社会主义改造研究室"，人员都是工商局的，编制在经济所。编写《中国资本主义发展史》的具体工作由这个研究室承担。

党和国家领导人的高度重视与亲自关怀，高瞻远瞩的战略性动员和部署，营造了中国经济史学发展良好的社会环境，中国经济史学发展迎来了新中国成立后的第一个春天。中国科学院科院经济研究所、中央和地方的工商行政管理机构、大学的有关教学和研究机构为核心的三支主力研究队伍协同作战，极大地推动了中国经济史学科建设和学术研究。

三、"文化大革命"对经济史学研究的冲击

1966～1976 的十年中，"影射史学"横行，历史学被简化扭曲为儒法斗争史和阶级斗争史。"怀疑一切"使得新中国成立前和"文革"前已有研究成果遭到否定。"打倒一切"使得原有研究计划全部中止，研究工作陷于停滞，学术讨论被大批判和设禁区所取代。一大批经济史学工作者被批斗，或被迫离开科研岗位，全国各地的经济史学研究队伍近乎解散。② 中国经济史学研究严重受挫，出现了万马齐喑的局面。

1966 年 2 月 7 日，中共中央"文化革命五人小组"对批判吴晗所写的《海瑞罢官》的情况及继续批判的问题进行讨论，写成《关于学术讨论的汇报提纲》，即《二月提纲》。2 月 27 日，尹达在《红旗》第三期发表《必须把史学革命进行到底》一文，同时，《红旗》还陆续发表戚本禹的《翦伯赞同志的历史观点应当批判》，关锋、林杰的《〈海瑞骂皇帝〉和〈海瑞罢官〉是反党反社会主义的大毒草》等文章，对吴晗、翦伯赞进行政治诬陷。6 月 3 日，《人民日报》发表社论《夺取资产阶级霸占的史学阵地》。《红旗》杂志与《人

---

① 毛泽东：《重整党的作风》，载于《毛泽东选集》（四卷合订本），人民出版社 1968 年版，第 771 页。

② 汤象龙是中国经济史学科的主要奠基人之一，第一代中国经济史学家队伍的代表性人物，汤先生的个人遭遇是"文革"十年中国经济史学队伍遭受破坏的真实写照。其子汤北棣在《老骥伏枥，志在千里——纪念我的父亲汤下龙》一文中回忆父亲"文革"十年的个人遭遇："我的家被抄，父亲被批斗，戴高帽子，涂黑脸，剃阴阳头，游街；关牛棚，被强迫劳动，每月只给 18 元基本生活费，大年初一也被关在牛棚不让回家"；"因文革中家被几次抄家，父亲多年收集整理的统计资料流失大半，大量专业书籍丢失。为了补全资料，父亲在母亲的陪伴下，于 1978 年、1982 年两次去北京中国社科院经研所，补抄半个世纪前经手收集的清代海关资料"。

民日报》是主流权威媒体，大批判之风很快波及包括经济史学的各个社会科学领域。1966 年 12 月，《考古学报》《考古》《文物》《历史研究》《历史教学》《近代史资料》等杂志停刊。十年"文革"几乎没有多少真正学术意义上的经济史学研究成果出版发表。

第二节　中国古代经济史学科发展基本状况

虽然在 20 世纪 30 年代，作为独立学科的中国经济史就已经形成，但与其他学科相对地位而言，经济史研究仍然没有受到足够的重视，仍然处于当时的主流史学之外。另外战时环境也使得正常的中国经济史学术发展路径常常受阻而中断，这种状态在新中国成立后很快得到了改变。新中国成立后，中国古代经济史研究主要是集中在对中国社会历史发展规律认识的若干重大问题上而展开研究。从 50 年代开始，学界掀起的古史分期、封建土地所有制形式、资本主义萌芽、汉民族的形成、历代农民战争"五朵金花"等问题的讨论，前三个问题都直接与古代经济史有关。"文革"前十七年的中国经济史研究很大程度上是围绕这些问题的大讨论展开的。通过这些讨论，加深了人们对各代经济发展状况的了解，发掘和整理了有关经济史的资料，培养和锻炼了经济史研究骨干力量，推出了一批新的研究成果，在学术界形成了有着重大影响的学术观点。学术大讨论推动了中国古代经济史学科的发展。

一、古史分期与中国古代经济史研究

20 世纪 50 年代的古史分期（即奴隶社会和封建社会的分期）的讨论，实质上是 30 年代中国社会史论战的延续。从社会史论战发起至 1949 年，已有二十多年的历史，但对于古史分期问题的广泛深入地展开讨论，却是新中国成立后的事情了。"文革"前十七年，隋唐以前的断代经济史研究，很大程度上是围绕这一问题展开的。1950 年 3 月 19 日，郭宝钧的《记殷周殉人之史实》一文在《光明日报》发表，两天后郭沫若在《光明日报》上发表《读了〈记殷周殉人之史实〉》的文章，认为依据安阳殷墟发掘的大规模人殉的史实，"殷周都是奴隶社会"。郭沫若的观点引起史学界的强烈反响，古史分期的问题由此展开。郭沫若、范文澜、翦伯赞、侯外庐、尚钺、杨向奎、童书业、杨宽、李亚农、周谷城、何慈全、王亚南等名家都参加了这一讨论，形成百家争鸣的

活泼局面。据统计，"文革"前十七年关于古史分期问题的讨论文章共有 370
多篇。这些论文大都以古代中国生产力和生产关系的状况来分析社会经济的发
展阶段，判断社会的性质。在古史分期的争鸣中，各家对分期的着眼点不同，
对史料的理解和解释不同，从而形成不同的学术观点。其中最早的主张西周
说，最晚的主张中唐说，影响较大的是西周说、战国说和魏晋说。

学术争鸣中，各家各派都试图运用马克思主义关于社会经济形态的原理分
析中国历史的发展。绝大多数研究者认为中国历史上经历过奴隶社会，但也有
不同意见，如雷宗海就认为中国没有经历过奴隶社会。对于殷商属于奴隶社
会，大家也基本取得了一致意见，分歧的焦点是西周社会性质问题，随着魏晋
封建说的出现，西汉社会性质也多有争论；在主张殷周是奴隶社会的学者中，
对当时的奴隶社会属于什么类型也有不同看法，主要是"种族奴隶制"与古代
东方的"家庭奴隶制"之争。通过讨论，对不同时代的生产力发展水平和趋
势、主要劳动者的身份地位及其变化、土地所有制、经济结构与阶级关系，国
家的经济政策等问题进行了深入的探讨。争鸣中一批重要研究成果相继出版和
发表。讨论中的重要文章已收集在《中国的奴隶与封建分期问题论文选集》
（《历史研究》编辑部编，三联书店，1956 年）、《中国古史分期问题讨论集》、
《中国古史分期问题论丛》（《文史哲》编辑委员会编，中华书局，1957 年）
《中国古代史分期问题讨论集》（江西省历史学会编，江西人民出版社）。与这
一讨论有关的比较重要的专著则有：郭沫若的《奴隶制时代》（新文艺出版
社，1952 年；人民出版社，1954 年），李亚农的《中国的奴隶制与封建社
会》，王仲荦的《关于中国奴隶社会的瓦解及封建关系的形成问题》（湖北人
民出版社，1957 年），杨向奎的《中国古代社会和古代思想研究》上下册（上
海人民出版社，1962 年、1964 年）等。

古史分期问题的争鸣，有力推动了中国古代经济史研究的展开，特别是深
化了中国传统社会前期的经济史研究。这些成果为学界后来的进一步研究打下
了良好的学术基础。

二、封建土地所有制形式讨论与中国古代经济史研究

关于土地制度问题，在中国社会经济史研究中，一直是比较受到人们重视
的。《历史研究》1954 年第一期发表了侯外庐的《中国封建社会土地所有制形
式的问题》一文，该文首次提出了中国封建土地所有制是"皇族所有制"，在
史学界引起了巨大反响，各地学者纷纷撰写文章参与研究和讨论。20 世纪 50

年代至 60 年代初，中国土地所有制问题讨论，不仅涉及具体的土地制度，对中国封建土地所有制形式的一般规律也进行了热烈的讨论。形成了以侯外庐、贺昌群、郑天挺、李埏等为代表的土地国有制主导论，以胡如雷、束世澂、杨志玖、李文治等为代表的土地私有制主导论等几种不同的观点。

侯外庐在《中国封建土地所有制形式问题》《论中国封建土地制的形成及法典化》两篇论文中提出，中国封建土地所有制是"皇族垄断的土地所有制"，自秦汉以来，如一条红线主导明清以前的全部封建史。此外，并非没有其他土地占有形式，但"皇族垄断的土地所有制"在中国封建社会中占了支配地位。国家提供水利灌溉等经济的公共产品服务，加上社会基层保留的浓厚的村社土地公有残余，它们都构成了土地国有制的物质基础。侯外庐认为秦汉至唐中期为皇族土地所有制的第一阶段，它以汉代不完全制度化的皇田、公田、屯田、营田等和制度化的魏晋的屯田占田、北朝隋唐的均田等为主要形式，带有军事的政治的色彩。唐中期以后至明代清初是皇族土地所有制的第二阶段，它以经济所有形式为主，唐中叶开始，至宋、元、明的皇田、官田、皇庄、官庄等均是皇族土地所有制制度化的产物。郑天挺也认为地主和佃农只是土地的占有者和租佃者，国家才是土地的最高所有者。在主张中国封建社会土地国有制的学者中，对土地国有制的理解有所不同，有的学者不同意将土地国有制称为皇族所有制，认为二者还是有差别的。

胡如雷在《试论中国封建社会土地所有制形式》《任何正确地理解封建主义生产方式》两篇论文中，阐述了"土地私有制主导论"的观点。他认为中国封建社会的剩余生产物绝大多数是当做私租归地主阶级所占有，地主阶级人数众多，社会剥削普遍存在，因此地主土地所有制占支配地位。地主土地所有制对历史发展起着制约作用，决定着经济发展过程。封建土地国有制是向土地私有制转变的通路，均田制在唐玄宗时终于崩溃，说明地主土地所有制的制约作用无法抗拒。束世澂在《论中国封建社会中土地国有制问题》一文中指出，从封建土地所有制（即领主制）走向地主土地所有制是封建社会的普遍规律。封建土地所有制是"封建制"的基础，经过封建（分封）以后领主占有的土地归根结底是私有的，所以"封建"和"国有"是相抵触的，"土地国有制"这一名词难以成立。

中国封建土地所有制形式大讨论的论文成果，比较集中反映在南开大学编的《中国封建社会土地所有制形式问题讨论集》（三联书店，1962 年）。除了中国封建社会土地制度的总体特征以外，历代的土地制度，特别是先秦的井田制、秦汉的名田制、三国的屯田制、西晋的占田课田制、北魏至隋唐的均田制，以及与土地制度相联系的赋役制度，也是史学工作者研究的重要课题。这方面的成果主要有贺昌群《汉唐间封建的土地国有制与均田制》（上海人民出版社，1958 年）、唐长儒的《三至六世纪江南大土地所有制的发展》（上海人民出版社，1957 年）、韩国磐的《隋唐的均田制度》（上海人民出版社，1957 年）、王毓铨的《明代的军屯》（中华书局，1965 年）、《历史研究》编辑部编的《中国历代土地制度问题讨论集》（三联书店，1957 年）。

对中国封建社会土地所有制形式的讨论，牵涉对中国封建社会整个经济结构和体制特征的认识。早在 20 世纪 50 年代，王亚南就撰写了《中国地主经济封建制度论纲》（上海人民出版社，1954 年），建立了与西周封建论相联系的关于中国封建经济体制的理论，对封建领主制经济向封建地主制经济的过渡，封建地主经济的特点及其在政治文化等各方面的影响作了理论概括。侯外庐继《中国封建社会土地所有制形式的问题》后，又陆续发表了《论中国封建制的形成及其法典化》（《历史研究》1956 年第 8 期）、《关于封建主义生产关系的一些普遍原理》（《新建设》1959 年第 2 期）等论文，建立了自己独具特色的关于中国封建社会经济体制的理论体系。这一理论体系是与秦汉封建说和中国封建社会土地国有说相联系的。主张战国封建说和中国封建社会土地私有论的胡如雷，60 年代初撰写了《关于中国封建社会形态的一些特点》（《历史研究》1962 年第 1 期）一文，在王亚南著作的基础上对以地主经济为特点的中国封建经济体制作了进一步的阐述，它成为后来《中国封建社会形态研究》（三联书店，1979 年）一书的基础。上述理论观点虽然各不相同，但都力图把马克思主义的普遍原理与中国封建社会的历史实际相结合，对中国封建社会经济的特点作出理论的概括。

中国封建社会土地所有制问题的争鸣，是“文革”前相对较少政治色彩的学术讨论。据不完全统计，截至 1960 年，各地有关中国封建社会土地所有制问题的争论文章，有 150 篇。在中国封建社会土地所有制问题的讨论中，涉及了三个重要的理论问题。一是关于土地私有权的标志；二是关于国家干预与土地所有权的关系；三是关于地租、阶级斗争与土地私有权的关系。通过讨论极大地提升了经济史研究的理论水平，为新时期中国古代经济史研究的进一步展开打下了基础。

三、资本主义萌芽大讨论与中国古代经济史研究

1939 年，毛泽东同志在《中国革命和中国共产党》一文中分析指出，“中国封建社会内部的商品经济的发展，已经孕育着资本主义的萌芽，如果没有外

国资本主义的影响，中国也将缓慢地发展到资本主义社会。"① 1949 年前，部分马克思主义史学家如吕振羽、侯外庐等，就已经对明末清初资本主义生产方式萌芽问题有所探讨，但受历史局限性，还缺乏深入系统的论述。在 20 世纪 50 年代关于"红楼梦"的讨论中，这个问题又被再度提出来。1955 年 1 月 9 日，邓拓在《人民日报》发表了《论"红楼梦"的社会背景和历史意义》，指出《红楼梦》所反映的 18 世纪上半期，"当时的中国是处于封建社会开始瓦解，从封建经济体系内部生长起来的资本主义经济因素正在萌芽的时期"。这一观点引起史学界的强烈反响，中国资本主义萌芽问题迅速成为史学界普遍关注的议题。中国资本主义萌芽的讨论是"文革"前十七年最具有影响的学术讨论，涉及了历史学、文学和经济学等学科。20 世纪上半叶的中国经济史研究以唐宋以前为重，明清经济史，尤其是清代的经济史研究甚为薄弱。"文革"前十七年间，明清经济史研究有了长足的进步，这与当时的资本主义萌芽大讨论密切相关。

中国资本主义萌芽问题的讨论比较集中地反映在中国人民大学中国史教研室编《中国资本主义萌芽问题讨论集》（三联书店，1957）和南京大学中国历史教研室编《中国资本主义萌芽问题讨论集》（三联书店，1960）这两部论文集中。这一研究的重要著作，还有傅衣凌的《明代江南市民经济试探》（上海人民出版社，1957）、尚钺主编的《明清社会经济形态研究》（上海人民出版社，1957）等。通过讨论，人们对有关明代，尤其是明清时代的社会经济结构、商品经济的发展、阶级关系和劳动者身份地位的变化，以及手工业、商业、农业等部门发展的状况，都有了比较广泛的材料发掘和比较深入的研究。这一时期断代经济史的研究以明清经济史的发展最快，这不能不说在相当程度上是受资本主义萌芽问题讨论的影响。

全面梳理中国资本主义萌芽大讨论的内容，学界主要集中讨论了以下几个问题：一是何谓"资本主义萌芽"？二是资本主义萌芽于何时？三是资本主义萌芽的发展程度如何？四是资本主义萌芽与社会性质怎样？五是手工业部门中的资本主义萌芽状况如何？大讨论虽然没有就主要问题达成共识，得出学界认可的结论，但它推动中国经济史研究发展的作用是巨大的。

四、中国古代经济史研究在其他方面的进展

1978 年的中国经济史研究虽然主要是围绕上述重大问题展开的，但并不完

---

① 毛泽东：《毛泽东选集》（四卷合订本），人民出版社 1968 年版，第 589 页。

全是局限在这些问题的讨论上。学术争鸣之外，仍有一些学者甘于寂寞，专心治学，取得了可喜的成果。在王亚南主持工作的厦门大学，以傅衣凌、韩国磬为首的史学工作者在社会经济史研究方面做了许多工作，取得了一批重要成果。有傅衣凌的《明清农村社会经济》（三联书店，1961年、1980年）、《明清时代的商人及商业资本》（人民出版社，1957年），韩国磬的《南朝经济试探》（上海人民出版社，1963年）、《北朝经济试探》（上海人民出版社，1958年）等。在广州中山大学任教的梁方仲，进行与明代田赋制度有密切关系的户籍制度和赋役制度的研究，在完成了《明代粮长制度》（上海人民出版社，1957）以后，又致力于大型资料书《中国历代户口、田地、田赋统计》的资料收集、整理和撰写工作，于1962年完成书稿。尚钺在主持中国人民大学历史系时，包括经济研究在内的古史研究工作出现了喜人的局面，培养了一批研究骨干。长期从事中国经济史教学和研究的武汉大学的李剑农，陆续出版了《先秦两汉经济史稿》《魏晋南北朝隋唐经济史稿》和《宋元明经济史稿》（三联书店，1957～1959年），这是"文革"前出版的最重要的中国古代经济史教材。唐长孺的魏晋南北朝史研究中，不少是与社会经济有关的，其成果反映在《魏晋南北朝史论丛》《魏晋南北朝史论丛续编》中。谷霁光的著作《府兵制度考释》（上海人民出版社，1962年）对经济史问题也多有涉及。傅筑夫在南开大学和人民大学研究生班任教时，在学术研究和培养中国经济史研究骨干力量方面做了不少工作。杨宽的《古史新探》（上海人民出版社，1962年），彭信威的《中国货币史》（群联出版社，1954年；上海人民出版社，1958年），王毓铨的《我国古代货币的起源和发展》（科学出版社，1957年），陈述的《契丹社会经济史稿》（三联书店，1963年），张家驹的《两宋经济重心的南移》（湖北人民出版社，1957年），韦清远的《明代黄册制度》（中华书局，1963年），史念海的《河山集》（三联书店，1963年）等是这一时期出版的与经济史有关的重要著述。

五、1949～1978年中国古代经济史研究评价

不可否认，"文革"前十七年的中国经济史的论著，从数量上比较要逊于其他领域的历史研究论著，但也出现了一些学术价值颇高的论著。傅衣凌一系列明清经济史的研究论著，对明清经济作了深入细致的研究，特别是对明清时期商人和商业资本的研究，独有见地。彭信威的《中国货币史》1954年由群群出版社出版后，1958年和1962年，上海人民出版社两次修订再版。此书不

仅详细论述中国历代货币的演变、货币制度、金融机关以及相关的社会经济运行和货币购买力，而且还论述了历代的货币理论和货币思想，视野开阔，富有理论深度，研究细致入微，资料翔实可靠，是一部不可多得的中国货币史研究的力作。1954 年由上海人民出版社出版的王亚南的《中国地主经济封建体制论纲》，建立了与西周封建论相联系的关于中国封建经济体制的理论，对封建领主制经济向封建地主制经济的过渡，封建地主经济的特点及其在政治、文化等方面的影响作了理论概括。

这一时期也出现了一些统计资料书，值得一提的是梁方仲 1962 年编撰完成的《中国历代户口、田地、田赋统计》一书。这是一部具有较高学术价值的中国古代经济史的大型资料书，为中国古代经济史的研究提供了很大的便利，深受学术研究者的喜爱。

1949 ~ 1978 年间中国古代经济史研究主要成果集中在"文革"前十七年，学科研究主要围绕着古史分期、资本主义萌芽和中国封建社会土地所有制等问题的大讨论而展开。不可否认和回避，这些讨论不同程度受当时意识形态的影响，套用、甚至是照搬了"五种生产方式"的西欧模式；但在马克思主义历史观的指导下，经济史学界对历史规律、历史理性和中国历史经验做了前所未有的探索和研究，其学术内涵和学术价值毋庸置疑。这些研究成果极大地推动了中国经济史学的发展，为新时期中国经济史学研究的扩展和深化提供了坚实的基础。

第三节　中国近代经济史学科发展基本状况

中国近代经济史作为学术研究的专门学科，其根源始于 20 世纪初。它随着外国资本主义的进入，民族资本主义经济的发展而逐渐产生和发展起来，并产生了马克思主义的中国近代经济史学流派。20 世纪上半期，中国近代经济史学研究取得了大量的成果，但是中国近代经济史研究的迅速发展和全面繁荣，则是新中国成立以后才出现的。自 20 世纪 50 年代起，开始进入有计划地进行学科建设和学术研究时期，中国人民大学举办的经济史师资研究生班加快了新中国培养经济史学研究队伍的步伐，学术界学科建设意识增强，中国近代经济史的学科地位、研究对象、历史分期，中国经济史学与历史学、经济学等相关学科的关系等问题或相关学科概念得以广泛讨论。

新中国成立后，随着资本主义工商业改造的展开和社会主义建设的兴起，中国近代经济史的研究和学科建设受到党和政府的重视。中国近代经济史学科进入了以马克思主义为主导的转型时期，并取得了大量的研究成果，逐渐建立了完整的学科体系，新中国成立后十七年迎来了学科发展的一个初步繁荣时期。

一、党和政府高度重视，开始有计划地进行学科建设和学术研究

中华人民共和国成立后，随着党的工作重心的逐渐转移，中国近代经济史的研究和学科建设受到党和政府高度重视。1953 年，由中央政府组织成立的中国历史问题研究委员会决定编辑出版一套近代经济史资料书，由中国科学院经济研究所具体负责。1960 年，毛泽东指出："很有必要写出一部中国资本主义发展史"①。同年，周恩来亲自把这一编写任务交给了当时在中央工商行政管理局工作的许涤新。这两项战略性动员和部署，极大地促成了中国科学院经济研究所、中央和地方的工商行政管理机构、大学的有关教学和研究机构为核心的三支主力研究队伍，极大地推动了中国近代经济史学科建设和学术研究。

中国科学院经济研究所经济史组从 1954 年起，由严中平负责着手主编"中国近代经济史参考资料丛刊"，先后编辑出版了《中国近代经济史统计资料选辑》，以及工业、农业、手工业、外贸、铁路、外债、公债等专题资料。资料编辑者严中平、李文治、孙毓堂、汪敬虞、彭泽益、章有义、聂宝璋、陈真、宓汝成、姚贤镐、张国辉等同时开始了各项专题研究，并且很快成为中国近代经济史研究的核心力量。

国家工商行政管理局自 1958 年起，与中国科学院经济研究所合作，组织上海、青岛、哈尔滨等地方城市的工商行政管理部门，开展"中国资本主义工商业史料丛刊"的编辑工作，到 1966 年时已出版了 5 种史料。并从 1960 年起开始着手《中国资本主义发展史》的编写工作。

从 20 世纪 50 年代开始，大学纷纷开设中国近代史的课程，编辑出版中国近代经济史教材。50 年代出版的中国近代经济史教材主要有：孟宪章编撰的《中国近代经济史教程》（1951 年中华书局出版），湖北大学政治经济学教研室编撰的《中国近代经济史讲义》（1958 年高等教育出版社出版）；60 年代出版的中国近代经济史教材主要有：中国人民大学国民经济史教研室编撰的《中国近代国民经济史》（1962 年中国人民大学出版社出版），同时还出版了中国近

①　许涤新、吴承明：《中国资本主义发展史》第 1 卷，序言第 2 页。

代国民经济史参考资料。

二、学科建设意识增强，学科自身发展基本概念引起普遍关注

随着学科研究的不断细致深入，经济史学界的部分学者开始重视学科基础理论相关问题的探讨。如经济史的学科地位，国民经济史的研究对象与方法，中国近代国民经济史的分期等问题的讨论十分热烈。有些学者指出了加强近代经济史研究对深化经济学和历史学研究的重要性和必要性。1956 年，严中平撰文指出：近代经济史是政治史、军事史、文化史等专史和通史的基础，但是这一学科的研究无论在经济学研究中还是近代史研究中都是薄弱环节，如果再不加强这一薄弱环节，其他专史和通史都很难深入前进了。严中平的观点反映了经济史学界广大研究者自觉提升中国近代经济史学科地位的学术倾向与立场，这一诉求必将在学科研究实践中产生积极影响。

关注中国近代经济史学科地位的同时，学界部分学者还讨论了国民经济史的研究对象和方法，及其与政治经济学、历史学的关系。1957 年孙健在《国民经济史的对象、方法和任务》一文中指出：国民经济史的研究对象主要为国家生产关系演变的规律，虽然要研究生产关系与生产力的相互作用，但其范畴不包括生产力，它与政治经济学及历史学既有区别又有联系。[1] 其他学者也就经济史的学科概念发表了看法，虽然观点有所不同，但是都有这样的一个基本共识：中国近代经济史是一门运用历史学和经济学的研究方法，以生产关系为主要研究对象，探讨中国近代社会经济发展变化规律的，介于历史学和经济学之间的边缘学科。

20 世纪 60 年代，学界普遍认为，"关于中国近百年经济史分期问题，是中国国民经济史这门新学科建设中的一个重大问题。"[2] 中国近代经济史的分期问题也开始成为学界热门话题。1960 年赵德馨在《关于中国近代国民经济史的分期问题》一文中指出：马克思主义的中国国民经济史是一门新建设的学科。——许多有关的基本问题都提到了讨论的日程上来了。[3] 该文讨论了中国近代国民经济史分期的标准，明确了中国近代国民经济史分期的上限、下限。1961 年 1 月 16 日，《光明日报》载《关于中国近代经济史分期问题的讨论》一文，文章指出："中国近代经济史分期的讨论，已表明有助于揭示中国近代

---

① 参见孙健：《国民经济史的对象、方法和任务》，载于《经济研究》1957 年第 2 期。
② 《关于中国近代经济史分期问题的讨论》，载于《光明日报》1961 年 1 月 16 日。
③ 赵德馨：《关于中国近代国民经济史的分期问题》，载于《学术月刊》1960 年第 4 期，第 50 页。

社会经济实质和发展过程，对这门学科建设和当前的学科研究与教学有很大好处。目前讨论正在深入展开中。"① 上述问题的广泛热烈讨论，标志着学界中国近代经济史学科建设意识增强，学科基本概念逐渐得以明确，将有力推动中国近代经济史学科不断前进。

三、政府高教部门举办研究生班，推动新中国第一代经济史学家群体队伍成长

1949 年后的新中国百废待兴，各行各业都急需大批财经干部。周恩来曾明确指示经济史是财经干部必须掌握的知识结构，来华帮助新中国建设的苏联专家也强调从事理论经济学研究必须要懂经济史。重视学习中国经济史，重视中国经济史的研究逐渐成为时代潮流。1953 年院系调整，当时高教部要求综合大学经济学（系）院，财经学院各系都要开设经济史课，重点开设近代经济史。这样，培养专业的经济史师资队伍显得尤为迫切。

1953 年，教育部委托中国人民大学招收、培养经济史师资研究生班，学员来源有两个途径：一是各财经院校推荐青年教师参加学习，中南财经学院有谭佩玉、张郁兰、赵德馨，西南财经学院有候宗卫、钟振、周秀鸾，南开大学有郭士浩、李竞能，兰州大学有魏有礼，上海财经学院有叶世昌，东北财经学院有张俊华，另外从各校应届毕业生中选拔了于素云、季文一、李润生、张耀煊、陈振中参加学习，该研究生班共 16 人。②

为保证研究生班教育质量，中国人民大学打破学校、院系界限和限制选聘授课教师，如将傅筑夫教授调入中国人民大学讲授中国近代经济史，尚钺教授、戴逸讲授中国通史，另外还从北大聘请史料学、考古学等课程师资。研究生班部分学员毕业不久就在中国经济史坛崭露头角，如赵德馨 1957 年在《历史研究》第 3 期发表《对中国近代史分期的意见》，该文发表后引起了学界的广泛关注。1957 年《新华月报》第 10 期转载。1958 年主编《中国近代国民经济史讲义》，高等教育出版社出版。人大经济史师资研究生班学员很快成长为全国各地经济史学领域的骨干，他们是新中国第一代经济史学家群体主要代表力量。

---

① 《关于中国近代经济史分期问题的讨论》，载于《光明日报》1961 年 1 月 16 日。
② 据赵德馨、周秀鸾、叶世昌等人回忆口述整理。

四、取得了相当丰硕的研究成果

1949 年新中国成立至 1978 年以来，中国近代经济史学研究领域出版专著 60 余部，近代史研究资料近 40 种，发表论文近 600 篇。重要的著作有吴杰的《中国近代国民经济史》、尚钺的《中国资本主义关系发生及演变的初步研究》、钦本立的《美帝经济侵华史》、吴承明的《帝国主义在旧中国的投资》、傅筑夫和谷书堂的《中国原始资本积累问题》、张郁兰的《中国银行业发展史》、杨培新的《旧中国的通货膨胀》等。研究成果的内容结构，形成了两个研究重点。一是突出了列强经济侵华，出版有关的著作和资料书 14 种，发表论文 78 篇，均占总数的 14% 左右；二是兴起了研究资本主义经济的热潮，出版有关著作和资料书 56 种，发表论文 220 余篇，分别占总数的 56% 和 40% 左右。

五、拓展深化研究领域

除了继续对已有领域作更加全面深入的探讨之外，这一时期还有不少新的拓展，有关资本原始积累、民族市场、民族资产阶级和买办资产阶级、农产品商品化、新民主主义经济、少数民族经济，以及太平天国、戊戌维新、辛亥革命对经济发展的影响等课题，几乎都是这一时期才有较多研究的。当时讨论的热点主要集中在中国资本主义的发生和发展，民族市场，帝国主义对中国的经济侵略，洋务运动等领域。这些领域的论著占了中国近代经济史论著的绝大多数。

资本主义原始积累问题是研究近代中国资本主义发生和发展的重要理论问题，这一时期，中国经济学界和历史学界对这一问题发表了许多不同的理论主张，主要分歧在中国是否存在着资本原始积累？中国资本原始积累经历了哪几个历史阶段？一部分学者认为中国存在资本的原始积累过程，但对原始积累的分期阶段有不同的看法。另一派观点不同意中国历史上出现过资本主义原始积累过程，认为资本原始积累必须与政治暴力的运用相结合，才能加速资本主义生产的发展。鸦片战争后，中国的工场手工业主没有如英国的中产阶级利用王权即政治暴力来创造有利于资本主义发展的各种条件。

近代中国资本主义的发展形态和发展特点，也是学界关注的一个重点。20世纪 50 年代中期，《经济研究》先后发表了吴江和吴承明有关近代资本主义特点的长篇论文。在资本主义的研究中，民族工业资本主义是研究的一个重点。学者对近代工业发展的行业构成、发展特点、生产手段、生产关系、经营方式、发展阶段及其特点等分别做了研究。陈真的《旧中国工业的若干特点》、李时岳的《1895～1898 年中国民族工业的发展》与《论 1905～1908 年中国的民族工业的发展》、李琥的《第一次世界大战时期的中国工业》、汪敬虞的《第二次国内革命时期的中国民族工业》等论文是其代表性成果；在华外资工业问题的研究代表则有孙毓棠、汪敬虞、吴承明等人。

20 世纪 60 年代初，关于中国民族市场形成的问题引起了学者的关注。由于对民族市场的理解不一致，一些学者认为前近代中国没有形成过民族市场，只有在近代大机器工业出现后，才具备形成民族市场的条件。另一些学者不同意中国历史上没有民族市场的观点，明末各地经济联系已达到了开始形成民族市场的水平。洋务运动、官僚资产阶级、买办资产阶级、近代手工业的研究也公开出版发表了不少成果。

六、1949～1978 年中国近代经济史研究评价

比较中国古代经济史研究，中国近代经济史研究学术论述更具有意识形态的导向和政治价值判断。中国资本主义、帝国主义经济侵略、官僚资产阶级、农村土地关系等话题都是当时政治生活的热门话题。大多数的学术论著，总是自觉或不自觉地服从既定的价值判断，诠释领袖的话语。尽管如此，在原则的大框架下，许多学者对近代中国资本主义的兴起、新式民族工业生长变迁、外资企业活动、社会阶级结构等专题作了深入的研究，不少研究富有开拓性；在注重生产关系、阶级性质、历史趋向等定性研究的同时，也有许多细致深入的计量研究和个案研究，出现了不少极有学术价值的优秀成果。值得一提的是，这一时期研究者大都具有认真严谨的治学态度，可以说正是这种精神奠定了"文革"前十七年近代经济史研究的学术地位，为新时期近代经济史的进一步展开提供了一个坚实的台阶。

第四节　中国现代经济史学科的发端与起步①

相对于古代经济史，近代经济史等其他分支学科，中国现代经济史学是一门新兴的学科。在中国经济史学科体系中，中国现代经济史学随着新中国经济

---

① 本节参考了赵学军：《中国现代经济史学科的形成与发展》一文的主要研究成果，《中国经济史研究》2009 年第 4 期。

建设实践的推进开始起步与兴起。国内学术界一般以 1949 年中华人民共和国成立作为现代经济史学科研究对象的历史起点，其下限随着中华人民共和国经济现代化的步伐不断跟随着前进。中国现代经济史学科的奠基工作发轫于国民经济恢复时期结束之后。中华人民共和国成立之初，百废待兴，国民经济恢复经验总结是中国现代经济史学科开始发端的历史源头。

一、中华人民共和国经济史研究的发端

1952 年底，国内学者开始总结国民经济恢复时期的经验，发表、出版了不少关于有关国民经济恢复时期经济问题的论著。如郭瑞楚写了《恢复时期的中国经济》、狄超白撰写《国民经济恢复时期的问题》，中科院经济研究所编辑了《国民经济恢复时期农业合作资料汇编（1949 – 1952）》。1956 年我国实现了农业、手工业与资本主义工商业的社会主义改造后，社会主义改造成为研究的重点之一。如中央工商行政管理局与中国科学院经济研究所合作，推出《中国资本主义工商业的社会主义改造》一书，薛暮桥、苏星和林力子也出版了《中国国民经济的社会主义改造》，倩华等人编著了《七年来我国私营工商业的变化（1949 – 1956）》，赵艺文著《我国手工业的发展和改造》。1959 年建国十周年前后，总结经济建设的论著更多了。国家统计局编写了《我国的国民经济建设和人民生活》《伟大的十年》，李成瑞撰写《中华人民共和国农业税史稿》，史敬堂等人编辑了《中国农业合作化运动史料》。除上述专著外，一些论文也涉及 20 世纪五六十年代经济发展的问题。

这些关于国民经济恢复、社会主义改造的论著虽然算不上严格意义上的经济史学的专题研究成果，在当时的历史环境下更应看做是现实经济问题研究范畴。但是，我们认为，这些研究成果是中国现代经济史学学科的发端，从总结国民经济恢复时期的经验，从总结中国国民经济的社会主义改造的研究视角来看，这些成果也可以看做对阶段性历史问题的小结。同时，研究成果客观上为以后深入系统的研究留下了宝贵的史料。所以，我们认为，中国现代经济史学研究发端于国民经济恢复时期的经验总结。

二、高校经济史课程内容开始讲授新中国经济问题专题

20 世纪 50 ~ 60 年代，除部分学者对国民经济恢复、三大改造等经济发展专题作了某些研究之外，一些高校在经济史课程中，也开始尝试讲授涉及新中

国经济问题的专题。如当时的中南财经学院（现为中南财经政法大学）赵德馨
在教授近现代经济史课程时，一直讲到 1956 年。长期以来，学界一直以 1919
年为中国近现代的分界线，中国近现代经济史课程的内容从未突破 1949 年中
华人民共和国成立的时间界限。

突破原有的中国近现代时限分期界限，在经济史课程中讲授新中国经济问
题的专题，极大地推动了中国现代经济史学科的兴起与发展。以赵德馨为代表
的部分学者开始跨越 1949 年的界限，取得了诸多研究成果，他们是中国现代
经济史学的奠基人，拓荒者。

三、党和政府对中国现代经济史学学术机构建设的引导与推动

学界对于新中国经济发展史的研究工作，因文化大革命的爆发而中断了。
1975 年，周恩来总理认为有必要研究新中国经济史，指示国务院秘书长齐燕
铭组织新中国经济史的研究工作。齐燕铭在中国科学院经济研究所中国经济史
研究室设立了新中国经济史研究组，决定以根据地的经济史作为研究新中国经
济史的序幕，系统研究新中国经济史。这是国家设立的第一家专门研究新中国
经济史的学术机构。国家计划委员会也开始组织人员研究新中国经济建设史。

改革开放后，学界不断解放思想，不断突破研究禁区，开始尝试系统反
思，中国现代经济史学科迎来了大发展的春天。在这种学术氛围中，作为一门
独立学科的中国现代经济史学科应运而生，正式形成了。

四、1949～1978 年中国经济史学发展存在的问题

学科发展取得巨大成就的同时，我们也必须正视这一时期中国经济史学发
展存在的问题。首先，对 1949 年以前中国经济史学科发展强调批判忽视继承。
"以论带史"的口号，后来演变为"以论代史"的做法。这种轻视史实的风
气，到了"文革"更发展成为无视史实乃至捏造史实的恶劣手法。在此时期，
原来居于中国史学主流地位的史料考订派，通过历次"批判资产阶级学术"的
运动，作为一个整体已经不复存在。但是在经济史学领域，重史料、重考据的
研究风气并未完全消失。一些重要的著作，较少当时流行的教条和八股气味，
大都有考证、有材料。

其次，理论方法单一，对外学术交流近乎中断。在理论和方法上，20 世纪
50 年代唯苏联之马首是瞻；60 年代又陷入自我封闭状态，对西方经济史学的

新进展既缺乏了解，又盲目排斥。而在此时期，法国年鉴学派进入第二代，形成了以布罗代尔为首的整体史观学派；在美国，以福格尔为首的计量史学学派和以诺思为首的新制度经济史学学派兴起，引发了"新经济史革命"；而稍后西方又出现了对社会经济史的回归。这些重大变化，中国经济史学界基本不知道，依然"闭门造车"。这种自我封闭，使得中国的经济史学游离于国际学术阵营之外。

再次，教条主义严重，盲从于以欧洲经验为基础的历史发展模式。过去欧洲史学家（尤其是以黑格尔为代表的德国历史学派）把欧洲经验作为人类社会发展的共同道路。马克思继承了黑格尔史观中的合理部分，提出了人类社会发展阶段论，为科学的唯物史观奠定了理论基础。限于历史条件，马克思关于人类社会发展阶段的理论仍然是主要依据欧洲经验，但是他并未把这种以欧洲经验为基础的共同规律视为僵死的教条，认为无论哪个民族都必定走一条完全相同的历史发展道路。然而到了斯大林，却将这种共同规律绝对化了，认定所有的国家和民族都必定走一条从欧洲经验总结出来的发展道路。从根本上来说，把从欧洲经验得出的社会发展规律绝对化，是欧洲中心主义的一种形式。此时期我国学界思想方法上的教条主义，使得我们相信中国也必定要按照顺序经历这些阶段。

最后，学术的政治化，导致经济史学成为政治斗争的工具。例如农民战争史研究从一开始就负载着意识形态使命，其"一度成为显学"，也不过是"当时强调阶级斗争理论的产物"，逐渐演变为"阶级斗争决定论"，在文革中更发展为"路线斗争决定论"等荒谬理论。更为严重的是，在此时期，由于政治上"极左"路线的支配，将学术问题作为政治斗争的工具的做法愈演愈烈。在1957年的"反右"运动和1959年"史学革命"中，对许多学有成就的实证史学家粗暴地进行大批判。到了"文革"时期，连吴晗、翦伯赞、侯外庐等著名的马克思主义史学家亦未能幸免，成为"极左"政治的牺牲品。

总之，"文革"使中国经济史学受到致命打击，研究完全停顿。直到1978年，才进入了一个新时代。

第八章

1979～2000 年中国经济史学的长足发展

　　"文革"结束后，受政治运动冲击被迫中断的学术事业重新步入正常发展轨道，中国经济史学科发展进入了新的繁荣历史时期。1978 年 12 月，中国共产党召开了具有伟大历史意义的十一届三中全会，在"实事求是，解放思想"的思想路线的引领下，中国经济史学工作者在很大程度上摆脱了教条主义的束缚，对外学术交往日益频繁，新理论、新方法得以不断引进，新思路、新观点层出不穷。中国经济史学界不断解放思想，在理论方法方面突破了单一的模式，进行了广泛的探索，呈现了多元、交融的趋向。①

　　这一时期，"文革"中遭受破坏的中国经济史研究机构和队伍迅速得到恢复和发展，各种学术组织和平台也纷纷得以建立。20 世纪 30～40 年代和 50～60 年代开始从事研究工作的学者焕发了学术青春，取得了前所未有的研究成果；80 年代恢复研究生培养制度以后培养出来的专业人才，迅速成长为经济史学研究阵营的骨干。1982 年，厦门大学主办的《中国社会经济史研究》创刊，1986 年，中国社会科学研究院经济所主办的《中国经济史研究》创刊。这两份杂志在某种程度上起到了 30 年代《中国社会经济史研究集刊》和《食货》所发挥的作用。从 80 年代初开始，在各地纷纷成立经济史研究学术团体的基础上，全国性的中国经济史学会于 1986 年正式成立。经过一段时间的筹划和准备，2002 年，中国社会科学院经济所又建立了"中国经济史论坛"网站，成为网络时代的中国经济史学重要学术阵地。

　　总之，这一时期研究队伍不断壮大，研究阵地持续增加，研究领域不断扩展，学术论著大量涌现，研究成果十分丰硕。从中国古代经济史研究到近现代

---

　　① 李伯重：《回顾与展望：中国社会经济史学百年沧桑》，载于《文史哲》2008 年第 1 期。

经济史学科都得到了蓬勃发展，迎来了中国经济史学发展史上又一个高潮。

第一节　中国古代经济史学科发展

20 世纪 70 年代末，随着"实践是检验真理的唯一标准"大讨论的展开，学术界思想大解放。中国古代经济史研究和其他学术研究一样，学者们的学术思维空前活跃，学术论著大量涌现，研究方法趋向多元化和交叉化，研究领域不断拓展，各种新老专题研究深入展开，取得了很大进展。

一、研究资料基础更为广阔和雄厚

首先，学界整理出版了大批经济史的文献档案资料。档案方面，如《明实录经济史资料选编》（中国社会科学出版社，1989）、《清实录经济史资料农业编》（北京大学出版社，1990）、《清代乾嘉道巴县档案选编》（四川人民出版社，1989）、《自贡盐业契约档案选辑》（中国社会科学出版社，1985）、整套的民国档案等。其他断代经济史资料有谢国桢《明代社会经济史资料选编》（福建人民出版社，1980）、王永兴《隋唐五代经济史料》（中华书局，1987）；专题史资料有彭雨新《清代土地开垦史资料》（武汉大学出版社，1992）等，主要的农书都已整理校释出版。历代食货志均有整理校释者，其中以梁太济等的《宋史食货志补正》（杭州大学出版社，1994）最为精审。对历代文献的数字资料进行深加工而成为一代巨著的则有梁方仲的《中国历代户口、田地、田赋统计》（上海人民出版社，1980）。各经济部门、各行业、各地区和各种专题也开始整理经济史资料，尤其以财政史、经济思想史和水利史等成绩显著。

考古方面，出土实物和文字材料，被广泛运用于经济史研究，与文献记载相印证，不断刷新、匡正或深化人们的认识，使研究增添了活力和动力。其中云梦秦简对秦代土地制度和社会经济研究、出土文物简帛对包括楚国经济史在内的楚学和汉代社会经济史研究、敦煌吐鲁番文书对唐代经济史研究的推动作用最为显著。

民间文书、族谱、碑刻和社会调查、习俗调查、民族调查等，也越来越引起经济史研究者的重视。最著名的是徽州文书，已出版《徽州千年文书契约》（花山文艺出版社，1993）、《明清徽州社会经济史料丛编》（中国社会科学出版社，1985、1990）等资料汇编。上海、苏州、佛山、北京等地有关经济史的碑刻资料亦已整理出版。20 世纪 50 年代全国人大常委会和国务院民族事务委员会组织的大规模少数民族社会历史调查的有关资料，在新时期全面整理出版，为少数民族社会经济史的研究和前资本主义社会经济形态的研究提供了重要的资料基础。

各地政府、各经济部门广泛开展方志和专业史志的编纂，为经济史研究提供了丰富的资料。随着研究思路和领域的拓展，气象、水文、地理变迁等资料也可以入史。总之，中国古代经济史学的史料基础比任何时候都更加广阔和雄厚。①

二、重大问题研究讨论的继续和深入

"文革"前研究较多的社会性质和分期、土地制度和阶级关系、资本主义萌芽等问题，新时期得以继续深入探讨，并出版了一些很有分量的成果。

关于资本主义萌芽问题的讨论，"文革"后出现了一个新的研究热潮，1980 年和 1981 年举行了四次以此为主题的全国性学术讨论会；这些成果反映在上海人民出版社和江苏人民出版社出版的《明清资本主义萌芽研究论文集》和《中国资本主义萌芽问题讨论集》中。20 世纪 60 年代由许涤新、吴承明主编的多卷本的《中国资本主义发展史》于 1985～1993 年陆续问世，其第一卷就是《中国资本主义萌芽》。该书把定量分析与定性分析相结合，对资本主义的发生、发展和相关经济问题作了很有深度和特点的阐述。关于农业领域的资本主义萌芽的研究，在这一时期得到加强，李文治、魏金玉、经君健合著的《明清时代的农业资本主义萌芽问题》（中国社会科学出版社，1983），是该课题迄今最系统深入的论著。新时期的讨论中，顾准提出的中国传统文化土壤不可能生长出资本主义的观点产生了相当的影响。部分学者从反对西欧中心论，主张历史多元发展的立场出发，对资本主义萌芽的存在提出了质疑。

土地制度和阶级关系问题依然是研究者关注的重要问题之一，贯通各代的土地制度史已有七八种成果问世，最具有代表性的是林甘泉等的《中国封建土地制度史》第 1 卷（中国社会科学出版社，1990），该书资料翔实，论证深入，力图从史料与理论的结合上回答古史讨论中的一系列问题；此外还有赵俪生的《中国土地制度史》和李埏、武建国的《中国古代土地国有制史》（云南人民出版社，1997）等。断代土地制度史和个别具体田制的研究方面，主要有徐喜辰的《井田制研究》（吉林人民出版社，1982），武建国的《均田制研究》（云南人民出版社，1992），李文治的《明清时代封建土地关系的松解》（中国社会科学出版社，1993）；利用民间文书研究土地租佃关系的则有章有义的《明清徽州土地关系研究》（中国社会科学出版社，1986）和杨国桢的《明清土地契约文书研究》（人民出版社，1988）等。在封建土地所有制形式的讨论中，除国有论和私有论的两极外，又出现了私有权与共同所有权结合论、国有私有循环论和等级土地所有制等新说。

　　1978 年 10 月，《历史研究》等单位在长春召开了古史分期问题的讨论会，这使得古史分期问题再度成为热点。在讨论中，不同观点的各家继续阐述、修正和完善其理论。"文革"前一度处于主流派地位的战国封建说受到较多批评与质疑，主张该说的学者在重构其理论体系的过程中发生了观点的分化，其中以田昌五的《古代社会断代新论》（人民出版社，1982）等一系列著作和林甘泉的《中国封建土地制度史》第 1 卷以及他的一系列论文最有代表性。魏晋说颇有发展之势，早在 20 世纪 30 年代即已提出魏晋封建说的何慈全，在新时期继续充实和完善自己的论据，推出《中国古代社会》（河南人民出版社，1990）等论著，被誉为该论的扛鼎之作。陈连庆也围绕这一主张发表了系列论文。唐长孺在其晚年著作《魏晋南北朝隋唐史三论》（武汉大学出版社，1992）中也亮出了魏晋封建说的观点。西周封建说在新时期的代表作是赵光贤的《周代社会辨析》（人民出版社，1980）和马曜、缪鸾和的《西双版纳傣族份地制与西周井田制比较研究》，王德培的《西周封建制考实》（光明日报出版社，1998），对西周封建说作了新的有力的论证。比较重要的著作还有主张秦统一封建说的金景芳的《中国奴隶社会史》（上海人民出版社，1983）和陈振中的《青铜生产工具与中国奴隶社会》（中国社会科学出版社，1993）。由于古史分期问题讨论长期得不到人们所期望的结果，有的学者试图突破老的套路，否定中国历史上经过奴隶社会，认为过去的古史分期讨论是失去前提的讨论。由此引发奴隶制社会是否人类社会发展必经阶段的讨论（青海人民出版社，1988）。"必经论"有胡庆钧主编的《早期奴隶制的比较研究》（中国社会科学出版社，1996）。

　　不过，20 世纪 80 年代中期以后，上述全国性大讨论的盛况不再。有学者认为，回避重大历史问题、重大历史现象和大规模社会变动的研究与讨论是 20 世纪 90 年代以来史学的基本特点。与此相应，大批实证研究成果问世，造就了中国经济史学的别样风景。①

---

　　① 姜义华、武克全主编：《二十世纪中国社会科学》（历史学卷），上海人民出版社 2005 年版，第 216～217 页。

三、新的讨论热点问题的出现

　　学界继续讨论传统重大问题的同时，新的讨论热点问题又开始出现，首先是中国封建社会长期延续的问题。为什么中国历史上经历的封建时代比西欧长得多，为什么资本主义生产关系迟迟不能发展起来，这个问题牵动着几代学人的神经。鉴于"文革"期间封建主义的泛滥，学术界掀起了批判封建主义的浪潮，这样，关于中国封建社会长期延续的问题又一次被提到中国史坛上来。这次讨论规模之大、文章之多、争论之热烈，远远超过了以前的三个时期。讨论牵涉对中国封建社会经济结构、封建化过程、小农经济等方方面面的认识。

　　关于中国古代社会经济结构，早在 20 世纪四五十年代已有学者进行探讨。在 70 年代末 80 年代初，这一讨论空前热烈，1982 年在广州举行的中国封建社会经济结构学术讨论会上达到了高潮。这次会议的主要论文集为《中国封建社会经济结构研究》一书（中国社会科学出版社，1985）。

　　小农经济也是新时期中国经济史研究和讨论的热点之一。它也与"长期延续"和"经济结构"的讨论有关。新时期之初，有的学者强调小农经济是封建专制统治的基础，是传统经济长期停滞的根本原因。这种观点受到了批评。多数学者肯定了小农经济在历史上的积极作用，有些学者着重于该问题的实证研究，而"包产到户"则在实践上否定了对小农经济的"否定论"。1993 年，《中国经济史研究》编辑部召开了关于传统农业与小农经济的学术研讨会，对这方面的讨论作了一个小结。以后，研究的重点转到了小农经济的生产结构和小农经济与市场的关系等方面，注重小农经济力量和社会地位的变化，及其与整个封建经济发展的关系。

　　中国市场史，尤其是对清和近代传统市场的研究发展迅速，已成为新时期经济史研究的中心之一。吴承明的研究起到了倡导作用，他从生产的社会分工和与此联系的长途贩运的内容考察传统市场的发展；他指出中外历史上都有一个"市场转变"的过程，它不但是市场交易量的增加，而且是市场体制和相应的政治、法律体制的变革，只有完成了这个转变，才能称为"市场经济"，这就是经济现代化的过程。中国这一转变始于明中叶，起伏跌宕，迄今尚未完成。在对传统市场的研究中，人们注意到各类市场（农村市场、城市市场、区域市场、全国性市场；生活用品市场、生产资料市场、劳动力市场、资金市场、土地市场等）的发育状况及其相互关系，注意到商品流通量的计算和商品构成的分析，注意到市场价格体系及其变迁，有关成果已陆续问世，并呈不断增多之势。

四、部门经济史研究的日渐兴起

以生产力为中心的部门史的兴起，是新时期中国经济史研究的显著特点之一。其中最突出的有农业史、商业史、交通史、手工业中的盐业史、纺织史等。

农业史的研究较有基础。所有重要的农书均已校释出版，缪启瑜的《齐民要术校释》（农业出版社，1982）可作为这方面的代表。除文献资料外，考古材料和民族学材料也被引进农史研究。《农业考古》《中国农史》《农史研究》《当代农史研究》《古今农业》等相继创刊。农史研究以生产史和科学技术史为中心，并扩展到经济史、思想史、文化史等领域，农业生态史也日益受到人们的重视。

工业史的研究以盐业史成绩最大，成立了盐业史学会，创办了《盐业史研究》，建立了广泛的国际学术联系。出版了郭正忠的《中国盐业史·古代编》（人民出版社，1997）、《宋代盐业史》（人民出版社，1990）、彭久松的《中国契约股份制》（成都科技大学出版社，1994）等一批论著，从科学技术、生产力、生产关系、经营管理制度到国家对盐业经济的干预和管理，研究相当深入。棉纺织史、丝织史、矿冶业史、酿酒史等均有专著问世。

商业史研究相当活跃。商业史学会相继创办了《平准学刊》、《货殖——商业与市场研究》，先后出了十大本。新时期商业史研究视野开阔，研究领域不断开拓和深入。其中商帮史研究成绩最显著，张海鹏等《中国十大商帮》（黄山书社，1993）、《徽商研究》（安徽人民出版社，1995）等相继问世。这一时期还出版了多部个人专著。

中外交通史和对外贸易史相辅相成，并拓展到整个中外经济文化交流，成为新时期备受重视的研究领域。出版了专业刊物《海交史研究》。许多研究是围绕着"丝绸之路"展开的，从传统的丝绸之路扩展到西南夷丝绸之路和海上丝绸之路的研究，形成了国际性的研究热潮。海外华侨、华人经济及其与母国的经济联系，也吸引了不少研究者。

财政金融史在资料整理和研究方面都有可观的收获。综合的断代的财政史研究，以唐宋成绩最佳，历代财政改革颇受研究者关注。赋役史的研究原来基础比较好，新时期更获得了长足的发展，出现了一些有创见的、比较成熟的论著，如张泽咸《隋唐五代赋役史稿》（中华书局，1986），栾成显《明代黄册研究》（中国社会科学出版社，1988）等。[①]

五、区域经济史、民族经济史和城市史的研究

区域经济史的勃兴是新时期中国经济史学引人瞩目的现象。中国是一个幅员辽阔的统一多民族国家，各地区经济发展很不平衡，不作分区的深入研究，很难把握经济发展的历史全貌。开展区域经济史研究，是中国经济史学发展的自身要求。改革开放以来，各地经济建设的蓬勃发展迫切需要历史的借鉴，这些都给区域经济史的发展以极大的推动。1987 年在深圳召开了清代区域社会经济国际学术讨论会。区域经济史研究以明清和近代为主，以广泛利用地方档案、民间文书、社会调查等资料为特色。其选题研究，除综合性研究外，涉及社会经济各领域各部门。研究的区域，遍及全国，其中基础较好、成绩较显著的有江南（江苏、浙江）、华南（广东、福建）等地区；以徽州社会经济史为中心的徽学，成为国际性的显学，出版了《徽州学研究》和章有义《明清徽州土地关系研究》（中国社会科学出版社，1984）、叶显恩《明清徽州农村社会与佃仆制》（中国社会科学出版社，1986）等一批研究成果。一些地区，尤其是周边地区的经济史研究，往往与民族经济史研究相结合。少数民族经济史的研究也有较快的发展，研究较多的有社会经济形态、生产关系、物质生产、民族贸易等领域，尤以利用民族社会历史调查资料研究前资本主义社会诸形态，研究人类经济演进中较早的生产形态、生产类型、生产习俗，最有特色。

与区域经济史关系密切的城市史，是新时期适应城市化发展，求取历史借鉴而产生的新兴学科。1995 年《中国史研究》等单位在大连召开了中国古代城市史学术研讨会，推动了研究的发展。有的学者把城市经济史和区域经济史联系起来，把城市作为区域经济的中心地，或从中心城市与周围城市的关系中进行研究。唐宋以来市镇的兴起，是学界最感兴趣的问题之一，主要成果有樊树志《明清江南市镇探微》（复旦大学出版社，1990）、傅宗文《宋代草市镇》（福建人民出版社，1989 年）等著作。

六、综合性的跨代与断代经济史研究

20 世纪 70 年代，全国哲学社会科学规划把"中国古代经济史断代研究"列

---

① 姜义华、武克全主编：《二十世纪中国社会科学》（历史学卷），上海人民出版社 2005 年版，第 218～219 页。

为重点项目，通过国家立项组织全国各地经济史专家进行古代经济史的研究和写作，是新时期古代经济史研究全面开展的重要标志之一。目前已出版的有漆侠的《宋代经济史》上下册（1987 年、1988 年），漆侠、乔幼梅的《辽夏金经济史》（1994 年）和高敏的《魏晋南北朝经济史》上下册（1996 年），均为上乘之作。由周自强（先秦）、林甘泉（秦汉）、宁可（隋唐）、陈高华（元）、王毓铨（明）、方行、经君健、魏金玉（清）分别主编的各卷已完成，作为《中国经济通史》的古代部分由经济日报出版社出版。古代各断代经济史的其他著作也有不少。

跨代综合研究中国封建时代经济史的专著，20 世纪 80 年代初有傅筑夫的《中国经济史论丛》《中国封建社会经济史》（1～5 卷），90 年代后期由田昌五、漆侠主编的 4 卷本《中国封建社会经济史》。胡如雷的《中国封建社会形态研究》着重探讨了中国封建生产方式及其运行规律，是建立中国封建主义政治经济学的开创性尝试。

第二节　中国近代经济史学科发展

"文革"结束后，中国近代经济史学科的研究在继承和反思的基础上，深入研究旧课题，不断开拓新领域，积极开展国际学术交流，进入了新的繁荣发展阶段。我们将从学科发展基本状况、讨论的主要问题及可能存在的问题等方面探讨这一时期中国近代经济史学科的发展。

一、学科发展基本状况

（一）学科价值更加受到重视，学科地位明显提升

在改革开放的新形势下，近代经济史学科更加受到重视。1981 年，刘大年首先发表文章，指出加强近代经济史研究对深入研究近代史的重要性和必要性：中国近代经济史是整个近代史研究的基础，如果把历史研究真正建立在唯物主义基础上，就必须认真研究经济史。因此，近代经济史研究是当前深入研究近代史的最重要课题和突破口。1983 年，经君健又从开展广义政治经济学研究的角度指出了研究经济史的重要性。① 1986 年，严中平在中国经济史学会

---

① 经君健：《加强中国经济史研究是发展经济学的一项重要战略任务》，载于《经济研究》1983 年第 10 期。

成立大会的开幕词中，在总结和反思学科的研究经验教训后，提出学科发展的目标和任务说：对内应发挥经济史学的社会效应，对外要走上国际讲坛，以我们的成果树立中国经济史学科在世界学术之林中的地位。[①] 傅筑夫、丁日初、魏永理、张永东等也先后就此发表了文章。他们所提出的有关加强近代经济史研究的认识和观点，得到了学术界的广泛认同和响应，在一定程度上推进了近代经济史研究的发展。

（二）研究队伍不断扩容与壮大

与近代经济史受到重视相对应，从事本学科教学和研究的队伍逐渐扩大，人员构成趋向多元化。不少高等院校的历史系和经济系增开了近代经济史课程，有的院校和研究所陆续开始招收本专业的硕士和博士研究生，这些经过专业训练的新生力量陆续进入近代经济史学科的研究行列。同时，还有一批原来从事一般历史学、经济学、农林学、社会学等领域的学者也开始涉足近代经济史领域的研究；有些在图书馆、档案馆、博物馆和地方志编写机构工作的研究和编写人员也陆续加入了近代经济史学的研究、编写和资料整理工作。全国政协文史资料编辑委员会，以及有些地方政协文史资料编辑委员会，也逐步开创了工商资料专辑的编写工作。

近代经济史学的学术团体组织也纷纷成立和推广。1983 年的全国史学规划会上成立了"中国近代经济史丛书编辑委员会"，并开展了一些促进学科发展的工作。1986 年 12 月中国经济史学会成立，下设有近代经济史分会，十多年来，学会做了许多学术交流工作，对学术研究的发展起到了一定的促进作用。地方性和专题性的学术团体也从 20 世纪 80 年代初开始陆续组建，至今许多省市成立了经济史研究会之类的学术团体，专题性的学术团体亦多有设立。这些学术团体，有的通过举行研讨会开展学术交流活动，推进学术研究，有的则组织和进行了相关专题的实际研究工作。

（三）研究领域不断扩展

随着国家经济体制改革和经济建设的逐步发展，研究方法的不断创新，近代经济史的研究领域广泛拓展，呈现出总体研究开拓新思路，专题研究呈现日益多元化的趋向。如关于工业化问题、企业制度、企业集团、生产技术、房地产业、价格结构、消费结构、产业结构、市镇经济、农村经济、城乡经济、区

---

① 严中平：《在中国经济史学会成立大会上的开幕词》，载于《中国经济史研究》1987 年第 1 期。

域经济、国际收支、华侨投资、人口经济、经济社团、经济政策、民国经济、战时经济、革命根据地经济、海关制度等以前几近空白的领域，都已有了一定的研究。

以前有所研究的领域，又开辟了不少新的研究课题。如农业史研究中的农垦事业、经营地主、农业现代化；手工业史研究中的商业行帮和商事习惯；金融史研究中的信托、保险、证券和交易所；交通史研究中的公路、航空和邮电；市场研究中的农村、城市、区域、生产资料、劳动力、资本、技术、信息、房地产等市场；少数民族和边疆经济史研究中，不仅所涉及的民族和地区进一步扩大，而且开始探讨发展模式的问题。

关于中外经济关系、外国资本、官僚资本、买办资本、资产阶级、太平天国经济、洋务企业、地主经济等以前有较多研究的领域，不仅有进一步的深入研究，而且走出了片面化和僵化的模式，向着系统全面和实事求是的方向前进。

（四）研究成果迅速增加，研究水平明显提高

研究环境的改善和主观条件的改变，有力推动了近代经济史学科的发展，研究成果持续快速增加。1979～1998 年的 20 年中，近代经济史学科共出版著作约 700 种，发表论文约 6000 篇。其中 1985 年之前的 7 年中，出版著作近 140 种，发表论文近 1600 篇，分别占这一阶段总和的 20% 和 27%，但其数量已大大超过前 30 年的总和，特别是论文数量超过了 1.5 倍。1986 年之后的 14 年，研究成果以更快的速度增加。[1]

涌现了一批高水平的、开创性的优秀著作。如 20 世纪 50 年代开始准备，80 年代初着手写作的，由严中平主编的《中国近代经济史（1840～1894）》2 册，由汪敬虞接替主编的该书的 1895～1927 年卷 3 册相继出版；50 年代启动的由许涤新和吴承明主编的《中国资本主义发展史》3 卷本，均从 1985 年起陆续出版，代表了本学科总体研究的前沿水平。一些具有开创意义的专题研究也有大量著作问世。有些专题已有比较全面的研究，取得了较多的研究成果，如张仲礼、隗瀛涛、罗澍伟、皮明庥等主编的上海、重庆、天津、武汉等地的城市史，从翰香、苑书义、孔经纬、段本洛等编撰的华北、东北、江南等地的区域经济史，陈诗启、戴一峰等撰写的海关史，徐鼎新、马敏、朱英、虞和平等撰写的上海、苏州、全国的商会史，刘佛丁、王玉茹、陈争平等撰写的有关经济发展、价格结构、国际收支等方面的计量经济史，张东刚等人的市场需求

---

① 彭南生：《改革开放以来中国近代经济史研究的回顾与前瞻》，载于《史学月刊》2009 年第 2 期。

与经济发展研究。有些专题研究目前虽然尚为个别人所研究，成果也比较单一，但其开创性的学术价值已显示了重要的发展方向，如赵津的城市房地产史研究，徐鼎新的企业科技力量与科技效应研究等。

二、讨论的主要问题

（一）关于中外经济关系问题

对于中外贸易，丁日初、沈祖炜认为，它是暴力掠夺性贸易同按经济规律办事的正常贸易交织在一起的，从长期的变化趋势来看，后者是主流。这种中外贸易尽管产生了一些不利于中国的因素，但毕竟在客观上对中国经济发展和社会进步起到了积极作用，诸如推动商品经济发展、加速自然经济分解、促进城乡经济繁荣和近代工业发展等。张仲礼、李荣昌认为，中美贸易与中英、中日贸易不同，具有较多的自由贸易色彩，有显著的比较利益，有促进进口替代和出口导向型产业的兴起和技术输入等方面的作用。对于外国在华投资，丁日初认为，它向中国人提供的银行和运输服务、贷款、现代化机器设备和技术训练，是有利于中国资本主义的一面；它力图挤垮或兼并中国同类企业，是排挤中国资本主义的一面。然而后者只存在于某一时期或局部范围内，且到条件发生变化时就可以减弱以至于消失。因此从历史的宏观和外资的整体来考察，它对中国民族资本主义促进的一面终究占主要地位。曹均伟认为，中外合资企业也有积极的一面，它扩大了资本主义生产关系，缓和了中国的资本短缺等。聂宝璋、陈铎认为，外资轮运业虽有威胁民族轮运业发展的一面，但它对中国封建社会的冲击、震动和刺激，对民族轮运业的发生和发展起到了客观的促进作用。

（二）关于传统经济与资本主义经济的关系问题

对于这个问题的讨论，比较重视考察传统经济成分在国外和本国资本主义经济影响下而发生的内在变化。传统手工业，特别是棉纺织业、丝织业、井盐业、榨油业、陶瓷业中的资本主义萌芽，不仅继续存在而且有所发展，成为民族资本主义工业的一个有机组成部分，还为机器工业的产生提供了一定的工人、技术和市场条件，有的更逐渐转化为机器工业。传统商业和金融业，特别是经营洋货和农副产品的商业，在鸦片战争后就陆续具有资本主义商业和金融业的性质，其经营的商品逐渐以资本主义生产为主要基础，其市场流通范围逐渐扩大，其取得的利润已成为资本主义平均利润的一部分，其生产关系已具有明显的资本主义雇用性质，其经营方式逐渐采用经销、代销、包销、拍卖、批发、信用结算等新方式。农业经济虽然仍以传统农业为主体，但是新型的资本主义农业也在缓慢发展。如经营地主、富农、农垦公司在逐渐增加；耕种、灌溉、化肥、种子等方面的新式技术和设备在逐渐推广；通商口岸附近和铁路沿线地区的农产品商品化程度在不断提高；农业人均产出亦非一直处于下降状态，而是有升有降，且总体上呈上升趋势；农业总产值中的资本主义农业所占的比重也在逐渐提高，1936 年时达到 10% 的最高水平。

（三）关于国内市场问题

这一阶段的研究与以前相比有很大的进展，主要表现为以下四个方面。一是对农产品商品化发展状况的考察，用计量研究的方法，论证了近代的农产品商品化增长速度比鸦片战争以前大大加快，并呈现为加速度发展的状态，从而使农产品的商品市场不断扩大。二是对国内贸易总值和市场规模的考察，用各种计量研究方法，对某些阶段和某些年份的国内贸易总值进行了估算，特别是吴承明估算出了 1870 年、1890 年、1908 年、1920 年、1936 年等 5 个基期的市场商品总值和期间的年均增长率分别为 10.4、11.7、23.0、66.1、120.2 亿两和 1.20%、1.14%、6.28%、2.89%。[①] 三是对各种类别市场的研究。如关于华北、四川、江苏、广西等农村市场的研究，探讨了市场的区域等级结构、商品流通渠道和交易规模，以及地方特点等。关于上海、天津、武汉、重庆等城市市场的研究，探讨了市场的发育过程、交易方式、功能作用和特点等。关于生产要素市场的研究，张仲礼等认为，在近代上海，生产资料市场、劳动力市场、资本市场已完全形成，技术市场、信息市场也开始出现；王玉茹则认为，到 20 世纪 40 年代，生产要素市场在经济发达地区初步形成，但仍发育得很不完善；赵津探讨了全国主要房地产市场的经营方式及其与金融业和政府的关系。四是关于价格体系的研究，所涉及的内容包括民国时期的价格变动及其规律，城市房地产价格变动规律及其对城市土地利用、城市"建筑革命"等方面的调节和促进作用，工农业产品价格剪刀差并不存在，以及借贷利率下降、工农业工资差距扩大、土地价格上涨对资源配置和产业结构优化的影响。五是关于市场需求的研究，张东刚估算了 19 世纪 80 年代至 20 世纪 40 年代的国民消费需求总额、农业投资总额、政府部门经常性支出等的长期变动数列，以及

---

① 见吴承明：《近代国内市场商品量的估计》。

一些横截面统计数据。认为近代中国总需求呈不断上升的总体趋势，其基本特征是低水平波动上升，增长幅度较小，结构变动也不尽合理，但也对经济的发展和结构变化产生了相应的促进作用。

（四）关于洋务企业问题

有关论者大多认为官督商办民用企业具有资本主义性质，但属何种资本主义则见解不一。刘大年、黄逸峰、姜铎、汪熙、张国辉、黄如桐、樊百川等都坚持官僚资本的观点。丁日初、沈祖炜、李时岳、胡滨、张耀美等认为属于民族资本，或称国家资本。其理由是：这些企业的所有权属于国家，经营管理上虽然有封建性，但没有买办性和垄断性，与国民党政府的官僚资本不可相提并论。汪敬虞、夏东元、董蔡时等则提出了早期官僚资本（雏形）与早期民族资本（胚胎）共存论，认为两者同时产生，彼此渗透，相互转化，分途发展。

（五）关于资本主义经济发展水平问题

新的研究不赞同以往那种政治日趋黑暗导致经济日益衰败的观点。不少学者通过大量的计量研究，认为近代中国经济的发展虽然是艰难曲折的，但总的来说是逐步增长的，而且指出第一次大战结束至抗战爆发和抗战结束后的时期，中国的经济仍有不同程度的增长，并提出了近代中国经济增长周期的理论。

（六）关于资产阶级的问题

新的研究认为，洋务运动时期不存在官僚资产阶级和买办资产阶级，明确提出了"一个阶级"论；买办不仅可以向民族资产阶级转化，而且是其中的一部分；把民族资产阶级分为上、中、下三个层次，并以此认定其政治态度，与历史事实不符，这是把政治态度和经济地位机械联系的结果；有的学者提出，从资本集团、资产阶级团体的角度入手进行研究，更能揭示资产阶级的实际面貌。

（七）关于历届政府的经济法规和政策问题

对晚清政府所制定的工商法规和振兴实业措施，朱英作了比较全面的研究，通过分析经济政策的制定过程、具体内容和实施状况，在指出其弊端和缺陷之外，亦肯定其对中国资本主义经济法制建设的先导作用。虞和平认为，就其制订过程、科学性和可行性而言，与资产阶级和经济发展的要求尚有较大的差距，但对资本主义伦理的产生具有较大的促进作用。

对民国北京政府所制定的经济法规和政策，一些专题论文和有关民国经济史的著作，对其法规内容和政策措施作了比较多的陈述。虞和平的有关研究还认为，它的种类结构初步形成了资本主义经济法制体系，它的内容构成具有较高的科学性和可行性，它的制定过程较多地体现了资产阶级的利益，它的功能作用较大地改善了资本主义经济社会秩序，在近代中国经济法制建设中处于承上启下的地位。但是在实际的贯彻执行上，对强化管理执法颇严，对扶持和保护企业和企业家的利益和权利常常有法不依，从而限制了它对经济发展促进作用的发挥。

对南京国民政府所制定的经济法规和政策，近年来有较多的研究。除了对其法规体系和基本政策进行比较全面的陈述和一分为二的评价之外，着重研究了一些重要的专项政策措施。一是对法币政策的研究，认为它具有稳定汇率、松动信贷、降低利率、协调物价、促进农工商业发展，使中国的币制进入现代型行列等客观积极作用。二是对关税自主政策的研究，认为它虽在一定程度上改善了中国的海关主权状况，并在提高进口税、减免出口税、保护本国工商业、改变进口货物结构、增加财政收入等方面都有一定的积极作用。三是对抗日战争时期经济统制政策的研究，认为它既有掠夺性的一面，又有积极性的一面。金融统制增加了政府的经济实力，阻止了白银外流，工矿统制扶助了工农业生产，贸易统制维持了对外贸易，从而有利于抗战和国计民生。

（八）关于商会和其他经济团体的问题

在商会史的研究方面，不仅讨论了商会的产生发展过程、政治和社会属性，及其在清末政治运动和辛亥革命中所起的作用，而且逐渐深入和延伸到商会的角色地位、组织结构、现代化作用、与政府的互动关系、外交活动、中外比较、商案仲裁、市民社会等问题，并以此考察中国资产阶级的形成时间和程度。其中讨论较多的问题有：对其性质属性问题，朱英认为清末商会具有"官督商办"的性质和特点；虞和平认为它是一种商办的法人社团。对其组织构成中与行会的关系问题，马敏、朱英认为商会的根本宗旨、基本职能、组织结构和总体特征等，都是与行会截然相异的；虞和平认为，鸦片战争后行会内部已具有的对现代社会的潜在适应性是其与商会结合的同质因素，两者还在协调成员关系和官商关系、经济管理、利益自维等功能上，具有相同和相互依赖的关系，使两者有机地结合在一起。对其促进早期现代化的作用问题，朱英、马敏、徐鼎新比较全面地论述了它的经济促进作用；虞和平还从改善资本主义经济秩序、有助于资产阶级的政治参与与民族独立运动，以及商人外交的产生和发展角度，考察了商会的这一作用。对其与资产阶级成长关系的问题，朱英从

商会的组织状况和政治活动角度，提出商会的诞生是资产阶级初步形成的重要
标志；虞和平则认为，清末各地商会的诞生是资产阶级进入从自在状态到自为
状态转化的过渡阶段，民国初年全国商会联合会的成立，则使之进入自为的阶
段，即完整形成阶段。对其与政府的关系问题，王迪认为清末时主要是在振兴
实业基础上的相互依赖和合作关系；虞和平认为，在 1904～1930 年间，呈现
为依法的管理和被管理关系向着超法的控制与反控制关系转变的趋势；朱英认
为在清末民初时期主要是良性互动的关系。

对于行会、行帮、同乡组织和其他经济团体的研究，开始从单纯的研究其
封建性质，转向探讨其组织形态和功能特征及其现代化过程。徐鼎新、虞和平
认为，鸦片战争以后，传统行会的组织性质和功能逐渐朝着现代性组织和资本
主义化的方向转变，一些新兴的资本主义行业所建立的行会组织更具有这种现
代的资本主义性质。同乡组织则从清末民初开始日益增多地采用现代的同乡会
组织形式，其功能作用也从传统的以"救死"和联谊为主，改变为以"救生"
和扶持同乡经济利益为主，并带动传统的同乡组织朝着这一方向转变。民国初
年成立的以振兴实业为宗旨的大量经济社团，则更是一种以目标和利益认同为
基础，并为实现共同的目标和利益而奋斗的现代经济社团，在当时的经济现代
化建设中起到了一定的社会动员作用。

（九）关于经济现代化问题

关于经济现代化的促进因素，有的论者认为，外部的西方资本主义刺激，
是起决定性影响的主导因素，内部的资本主义萌芽是次要因素，因为它远未达
到诱发出产业革命的程度，不可能促使中国走上现代化的道路。有的论者则认
为，除外部因素外，内部因素同样起着重要的作用，如明清时期的经济结构变
化已显示出现代化模式的潜在自然形态；政府的重商主义政策和大量的工场手
工业的存在，是工业化的真正的内部因素。

关于经济现代化的阻碍因素，有的论者认为，西方资本主义的侵略是主要
原因，它使中国的经济现代化处在被扭曲的状态；有的学者认为，西方侵略固
然是一个重要原因，但是决定性的原因在于中国内部，如统治者没能迅速进行
全面改革、对新式企业进行不合理的干预和控制，传统文化积淀制约了应有的
"二元结构"中某些优势的发挥。有的学者认为，这两方面的因素都存在，只
是各有不同的阻碍作用。

关于经济现代化进程的总体状况，罗荣渠认为这是一种依附性增长趋势，
其具体表现为：被完全纳入世界资本主义经济体系，并处在这个体系的边缘地

位；现代工业是以沿海条约口岸城市为中心的布局，主要是轻工业，也只能在外资企业的夹缝中生存和发展，外国资本在中国现代化经济部门和中国比较现代化的地区占据了支配地位；广大农村被卷入了商品经济体系，但其商品化的发展速度落后于工业；经济增长是一种土洋结合的二元经济，但现代工业增长缓慢、发展畸形，传统经济一直占主体地位。

关于中外经济现代化的比较，朱英、虞和平、朱荫贵认为，在日本，欧美等西方国家的经济现代化进程中，以资产阶级为主导力量；官商之间密切配合；经济立法及时、完备、高效；经济社团与经济现代化进程同步产生和发展，经济促进功能明确，并以民主自由为基础，以法律制度为保障；工业化的启动具有较强的主动性，既移植西方的生产技术也移植经济体制，利用政府权力进行大规模的资本原始积累；农业现代化与工业化同时并进，相互促进；对外贸易和商业不仅发展迅速，而且成为工业化的重要推动力。在近代中国的经济现代化进程中，资产阶级始终不能单独承担这一使命；官商关系极不稳定，时而改善，时而恶化；经济立法滞后、残缺、低效；经济社团的产生和发展与经济现代化进程不尽一致，政治因素较多，时而高涨，时而低落，缺乏民主和法律的保障；工业化的启动有较大的被动性，只移植西方的生产技术而不移植经济体制，政府在资本的原始积累中没有充分发挥作用；农业的现代化滞后，没能成为工业化的强大支柱；对外贸易和商业虽然有较大的发展，但在半殖民地的社会经济制度下，不能充分发挥其应有的推动工业化的作用。朱荫贵认为，中国的轮船招商局与日本的三菱会社之所以会有不同的发展道路和结局，主要是由于两国政府在人才培养、资金筹措、管理制度等方面的干预政策的不同，日本政府的干预政策具有全局性和长期性，中国政府的干预政策则不然。严立贤认为，需求增长和市场扩大是日本早期工业化发生发展及其近代大工业过渡的主要推动力；农业的低剩余率和极不发达的国内流通制度，则是导致中国早期工业化及其向近代大工业过渡中徘徊不前，远远落后于日本的症结所在。

三、存在的问题和今后努力的方向

1979～2000 年的中国近代经济史研究虽然取得了巨大的成就，但也存在着一些值得注意的缺陷和薄弱之处。

（一）关于运用新方法、开拓新课题与坚持马克思主义为指导相结合的问题

如前所述，引进国外学术研究的理论和方法，对中国近代经济史研究的繁

荣发展和走向世界是必不可少的，但是在实际研究工作中，在某一理论、某一方法引进的初期，往往尚未很好地理解消化就匆匆采用，不能很好地与相应的题材和史实相结合，出现了一些不尽如人意的地方。如生搬硬套国外理论和模式，简单搬用新词汇和时髦术语，研究方法与研究内容不匹配，理论分析与实证研究相脱节，以论取材，以偏概全等现象时有发生。

（二）关于时代性和科学性问题

1978年以来的近代经济史研究，时代性明显加强，许多新观点的提出和新课题的开拓，都不同程度地希望为现实经济体制改革和经济建设服务。新时期出现了不少将时代性与科学性较好统一的研究成果，较好地发挥了本学科为当前现代化建设服务的功能。但是也存在着仅仅从现实的某种经济变革及其需要出发进行简单比附或类推的现象。如从现在肯定引进外资的必要性出发，而去全面肯定近代在华外资对中国经济的促进作用；从现在外资企业有中方职员和工人出发，而去完全否定近代买办对外资的依附性和外资企业对中国工人的剥削性。

（三）关于内容结构问题

1978年以来的中国近代经济史研究虽然开拓了不少新的领域，但受原有研究基础和资料条件的制约，研究课题的布局不均衡，以至于在有较多研究的领域内出现一些低水平重复研究的现象，而在一些较少研究的领域内则存在着诸多缺少研究的薄弱环节，甚至空白地带。加强研究结构中的那些薄弱方面的研究，无疑是今后近代经济史研究发展的一个重要方面。①

第三节　中国现代经济史学科发展

相对于中国古代经济史和近代经济史而言，中国现代经济史——共和国经济史是一门新兴的经济史，起步较晚，力量薄弱，研究成果也不如古代和近代经济史丰富。除了"文革"以前寥若晨星的个别著作以外，中华人民共和国经济史的研究，大量的、比较系统的研究始于20世纪80年代中叶以后。这一时期的中国现代经济史学科发展主要表现在以下几个方面。

---

① 曾业英主编：《五十年来的中国近代史研究》，第99～116页。

一、学术资料的整理与出版

从 20 世纪 70 年代末期至 21 世纪初期，涉及中国现代经济史的档案资料、统计资料及其他史料陆续整理出版。中国社科院经济研究所中国现代经济史研究室（组）成立后，着手收集、整理了土地革命时期根据地、抗日战争时期根据地及解放区的大量经济资料，相继出版了《革命根据地经济史料选编》《中国土地改革史料选编》《华北解放区财政经济史料选编》等资料。其他学术机构也相继出版了《华中解放区财政经济史料选编》《晋绥边区财政经济史料选编》《东北解放区财政经济史资料选编》等资料。1988 年后，中国社会科学院与中央档案馆合作，整理、编辑中华人民共和国建立后的经济档案资料。从 1989 年到 2000 年，出版了《1949~1952 年中华人民共和国经济档案资料选编》12 卷、《1953~1957 中华人民共和国经济档案资料选编》9 卷。《1958~1965 中华人民共和国经济档案资料选编》10 卷也于 2011 年面世。这套丛书，在海内外引起了广泛关注，为研究中华人民共和国建立初期的经济状况、经济体制变革以及经济运行提供了丰富翔实的学术资料，促生了一大批有创见的经济史学科研成果。

国家有关部门也整理出版了各类经济统计资料。如农业部计划司编辑了《中国农村经济统计大全（1949~1986）》，国家统计局编辑了《国民收入统计资料汇编（1949~1985）》、《中国劳动、工资统计资料（1949~1985）》，财政部综合司编辑了《中国财政统计（1949~1980）》，中国人民银行调查统计司编辑了《中国金融统计（1952~1987）》等统计资料。此外，财政部综合司编辑的《中华人民共和国财政史料》，由中国财政经济出版社从 1982 年到 1989 年分期出版。《中华人民共和国国民经济和社会发展计划大事辑要（1949~1985）》《中国农业合作化史料汇编》《中国供销合作社大事记与发展概况（1949~1985）》等都相继出版，为中国现代经济史的研究提供了便利条件。

有代表性和影响力的经济大事记相继出版，这些都成为中国现代经济史研究的重要资料基础。房维中主编的《中华人民共和国经济大事记（1949~1980）》，内容为中华人民共和国成立到 1980 年为止的全国经济大事记。赵德馨主编的《中华人民共和国经济专题大事记（1949~1991）》，内容为中华人民共和国成立到 1991 年分部门和专题的经济大事记。《当代中国的经济管理》编辑部主编的《中华人民共和国经济管理大事记》，1986 年 12 月由中国经济出版社出版，时任国家经委副主任朱镕基为该书作序。

相关辞书、词典的出版，这些都成为中国现代经济史研究的工具书，给学科研究提供了便利条件。1990 年中国财政经济出版社出版的《财经大辞典》设有"经济史分编"，分编内容突破了以往辞典收录下限为 1949 年的界限，共和国经济建设实践中的内容逐渐被部分词条收录。该书因其较高的学术价值与出版质量受到学界普遍好评，并获第五届中国图书奖。

二、人才培养日渐重视，教材建设成果喜人

20 世纪 50 年代赵德馨在国内高校率先开设中华人民共和国经济史课程内容先河，并组建团队尝试编写中华人民共和国经济史相关教材。从 80 年代起，高等院校为满足教学需要，组织力量编写中华人民共和国经济史教材。1980 年孙健的《中华人民共和国经济史稿（1949～1957）》由吉林人民出版社出版。1987 年李德彬的《中华人民共和国经济史简编（1949～1985）》由湖南人民出版社出版。1988 年赵德馨的《中华人民共和国经济史纲要》由湖北人民出版社出版，1989 年赵德馨的《中华人民共和国经济史（1949～1984）》由河南人民出版社出版。此外，蒋家俊主编的《中华人民共和国经济史》，1989 年由陕西人民出版社出版，曾壁均、林木西主编的《新中国经济史（1949～1989）》，1990 年在经济日报出版社面世。90 年代，全国各地高校中华人民共和国经济史教材不断推陈出新，力求反映最新学术成果，研究的时限也越来越接近当今现实，如赵德馨、苏少之主编的《中华人民共和国经济史》第 5 卷教材已将研究内容延续到 90 年代了。

随着教材建设成果不断地丰富和发展，高等院校历史学、经济学等相关专业在课程设置、教学大纲修订过程中，纷纷将中华人民共和国经济史作为本科专业培养的重要课程。1984 年原中南财经学院首次招收中华人民共和国经济史方向研究生，开创了国内高校培养中华人民共和国经济史专门高层次人才的先河，随后，国内高校研究生教育设置中华人民共和国经济史研究方向越来越普遍。恢复研究生学位制度培养的高级专门人才很快脱颖而出，成为中华人民共和国经济史的重要骨干力量。

三、研究领域不断扩展，大量成果不断涌现

20 世纪 80 年代后，中国现代经济史的研究范围已从研究根据地的经济、土地改革等方面，延伸到了研究新中国建立后的经济的方方面面；研究的时段

囊括了国民经济恢复、社会主义改造、"大跃进"、经济调整、文化大革命、改革开放等各个时期；研究选题扩展到了经济体制、发展战略、区域发展等宏观问题，扩展到了农业生产、工业化、投资、商业贸易、财政、金融、交通运输等部门经济。80 年代初期，系统研究中国现代经济史的成果，主要有柳随年、吴群敢主编的《中国社会主义经济简史（1949~1983）》。研究新中国成立初期的论著主要有范守信的《中华人民共和国经济恢复史（1949~1952）》，李占才主编的《中国新民主主义经济史》。研究土地改革的专著主要有董志凯的《解放战争时期的土地改革》，赵效民主编的《中国土地改革史（1921~1949）》。研究商业经济的著述有商业部商业经济所的《新中国商业史稿》。在财政史研究方面，主要有左春台主编的《中国社会主义财政简史》等著作。另外值得一提的是，在中华人民共和国成立 35 周年之际，涉及各个行业、各部门，系统反映各部门、各行业经济建设的大型学术丛书《当代中国》丛书开始出版，到 1999 年丛书基本出齐，共 150 卷 208 册，近 1 亿文字。这套丛书的基本国策类、社会主义改造类、经济类、财政和金融类、农业类、工商管理类、商业类等著作，集中论述了中华人民共和国经济建设史。

20 世纪 90 年代后，中国现代经济史的研究逐渐走向深入。比如，在国民经济恢复时期研究方面，出版了董志凯主编的《1949~1952 年中国经济分析》、吴承明与董志凯主编的《中华人民共和国经济史（第一卷）》。在新中国经济史综合研究方面，出版了刘国光、张卓元、董志凯、武力主编的《中国十个五年计划研究报告》、武力主编的《中华人民共和国经济史》、苏星的《中华人民共和国经济史》、赵凌云主编的《中国共产党经济工作史》、财政部财政科学研究所编《中国农民负担史》等专著。1999 年新中国成立 50 周年之际，一大批反映部门经济史的专著相继面世，如《奠基——新中国经济五十年》《中国金融 50 年》《中国财政 50 年》等，分部门、分行业总结了中国 50 年经济建设。[①]

第四节　港台地区的经济史学研究

1949 年，中国大陆的一批史学工作者迁至香港、台湾，港台地区的中国经济史研究才逐渐兴起，但在 20 世纪 70 年代以前，经济史研究仍略显沉寂。70年代后，重视中国经济史研究的风气传到了台湾。台湾本土经济的发展也提供

① 参见赵学军：《中国现代经济史学科的形成与发展》一文的相关论述，载于《中国经济史研究》2009 年第 4 期。

了经济史研究发展的原动力，新一代的经济史学工作者也逐渐成长起来。以上这些因素，都促使 70 年代以后港台地区经济史学队伍逐渐壮大起来了。1971年，停刊三十多年的《食货》复刊，主编仍为陶希圣。复刊后的《食货》改为月刊，内容从社会经济史扩展到整个史学，从以古代为主扩展到近现代，但社会经济史的论文仍然占了相当的分量。

港台地区中国经济史学科的带头人是全汉昇。1949 年以后，他先后在"中央研究院"历史语言研究所、台湾大学、香港中文大学新亚研究所任职。他的研究重点逐渐转向明清经济史，从货币、铜银币材、物价变动、国内外贸易、人口移动等方面探讨，把明清经济史的研究推展到一个新的境界。王业键继承了全汉昇的传统，在清代粮价史方面亦做出了突出的成绩。港台地区在中国古代经济史研究中有成就的学者，还有劳榦利用汉简资料对汉代社会经济生活的研究，刘翠溶利用族谱资料对明清和近代人口迁移的研究，赵书雅对于农业史和宋代田赋制度的研究，刘石吉、范毅军等的市镇研究等。

一、研究团队

在我国台湾，研究中国经济史或本地经济史的学术力量主要分布在"中央研究院"的经济研究所、历史语言研究所、近代史研究所和台湾史研究所。研究院内社会科学类科的单位，如中山人文社会科学研究所、民族学研究所和经济研究所，也有杰出的学者参与研究。其次是教学机构，尤以设有历史系所的大学院校为主。此外，县级以下地方政府、民间的基金会、由地方的文史工作者组成的小型研究团体，也有一定的贡献。

20 世纪 90 年代中后期，经济史研究学者开始成立了跨单位的学术社团组织。为了让研究机构与各大学院校的经济史学工作者有机会齐聚一堂，共同切磋、交换研究心得，王业键与刘翠溶发起组织了"经济史研究讨论会"。该会自 1996 年 12 月起，每月举行两次，自由参加，是一个不限定讨论主题的开放式讨论会。讨论会延续至今，参与的成员除了"中央研究院"各所的经济史研究人员之外，也包括台大、清大、暨南、中兴、中正、东吴等大学的历史系及经济系教授。凡是研究者个人已经完成或者是进行中的研究成果，或是初步的研究构思，都可以在研究讨论会中交流。

二、代表性的学术会议

相对于中国大陆地区的经济史学研究，同时期港台地区的经济史学工作者更重视对外学术交流。在香港，虽然一直存在着轻视经济史研究的倾向，几乎没有专门的经济史研究机构，但是20世纪90年代香港多次举办了与经济史学科密切关联的国际学术会议，这对提高香港本土经济史研究产生了积极影响。同时期，台湾也举办了专题性很强的国际学术会议。

（一）1995年5月4~6日，中国海关史第三次国际学术研讨会在香港中文大学举行，由香港中文大学历史系主办

会议主席为香港中文大学原历史系主任吴伦霞教授。来自海峡两岸、香港、澳门和日本、美国的60多位学者参加了本次会议。其中大陆学者20人，台湾学者5人，港澳学者20余人，美国学者2人。提交会议论文40篇。中国海关第一次国际学术研讨会曾于1988年在香港大学举行，但当时规模较小。

这次会议的研究主题为中国海关与近代中国社会及中外关系。会议分别就中国海关史资料与评价研究、中国海关与对外贸易、中国海关与近代中国社会、中国海关之人事制度、中国海关与日本、中国海关与对外贸易等6个议题展开研讨。中国海关史是一个跨学科综合研究领域，广泛涉及政治、经济、外交、军事、思想、文化教育等各个领域。深入探讨中国近代海关的起源、发展、活动及其对中国近代社会经济产生的深刻影响和多方面的作用，可以丰富商业史、对外贸易史、财政史、内外债史、洋务运动史等和经济史密切关联的有关学科的研究内容，进而充实、拓宽、加深中国近代经济史的研究。

另外，由于中国近代海关的国际性背景，海关洋员来自各国，有关档案文献资料散处世界各地，因此拓展中国近代海关史研究必须加强国际间的合作与交流。这样，随着中国近代海关史研究国际化进程的加快，必将影响港台地区中国经济史研究的国际化趋势。

（二）1996年7月12~13日，中国商业史国际学术研讨会在香港举行，由香港大学亚洲研究中心主办

来自中国大陆、日本、英国、澳大利亚、美国和香港等地的近30名专家学者出席了会议。这是国际学界首次以中国商业集团为焦点，讨论明代以来中国商业集团的勃兴演进，商业网络的构建、运作及其所依托的社会政治、经济、文化背景。本次会议主要围绕传统中国的商业集团、晚清改革中的近代型公司、民国时期的大型企业、中国的商业网络、香港的华人商业、海外华人商业及其网络等六个方面展开讨论，有16位学者在大会上作了专题报告。

为了及时总结已有的学术成果，加强国际间的学术合作，推动中国商业史

研究的进一步发展，本次研讨会还专门组织了一场特别的圆桌讨论会。9 位与会者分别介绍了本国或者本地的研究状况与趋势，并共同探讨了中国商业史研究的发展前景以及将来进一步合作的可能性及其途径。

（三）1998 年 10 月中旬，台大经济系与日本一桥大学经济研究所共同举办"台湾长期经济统计国际研讨会"

在台湾大学经济系任教的学者，如吴聪敏、古慧雯、叶淑贞、刘莹钏等人，是经济学者投入经济史研究最有成绩的一个团队。他们尤其致力于日本统治时期台湾经济史的研究，取得了丰硕的成果。近年来，台湾的经济学者将原本局限于战后台湾经济发展的兴趣，向上延伸到日本统治时期，除了学术界本土化热潮的影响之外，日本统治时期留下的庞大经济调查及统计资料逐渐为人发掘和整理，也是一个不可忽视的重要因素。不过，经济学者研究经济史，尚须将统计资料以经济理论为纲加以整理，计算或推估重要的经济指标，如国民所得、物价及工资指数、人口及劳动资料、货币、金融及国际收支变数，等等，才能进一步探究经济史议题。

这次研讨会也是一桥大学"亚洲长期经济统计"相关系列中台湾地区的成果展示。一桥大学经济研究所曾以编纂《长期经济统计》一书著名，该书被誉为"新经济史学家"以经济理论及统计分析研究经济现象而推估、编辑的长期统计资料钜册。

（四）1998 年 11 月 24～25 日，台湾"中央研究院"近代史所主办"财政与近代历史"研讨会

约有三十余篇论文在讨论会上宣读。会议议题包罗甚广，主要讨论"中央与地方"财政关系、清代商票、战时财政、民间团体财源筹措、台湾地方财政、中日贸易等多个领域。

三、共享资源，与中国大陆学者互动合作项目

现存的台北故宫和中国第一历史档案馆清代粮价单，以及北京中国社会科学院经济所的清代后期粮价钞档，是 20 世纪以前中国史上最可靠的官方统计资料。王业键基于 20 年来长期积累的成果，联合学界同仁，主持了"清代粮价的统计分析与历史考察"研究计划。

该计划从 1996 年起，有系统地将台北故宫和北京第一历史档案馆的粮价

资料输入电脑。1998 年更与北京中国社会科学院经济所签约，将清代后期（1820～1910 年）粮价钞档 8000 余件陆续输入电脑，企望未来两年内能将清代粮价资料库建立起来，以供学界使用。该计划也对这些量化资料作选择性的统计分析，观察粮价长期变动趋势、周期性、季节性及各地区的粮价差异情形。此外，粮食供需的历史研究也是该计划的重要研究方向之一，可借以了解影响粮价变动的主要因素，如农作物分布与轮作制度、气候变迁、人口增长、货币数量以及米粮贸易组织与信用等。

目前这个计划正在进行中，已开始获得阶段性的研究成果。在粮价统计分析方面，已研发一套"清代粮价统计分析之专家系统"，为一可提供填补遗漏值及分析粮价时间数列的系统化程式。并完成相关研究论文两篇：《清代苏州府粮价资料之统计分析》与《清代粮价之时间序列模型》。在粮食供需的系列研究方面，首先完成《十八世纪中国粮食作物的分布》、《十八世纪中国的轮作制度》与《十八世纪中国各省粮食丰啬图及粮食运输图》。这就是生产部门最基本的土地利用状况所做的分析，丰啬图及粮食运输路线图都以省为单位，分省图示，将来可以结合各省粮价变动趋势作综合研究。另外还完成有关粮价与气候变迁、东南沿海四省粮食供需与粮价分析、仓储数量与分布、田赋蠲缓措施与粮价关系的研究论文，分别考察清代气候周期、自然灾害与粮价变动的关系，以及乾隆时期田赋蠲缓与台湾粮价的互动等主题。

该计划还编成《中国各省人口统计，1749～1850》，是根据清代各朝代宫中档各省陈报的人口数，及梁方仲、严中平搜集的人口资料集编而成，时间及内容较梁、严二人更为完整丰富。

四、其他典型跨学科的专题研究计划

如 1994 年启动的"东南亚研究计划"，就是台湾"中央研究院"整合院内的人文及社会科学研究人员，跨所合作的大型主题计划，由李远哲院长发起，先后由张光直、萧新煌担任总主持人。此项计划中，有两个支计划皆以日本统治时期台湾与东南亚的经贸关系为主轴，分别是陈慈玉的"日本南进政策下台湾与东南亚的贸易和资源分配"、林满红主持的"日治时期台商的东南亚经贸活动"。

如 1998 年启动的"东北亚区域研究计划"，也是台湾"中央研究院"执行的另一个亚洲区域研究项目。该项目研究的空间范畴涵盖中国大陆、台湾、港澳及蒙古、西伯利亚、日本、朝鲜半岛及琉球群岛等相关地域。其中有三个子项目涉及经济史，一个是李宇平主持的"日本与华北经济萧条（1930～1935）——20 世纪 30 年代世界经济大恐慌对东北亚经贸圈的冲击"，林满红主持的"亚太经济中台湾、香港之间的竞合关系——日治台湾时期之经验"，以及陈慈玉主持的"日本殖民时代台湾与朝鲜之矿业发展比较研究"。

如 1998 年启动的"台湾资本主义扩张及经济发展之长期趋势研究"计划。这是由台湾"中央研究院"经济所、社科所与台史所 10 余位研究人员共同合作的集体项目，以探究台湾资本主义发展的脉络、本质，及台湾与东亚、东南亚之间的经济关系为目标，堪称为 1998 年台湾经济史研究中最庞大的研究计划，该计划包含三大研究范围。

随着专题研究的不断深入，各项研究计划的相继展开，陆续出现了一批有关台湾经济史研究的新成果。港台地区与中国大陆的学术交流逐渐向更深层次发展。

第九章

代表性学科平台与中国经济史学发展

第一节　专业期刊创建与学科发展

新中国成立后，中国经济史学在 20 世纪 50 年代、80 年代迎来了两次发展高潮，取得了长足的进步。但是，没有稳定的出版阵地一直是学科长期发展的"瓶颈"与障碍。十一届三中全会以后，解放思想的春风，给中国经济史坛注入新的活力。《中国社会经济史研究》与《中国经济史研究》分别于 1982 年、1986 年创刊，这样，中国经济史学界拥有了两家综合性的专业期刊。此外，还有一些学术期刊开辟了中国经济史研究专栏，一些大学或学术研究机构出版经济史的论丛或集刊、各地出版社也对出版经济史论著表现出很大的兴趣，一大批有分量的经济史研究成果纷纷面世。经过优化与有效整合的各种社会资源为建立经济史学界的各种出版渠道提供了极大便利。日益兴起与蓬勃发展的出版阵地为中国经济史学发展搭建了新平台，增添了新动力。

一、《中国社会经济史研究》与中国经济史学发展

党的十一届三中全会召开后，中国经济史学和其他社会科学一样，迎来了新的历史机遇。在著名社会经济史学家傅衣凌教授的倡导下，1982 年，厦门大学获准创办《中国社会经济史研究》。当时厦门大学历史研究所刚刚成立两年，设有中国经济史、东南亚史、中央根据地史、台湾史、考古民族学五个研究室，酝酿办刊过程中，学校内部曾有创办内向型综合性史学刊物与外向型专门史刊物两种不同主张，经过反复磋商，最后达成共识创办一本专门史杂志。创办《中国社会经济史研究》不仅有利于发挥厦门大学的传统学术优势，团结

国内外同行学者，这更是中国经济史学科发展的一件大事。自创刊以来，《中国社会经济史研究》密切关注学科发展动态、积极推动学术交流；为广大经济史学工作者提供发表园地，一方面传播老一辈经济史学大家的学术思想，另一方面，也培育了一大批经济史学界新秀。作为新中国成立后创办的第一种经济史专业期刊，其贡献与影响甚大，其主要特点如下。

（一）开辟"国内外研究动态"专栏，提供学科发展最新资讯

推动国内外学术交流。从创刊到 2000 年，《中国社会经济史研究》一直密切关注学科发展动态，提供学科发展最新资讯，并详细报道经济史学界的学术活动。代表性的会议介绍有 1980 年 6 月厦门大学历史系、历史研究所主办的"中国经济史学术讨论会"；1980 年 10 月，中国社会科学院和美国美中学术交流委员会联合举办的"自宋至 1900 年中国社会和经济史"中美历史学者讨论会；1981 年 5 月，中国社会科学院经济研究所和南京大学历史系明清研究室联合主办的"中国资本主义萌芽问题学术讨论会"；1981 年 9 月，在辽宁丹东召开的"东北中国经济史研究会首届年会"；1982 年 10 月，中国社会科学院历史研究所《中国史研究》编辑部、中国社会科学出版社、中山大学历史系联合主办中国封建社会经济结构、特点和发展道路学术讨论会；1982 年 11 月，中国现代史学会第三次学术与教学讨论会；1987 年 12 月，国际清代区域经济史暨全国第四届清史学术讨论；1988 年 7 月，东北三省中国经济史学会、东北沦陷十四年史总编室、吉林省民族研究所、吉林师范古籍研究所在吉林市联合召开中国东北少数民族经济史和殖民地经济国际学术会议；1990 年 10 月，中国社会科学院历史研究所、经济所等 21 个单位发起，自贡市对外文化交流协会、自贡盐业集团公司主办中国盐业史国际学术讨论会；1995 年 5 月，香港中文大学历史系主办中国海关第三次国际学术研讨会；1995 年 6 月，广东明清经济史研究会 1995 年年会；1996 年 4 月，20 世纪中国财政史专题理论研讨会；1996 年 6 月，中国经济史学会第 3 届年会暨"传统社会商品经济与市场问题"学术研讨会；1996 年 7 月，香港大学亚洲研究中心主办的中国商业史国际学术会议。

《中国社会经济史研究》报道的学术会议既有中外学者联合举办的国际学术会议，也有全国性的经济史年会；既有专题性的研讨会，也有部门和区域性的学术会议。甚至还有代表性的地方经济史学会学术活动的宣传。学术会议的各种宣传组织活动也是学科不断向前发展的反映。一方面，学术会议研讨的理论问题，关注的研究领域，反映了学科发展趋势，另一方面，通过会议平台的深入交流和探讨，团结了学界同仁，进一步推动学科向纵深发展。《中国社会

经济史研究》还辟有"史料选辑""书评"等专栏，这对促进中国经济史界学术交流也发挥了很大作用。在介绍各国学术界动态的同时，对外国研究者也开放了大量的版面。通过这种途径，大大地促进了国际学术交流。

（二）提供发表园地，培养中国经济史学研究骨干力量

《中国社会经济史研究》在《发刊词》中阐述办刊宗旨和任务时明确指出，"我们创办这个刊物，希望能够促进中国社会经济史学术的繁荣和年轻一代研究工作者的成长"[1]。18年来，《中国社会经济史研究》发表了500多篇中外学者的文章，繁荣了中国社会经济史的学术研究和讨论。有些论文史料丰富，短小精悍，有些论文是经过长期潜心研讨、饶有成果的长文。本着"学术民主"的原则，《中国社会经济史研究》还刊发了不同学派的成果，鼓励百家争鸣，促进了学界交流。同时，通过论文作者信息，我们可以看出《中国社会经济史研究》在培养学科研究力量，团结研究队伍方面的贡献。同时，通过统计发表两篇及两篇以上论文的作者首次发表年龄信息（截止到2000年第4期，见图9-1），我们可以看出，发表两篇及两篇以上论文的作者首次发表论文的年龄主要集中在30~40岁之间，占比达到44%，结合学术研究的内在规律，可以将20~40岁之间的学者统称为中青年学者，首次发表论文队伍人数的中青年占比高达64%，由此可见，《中国社会经济史研究》在培养学科研究力量，团结研究队伍方面的贡献。

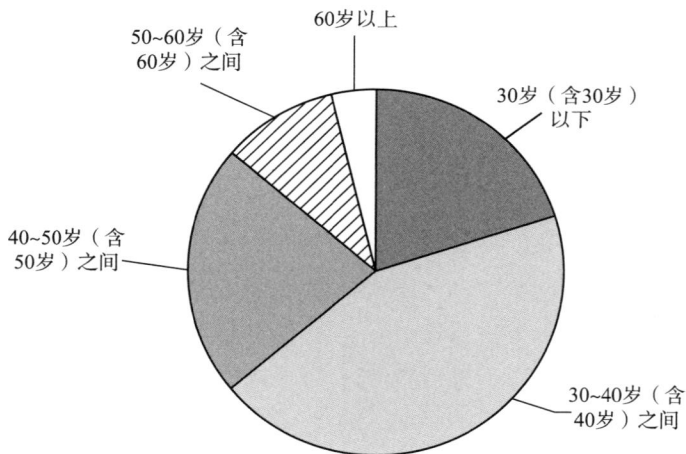

图9-1　研究队伍年龄分布

---

[1]　傅依凌：《发刊词》，载于《中国社会经济史研究》1987年第1期。

从在杂志发表文章的作者来看，既有老一辈的学者，也有不少后起的新秀，更有一批年富力强，活跃在中国社会经济史教学与科研领域的中坚力量。《中国社会经济史研究》为他们提供了发表新作的园地，在中国社会经济史专业研究人才的成长方面，做出了有益的贡献。

（三）深化研究领域，形成鲜明研究特色

自创刊以来，《中国社会经济史研究》发表论文所涉内容，包括一般史论，土地地租问题，赋役制度，阶级关系，农商工矿及经济思想、宗法关系等。汪敬虞先生在纪念创刊五周年笔谈中指出，"本刊有两大特色：一、它以经济史和社会史的结合为特征，考察社会总体结构，特别注重民间史料（如契约、账籍、谱牒、碑刻等）的发掘和社会实地的调查（如乡例、民俗等）"①。从社会史的角度研究经济史，从经济史的角度剖析社会。我们可以从土地地租、赋役制度、阶级关系、农商工矿四个代表性领域论文发表信息统计分析《中国社会经济史研究》学术倾向与研究特色。

据不完全统计，1982～2000 年间，《中国社会经济史研究》共发表论文1059 篇，其中土地地租类 97 篇，占比 9.2%；农商工矿类 227 篇，占比 21.4%；阶级关系类 34 篇，占比 3.2%；赋役制度类 94 篇，占比 8.9%。四类共计论文 452 篇，占比 42.7%。

（四）重视学科理论与研究方法，刊发国际研究新成果

其发刊词明确提出，"衷心希望中国社会经济史理论研究的深入，会导致整个学科研究的突破和发展。在社会经济史研究上，西方有各式各样的方法和模式，我们在进行理论探讨时，有必要了解和注意外国的动态，本刊准备适当介绍西方的某些研究方法和手段，以资借鉴和参考"②。代表性的论文有秦佩珩 1982 年第 1 期的《目前经济史研究存在的几个问题》一文，陈支平 1998 年第 1 期的《中国社会经济史学理论的重新思考》一文，千里 1982 年第 3 期的《滨岛敦俊谈日本的明代社会经济史研究》一文，滨岛敦俊的《试论明末东南诸省的抗、欠租与铺仓》一文，赵冈 1989 年第 2 期的《"地主经济制"质疑》一文，陈明银 1989 年第 1 期的《晚清广东劳工"集体行动"理论初探》一文，蔡志祥 1991 年第 3 期的《清代湖南城乡商业的发达及其原因》等专题论文。

---

①② 《中国社会经济史研究》1982 年第 1 期。

作为新中国成立后创办的第一份经济史学专业期刊,《中国社会经济史研究》在促进学界同仁交流、培养骨干研究力量、深化学科研究领域与扩大国际影响等方面发挥了重要作用。《中国社会经济史研究》推动着新时期中国经济史学进一步向前发展。

二、《中国经济史研究》与中国经济史学发展

20 世纪 80 年代中国经济史学发展迎来了新的春天,经济史学研究受到学界空前重视。从 1981 年开始,东北三省、四川、上海、湖北、广东、浙江等地方经济史学会相继成立,各种学术交流活动日趋活跃。大量研究成果催生学科交流与发表阵地的建设。1986 年,学术界又诞生了一份中国经济史学专攻刊物——《中国经济史研究》。其发刊词明确指出,"《中国经济史研究》是一个专业性学术刊物。它为经济史的研究成果提供发表园地"①。《中国经济史研究》坚持马克思主义理论为指导,组织学术研讨会,深化专题研究,促进中国现代经济史学科发展,传承老一辈经济史学工作者的学术思想,培育学术新秀,极大地推动了中国经济史学的发展。

(一) 坚持马克思主义理论为指导

进行任何社会科学研究,都离不开理论的指导,经济史学也无例外。"坚持以马克思主义为指导,是当代中国哲学社会科学区别于其他哲学社会科学的根本标志,必须旗帜鲜明地加以坚持。"② 马克思主义唯物史观是我们研究中国经济史的指导方法,也是检验其他具体研究方法的评判标准。在经济史学研究方法体系中,马克思主义唯物史观是最高层次的方法论。恩格斯说"马克思的整个世界观不是教义,而是方法"③;列宁说:"历史唯物主义从来没有企图说明一切,而只是企求提出唯一科学的说明历史的方法"④。《中国经济史研究》发刊词明确提出,该刊是"以马克思主义为指导的刊物。马克思主义要求我们把握生产力和生产关系、经济基础和上层建筑相互间的辩证关系以观察历史;又要求具体地分析具体问题,实事求是。"⑤ "本刊将要发表通过历史上的生产力和生产关系、经济基础和上层建筑间互相作用的具体发展过程的分析,

---

① ⑤ 《发刊词》,载于《中国经济史研究》1986 年第 1 期。
② 习近平:《在哲学社会科学工作座谈会上的讲话》,载于《人民日报》2016 年 5 月 19 日第 2 版。
③ 《马克思恩格斯全集》第 39 卷第 406 页。
④ 《列宁全集》第 1 卷第 13 页,1972 年版。

探索中国社会的阶段性特点及其发展规律的研究成果。"① 在中国，马克思主义理论成为中国经济史学研究的指导思想，是历史地形成的。早在 20 世纪20 ~ 30 年代社会性质问题大论战中，学界经过分析比较，部分学者开始接受了马克思主义，并尝试着用马克思主义理论解释中国的历史与现实，马克思主义话语体系下的研究成果纷纷问世，中国经济史学发展迎来了第一次高潮。新中国成立后，中国经济史学进入新的转型时期，马克思主义理论理所当然地成为指导思想。在马克思主义唯物史观的引领下，中国经济史学取得了巨大成就。1986 年创刊以来，《中国经济史研究》坚持马克思主义理论为指导，发表了大量的研究成果。从时间上划分，这些论文有的属于中国古代经济史研究范畴，有的属于中国近代经济史研究范畴，有的属于中国现代经济史研究范畴。从研究领域上划分，这些论文属于传统小农经济、中国封建经济结构、区域经济与传统市场等各个领域。从研究方法上，这些论文都坚持马克思主义唯物史观的学术立场，运用马克思主义理论独特的话语体系。这些都印证了马克思主义对经济史研究的巨大指导意义。

党的十一届三中全会以前，学界坚持马克思主义唯物史观指导地位的同时，也存在着把马克思主义理论教条化、绝对化的倾向，以及公式化、机械化等问题。党的十一届三中全会以后，在解放思想，实事求是思想路线的指引下，经济史学界打破了很多禁区，在很大程度上摆脱了教条主义的困扰。同社会科学其他领域一样，改革开放逐渐打破了经济史学自我封闭的研究环境，新制度学派、年鉴学派、计量经济史、区域研究与比较研究等西方经济史学研究方法开始得以引进，这极大地开阔了我们的眼界，中国经济史学发展呈现思想空前活跃、成果空前丰硕的局面。《中国经济史研究》对学界这一转变贡献甚大。

1990 年，《中国经济史研究》第 1 期发表评论员文章指出："作为科学的世界观和方法论，马克思主义本质上是发展的，生气勃勃的、永远前进的。马克思主义没有结束真理，而是在实践中不断开辟认识真理的道路。在经济史研究中，我们应当学习马克思主义、运用马克思主义，同时也发展马克思主义。"② 评论员文章还指出："在介绍和学习外国经济史方法和理论方面，现在不是开放得过头，而是开放得不够，我们需要的是前进，而不是后退"。③ 在坚持马克思主义理论指导的前提下，一方面，《中国经济史研究》积极介绍国内经济史学界有关方法论层面的最新进展与研究成果。如 1992 年第 2 期瞿宁

①　《发刊词》，载于《中国经济史研究》1986 年第 1 期。
②③　《坚持和发展马克思主义，推进经济史研究》，载于《中国经济史研究》1990 年第 1 期。

武的《计量经济史评论》一文，对计量经济史学的缘起、发展过程及内容、理论基础等方面作了简要介绍，并对国内经济史学界如何消化吸收作了积极探索与思考。2000 年第 3 期刘佛丁的《齐波拉经济史学思想述评》一文，则推动了中外经济史学工作者的学术交流。

另一方面，《中国经济史研究》对学界运用新的理论、方法和范式的研究成果持包容与鼓励立场。《中国经济史研究》1990 年评论员文章同时还指出："改革开放以来西方史学理论和经济理论的传进，不但活跃了我们的思想，也将成为马克思主义发展的条件和契机。因为其中一切有科学价值的东西，都可以丰富我们的研究，并为马克思主义的发展提供营养料。"① 1989 年，《中国经济史研究》第 3 期刊发了段宾的《新中国经济史的宏观数量》一文，该文试图建立一个关于中国国民经济运行的宏观数量模型，以已有的历年国民经济统计数据为基础，对新中国三十多年来宏观经济的动态变化及其特征进行了一个数量模型分析。该文是新中国成立以来国内学者发表的第一篇运用西方经济学原理分析共和国经济的计量经济史学论文，内容与观点难免略显稚嫩，但《中国经济史研究》还是给了相当的版面予以刊发。此后，《中国经济史研究》又发表了多篇运用西方经济学原理和计量方法分析中国社会经济发展历史的论文。

（二）坚持"百家争鸣"的办刊宗旨

学术研究是对科学的追求，是对事物本质与规律的无穷探究与揭示。无论是学者个人还是某个学术团体或学术流派，都不可能穷尽真理。因此，学术研究必须鼓励不同学术观点交流与碰撞，集思广益。《中国经济史研究》坚持"百家争鸣"的方针，在发刊词中明确提出，"欢迎大家就不同的学术观点进行率直的讨论，对学术著作进行认真的评介"②。它先后在"论著评介"、"问题讨论"、"读者．作者．编者"、"学术争鸣"、"争鸣"等栏目中发表"学术同行商榷、批评"类论文多篇，代表性的论文有 1986 年第 3 期韩志宇的《也谈对"平分土地"作具体的历史的分析——和清庆瑞、黄文真同志商榷》，1988 年第 2 期罗伦的《关于清代以来冀－鲁西北地区的农村经济演变形式问题——与〈华北的小农经济与社会变迁〉一书的作者黄宗智教授美国商榷》，1991 年第 2 期史志宏的《关于"清代经济运作特点"的思考——与陈春声刘志伟同志商榷》，愈凯的《恢复时期我国外贸政策未曾出现"大进大出"》，1991 年第 3 期孙玉琴的《关于明代"倭寇"与中国资本主义萌芽的一些问

① 《坚持和发展马克思主义，推进经济史研究》，载于《中国经济史研究》1990 年第 1 期。
② 《发刊词》，载于《中国经济史研究》1986 年第 1 期。

题——与唐力行同志商榷》，1991 年第 4 期刘秋根的《关于汉代高利贷的几个问题——与秦晖同志商榷》，1993 年第 4 期陈尚胜的《也论清前期的海外贸易——与黄启臣先生商榷》，1994 年第 2 期李瑞华的《关于宋代酒课的几个问题——与杨师群同志商榷》，杨师群的《宋代酒课几个问题的再商榷》，1996 年第 1 期李裕民的《宋代经济史》质疑，1996 年第 4 期、1997 年第 1 期姜锡东、李华瑞、游彪的对《宋代经济史质疑》一文的驳议，1997 年第 3 期彭厚文的《旧中国证券市场若干问题的订正与商榷》，1998 年第 4 期姚洋的《小农与效率——评曹幸穗〈旧中国苏南农家经济研究〉》，曹幸穗的《学术呼唤批评——兼答姚洋对〈旧中国苏南农家经济研究〉的批评》。

　　和中国经济史学发展历史上的几次学术论争相比，《中国经济史研究》创刊以来发起组织的几次学术讨论，少了些政论色彩和人身攻击。中国经济史学在 20 世纪 20 年代末 30 年代初的社会史论战中蔚然兴起，但"当时的社会史研究者，大部分只是革命的宣传家，而缺少真正的学者"。[①] 论战中的中国社会经济史研究，实质上更多的只是一种政论，而较少学术的内涵，一开始就偏离了学术的轨道。"有不少文章只是为了参加热闹的论战而写，实际上没有对社会经济史的发展过程作深入的钻研，因而没有什么学术价值而言"。[②] "而当时的论战者又往往因于政见，排斥异议。等而下之者，口出污言，肆意谩骂，移学术批评为人身攻击，完全失去了学术研究的精神，这在当时已成为一种习惯现象"。[③] 新中国成立后，中国经济史学迎来转型发展时期，围绕"五朵金花"的大讨论催生了一大批马克思主义话语体系下的经济史学理论成果，同时也引起了一场新的学界大论争。起初，有关古史分期问题、资本主义萌芽问题、中国封建社会长期延续问题等命题的论争还是在相对自由的空气下进行的，参加讨论的学者虽然在学术观点方面存在着相当大的分歧，但也都是引经据典，搜求史实，或为自己观点作辩护，或者是向对方提出商榷，即便是有些尖锐的指责，但也是措辞慎重、委婉。但在 1960 年之后，学术观点之争渐渐变成了"历史研究中两条道路斗争"。20 世纪 50 年代兴起的学术论战以百家争鸣开端，最后以单方面的政治批判而告终。这样，使得后来学界学人出现一种注重研究，回避正常学术批评的倾向。这一现象一直延续至 20 世纪 80 年代。无论是将学术论争政论化，还是对正常的学术同行争论采取回避的态度，

　　① 顾颉刚：《当代中国史学》，上海古籍出版社 2002 年版，第 97 页。
　　② 杨宽：《历史激流中的动荡与曲折——杨宽自传》，台北：时报文化出版企业有限公司 1993 年版，第 62 页。
　　③ 阮兴：《食货》与 20 世纪 30 年代的中国经济史学界，载于《中国社会经济史研究》2005 年第 2 期。

二者都不是正常学术生态环境下的产物，它们都给学术殿堂蒙上了厚厚的阴云！

《中国经济史研究》秉承"学术至上，追求真理"的原则，开设专栏，鼓励"百家争鸣"，倡导经济史学界形成一种健康的"学术同行评价"风气。过去、现在和将来，学界都呼唤这股清风常在。正如曹幸穗在《学术呼唤批评》一文中指出，"我与姚洋同志素昧平生，今天的纸笔之交全是凭借志同道合的学术缘分。""这篇书评中所洋溢的直率和坦诚，所体现的学术至上的精神，使人感受到一种无形的凝重。"①《中国经济史研究》营造的"追求真理、学术至上"的创新精神不仅长期影响学科发展，而且给学界构建学术生态传递了满满的正能量。

（三）培育新领域，促进中国现代经济史学科成长

（1）组织小型学术研讨会，深化专题研究，培育学科研究新领域。"文革"后新时期的经济史学界遵循解放思想、实事求是的思想路线，不但继续探讨新中国成立以来人们关注的重大课题，而且围绕现实生活和现代化建设提出了新问题，开拓了新领域，形成了新的研究热点。例如，对中国封建社会长期延续、中国封建社会经济结构、小农经济、商品经济和传统市场等问题先后展开了热烈的讨论，这实际上是对中国传统经济特点及其现代化道路进行全面的再认识。《中国经济史研究》编辑部在活跃学术氛围方面做了许多有益的工作，经常有意识地选择一些当前经济史研究中的热点问题，或在理论方面上有开拓性质的题目，引导学者进行讨论，有的还与有关单位合作，组织专题座谈。

1993 年开始，《中国经济史研究》编辑部与其他研究和教学单位合作，陆续召开了一系列小型学术研讨会，1997 年起称为"中国经济史论坛"。先后参加"论坛"活动的学者所属单位有：中国社会科学院经济所、历史所、近代史所、世界史所、农村发展所、世界经济与政治所；首都师范大学、北京大学、清华大学、北京师范大学、中国人民大学、中国农业大学、北京社会科学院、中国科学院地理研究所、自然科学研究所、中国农业博物馆、首都钱币博物馆；河北大学历史研究所、南开大学、天津师范大学、复旦大学、厦门大学、中南财经大学、武汉大学、陕西师范大学、华南农业大学等；台湾和日本的学者也参加过有关的讨论。"论坛"是由学者自行结合、自由讨论的开放式的研讨方式。它的特点，一是以"传统经济与现代化"为总的主题，讨论中国经济史上人们共同感兴趣的重大问题和重大理论，如中国传统农业与小农经济、商

---

① 曹幸穗：《学术呼唤批评——兼答姚洋对〈旧中国苏南农家经济研究〉的批评》，载于《中国经济史研究》1988 年第 4 期。

品经济与传统市场、中国封建地主制经济、对中国传统经济的再评价、经济史学的理论和方法，等等；二是有不同学科、不同断代的研究者参加，进行多学科的长时段的专题研讨；三是规模小（一般 30 人左右，开一天；有时人多一些，开两天），但准备比较充分，议题比较集中，与会者又非常认真和投入，所以讨论的学术含量比较高。

"论坛"这种研讨方式，有利于突破断代和分科的局限，拓展视野，有利于不同断代和不同学科的研究者的交流、沟通和互补，有利于经济史重大问题研究的深入，因而，它对推动学科发展是有积极作用的。

（2）解放思想，打破学术"禁区"，促进中国现代经济史学科成长。新中国成立后，作为中国经济史学的一个分支学科，中华人民共和国经济史逐渐兴起和发展，但是受政治环境影响，中华人民共和国经济史研究依然被学界主流视为学术"禁区"。1988 年 2 月 18 日的《人民日报》，登载史存信《现代史难于宇宙史》一文形象地描述了从事中华人民共和国经济史研究的环境与困难。"距离（今）越近越难，倒是远些的好办，所以民国史已问世，而当代史未刊行。既然古代史比近现代史显得容易些，宇宙史当然更显得比人间史容易些了。"[1] "中国当代的事，中国人研究不得，只能由外国人去评说！"[2] 在 1986 年之前，国内绝大多数学术期刊不登载中国现代经济史（1949 年以后的中国经济史）文章，更没有一家带"史"字的学术期刊登载这种文章。如 1954 年创刊的《历史研究》，从未刊发一篇与共和国经济史相关的论文。在此情况下，《中国经济史研究》从创刊之时起，便决定不仅登载现代经济史论文，而且将它与古代、近代并列，成为"中国经济史三大块"之一。这种具有创新性与前瞻性的措施，对研究现代经济史起到了倡导作用，在《中国经济史研究》的影响和带动下，《中共党史研究》、《当代中国史研究》等学术期刊开始登载现代经济史研究成果。这样，日益增多的发表阵地为中国现代经济史学科发展创造了良好的社会学术环境。

除了开办"现代经济史"专栏，大量刊发相关论文之外，《中国经济史研究》还密切关注学界的现代经济史学研究动态。从 1990 年第 2 期开始，《中国经济史研究》开设"年度综述"栏目，分"总论"和"各断代历史时期"两部分。"总论"部分主要是对上一年度中国经济史学研究取得成绩的概要介绍，

---

[1] 赵德馨主编：《中华人民共和国经济史（1967～1984）》，河南人民出版社 1989 年 2 月版，第 847 页。

[2] 赵德馨主编：《中华人民共和国经济史（1967～1984）》，河南人民出版社 1989 年 2 月版，第 846 页。

并将代表性成果分为若干专题予以评价；"现代经济史综述"是"各断代历史时期"部分中的重要内容。从 1990～2000 年，《中国经济史研究》在每年度第 2 期对上一年度的学科发展进行了回顾和总结，其中 2000 年登载的"经济史学科世纪百年回顾与总结"年度综述为深入研究现代经济史学科发展历史提供了基础性资料。

（四）传承与培植

（1）传承老一辈经济史学家学术思想。随着中国经济史学的发展，先后出现了三代中国经济史学家群体，第一代经济史学家群体形成于 20 世纪 30 年代，第二代经济史学家群体为新中国自己培养出来的一代学术新人，第三代经济史学家群体是改革开放后迅速成长起来的骨干队伍。《中国经济史研究》1989 年第 1 期开设了"纪念梁方仲教授专辑"，从纪念梁方仲教授八十诞辰学术讨论会的部分论文中选出李文治、罗尔纲、彭雨新、刘志伟、陈支平等人的论文予以刊载，1992 年第 2 期创设了"纪念严中平同志逝世一周年专辑"，从 1999 年第 1 期开始创办"学人与学术"、"学人论学"等专栏，先后刊载了《从钟情农民运动到探研地主制经济——李文治教授谈他的学术道路与学术思考》、《市场史、现代化和经济运行——吴承明教授访谈录》《从事中国近代经济史研究 50 年漫谈——张仲礼自述》《中国资本主义产生的内因和外因——访汪敬虞教授》、《漆侠教授谈宋代经济史研究——漆侠教授访谈录》《商品经济、土地制度与中国经济发展史——李埏教授治学专访》《中国古代经济史研究百年回眸——李根蟠先生访谈记》等文章。另外，《中国经济史研究》还通过刊发以"纪念学界经济史学家群体中代表性人物的学术思想"为主题的学术会议，登载"著名经济史学家治学访谈录"等方式，《中国经济史学研究》将学界前辈的学术思想传承、发扬光大。

（2）发掘和培养学科骨干力量。办刊物，不只是组织刊发好文章，同时还负有发现人才、扶植人才的责任。繁荣学术，发展学科，人才是关键。刊物联系四方，吸引了各色人物，投来各种稿件，最容易从中发现人才。把那些思维敏捷、才华横溢，或者暂时稍有些欠缺，但扶一扶就能起来的中青年学者，通过刊发文章等方式，发掘、选拔出来，让他们显露光芒，那是义不容辞的。中国现代经济史学是 20 世纪 80 年代兴起的分支学科，人才的发现与培养尤为迫切。在培植学界新生力量方面，《中国经济史研究》担当了历史的重任。《中国经济史研究》创刊初始就坚持现代经济史学研究成果"三分天下有其一"的办刊格局，培养和锻炼了现代经济史学研究队伍，一大批学者脱颖而出。从

2000 年第 4 期开始，《中国经济史研究》专门开设了"青年论坛"专栏，作者来源主要是博士生群体。这是《中国经济史研究》培养学术新秀的又一举措。

第二节　中国经济史学会的成立及其影响

自 1978 年党的十一届三中全会以来，中国经济史学和其他社会科学一样，获得了蓬蓬勃勃的大发展，成立全国性的中国经济史学会成为时代的重要任务和广大经济史学工作者的迫切愿望。相对于其他社会科学成立的全国性学会组织，中国经济史学会成立的时间较晚。在全国各地的经济史工作者的支持和鼓励下，北京经济史学工作者成立中国经济史学会筹备组，经过两年的筹备，中国经济史学会于 1986 年 12 月在河北廊坊市召开成立大会。大会选举产生了理事和学会领导，下设古代、近代、现代和外国经济史分会。

中国经济史学成立后，于 1991 年在河南郑州举办了首届学术年会，至 2000 年共举办五次全国性的学术活动，各分会或专业委员会也在各自领域纷纷开展了各种学术活动。自成立以来，中国经济史学会在引领学科发展方向、推动对外学术交流、关注青年学者成长、提升学科社会影响力与改善学科发展大环境等方面发挥了积极作用。中国经济史学会成立是经济史学界的盛事，它为广大经济史学工作者提供了学术交流平台，全方位推动了中国经济史学科发展。

一、地方经济史学会代表性的学术活动

中国经济史学会成立之前，东北、四川、湖北、广东、浙江与上海等地的经济史学工作者在实际研究工作中取得了很大成绩，先后成立了地方性的经济史学会，举办学术会议，开展各种学术交流活动。地方经济史学会的成立及其学术活动，积极推动了中国经济史学会的成立。

（一）1981 年东北三省经济史学会成立，并举行首届学术年会

出席会议的全国大专院校、研究单位研究经济史代表共 72 人，其中东三省 44 人，北京 9 人，上海 3 人，河南郑州大学 4 人，还有四川、湖北、天津、福建等地的经济史学工作者代表。东北三省经济史学会具有全国经济史学会雏形，曾举办多次学术活动，有力地促进全国各地经济史学工作者的交流。1988

年 7 月，东北三省中国经济史学会联合《东北沦陷十四年史》总编室、吉林省民族研究所、吉林师范古籍研究所召开中国东北地区少数民族经济史和殖民地经济国际学术会议。中国学者 90 余名，苏联、日本学者 7 名，香港学者 1 名与会，提交论文 60 多篇。会议论文对东北殖民地经济各部门和重要企业，诸如"满铁"、"满业"、鞍钢、抚煤、人造石油、金融、农业等方面，提出了详尽的论述。日本学者则介绍了日本国内研究"满铁"的情况。他们认为，日本学者研究中国东北存在两个问题，一是太平洋战争后期至投降前夕诸问题的研究基本是空白，缺乏资料；二是日本主要开展"实证研究"，在方法论上尚未形成体系。关于东北少数民族经济史的讨论，主要集中在各少数民族在经济开发中的历史贡献、少数民族经济的生产力水平和东北少数民族经济特点三个问题。

（二）1983 年 5 月四川省经济史学会成立

成立大会上，与会代表纷纷发言，回顾了中国经济史的教学和科研状况，充分肯定了发展这门新兴学科的重要意义。1985 年举办首届学术年会，学会成员已由 10 多人发展到了近 80 人，华北、华东、华中、东北、西北及云南、贵州的一些大专院校和科研院所也派出代表与会。会议提交 27 篇学术论文。

（三）1984 年 10 月湖北省中国经济史学会成立

1985 年 10 月上旬，赵德馨教授主持召开湖北省中华人民共和国经济史讨论会。1987 年 3 月，赵德馨教授在武汉主持召开了中华人民共和国经济史学术年会。17 个省市的有关学者参加了会议，国家计委的 5 位同志到会并作了一系列报告。这次会议是中华人民共和国经济史的一次启蒙活动。赵德馨教授把《中华人民共和国经济史纲要》书稿提交会议并讨论。一些高校纷纷开设了中华人民共和国经济史课程。通过这次会议可以看出，对于中华人民共和国经济史的研究优势已经转移到高校中来了。

（四）1984 年，广东明清经济史研究会成立

学会广泛地联合了广东地区高等院校、科研机构、文博档案部门和学术期刊编辑部门的史学工作者，以及经济史的业余研究者，开展了一系列的学术交流活动，取得了丰硕的成果。1985 年和 1987 年广东人民出版社结集出版了第一、第二次明清广东社会经济史研究会的征文集，分别定名为《明清广东社会经济形态研究》和《明清广东社会经济研究》。1987 年学会参加了深圳国际清

代区域社会经济史学术讨论会，与近200位中外学者交流切磋社会经济史区域性研究的经验和成果，1988年学会参加了中山大学举办的纪念梁方仲教授学术研讨会。1989年8月，学会在电白县召开第三次广东明清社会经济史学术讨论会，会议论文集结成《十四世纪以来广东社会经济的发展》一书。

（五）1986年浙江经济史研究会在杭州正式成立

中国经济史学家严中平、傅衣凌、彭泽益、李文治、汪敬虞、章有义、韩国磐、郑学檬写来贺信，对于经济史研究工作提出了宝贵意见。广东省经济史学会、东北三省经济史学会、湖北省经济史学会、《中国社会经济史研究》编辑部也发来了热情洋溢的贺信、贺电。中国社会科学院经济研究所经君健研究员专程到杭，应邀作了《关于中国经济史学科发展的若干问题》《地主制经济与商品经济的本质联系》的学术报告。

（六）1987年3月，由上海社科院经济研究所发起的上海经济史学会成立

丁日初任会长，叶世昌任副会长，参加首届成立大会的还有陈绛、吴杰、刘枫、陈曾华、黄汉民、姚家华、林其锁等人。上海经济史学会成立后多次组织学术年会，上海很快成为地方经济史研究重镇，有力推动了中国经济史学科发展。

二、中国经济史学会的成立

成立中国经济史学会，是广大经济史工作者长期以来的强烈愿望。相对于其他社会科学成立全国性的学会组织，中国经济史学会成立时间较晚。在上海、湖北、四川、广东、厦门、吉林等地的经济史工作者的支持和鼓励下，北京的经济史工作者组成了一个中国经济史学会筹备组，具体进行筹备工作。参加筹备组的有中国社会科学研究院经济研究所，历史研究所、近代史研究所、世界经济与政治研究所，北京大学，中国人民大学，中央党校，北京师范学院，国家计委计划经济研究所，财政部财政科学研究所，商业部商业经济研究所，中国人民银行金融研究所，中国历史博物馆，中国革命博物馆，中国第一历史档案馆以及红旗杂志社等十六个单位的经济史工作者。由于东北、四川、湖北、上海、广东等地的经济史学工作者已经成立了地方性的经济史学会，开展了各种学术活动。从1984年底开始，魏经玉先生代表筹备组分别到武汉、

南京、上海等地，广泛征求意见，与全国各地有关单位酝酿磋商，经过两年筹备后，1986 年 12 月在河北廊坊市召开成立大会，正式成立中国经济史学会。

出席成立大会的代表 108 人，大都是研究中国经济史和外国经济史的专家、学者。在成立大会上，中国社会科学院经济研究所研究员、顾问、著名经济史学家严中平致开幕词。他指出经济史研究已经不能适应当前物质文明和精神文明建设的需要，也不能适应社会科学大发展的需要，因此，他号召全国经济史工作者团结起来，成立经济史学会，加强联系，共同推动经济史学的发展。他回顾了新中国成立以来经济史学科从小到大的发展历程，充分肯定了经济史学学科发展中科研和教学方面取得的成绩；同时指出了存在的不足和缺点；并对今后如何发展中国经济史学提出了建设性的意见。他希望经济史界的同行们坚持马克思主义的指导，继续大力进行资料工作，广泛吸收最新科研成果，以取得更大的成绩；希望通过学会工作，加强团结，开展研究与教学力量的横向联系，促进经济史学科的发展。他的开幕词是对多年经济史研究工作进行的一次较全面的总结，引起了代表们热烈的讨论。[①]

大会期间，有三位代表作了学术报告。吴承明在题为《中国经济史的研究方法》的报告中，就文献学、考据学、历史唯物主义、计量经济学、发展经济学、地区经济和周期论、社会学以及系统论等经济史研究方法加以介绍和评论。宋则行的演讲中肯定地评述了近三十年我国学者关于外国经济史的研究和教学情况。陈振汉以《西方经济史学的流派》为题，就西方的马克思主义学派、法国年鉴学派、计量经济史学派以及其他无派经济史学者进行了简要而系统的介绍和分析。与会者对这三个演讲产生了很大兴趣。

代表们充分讨论并通过了学会章程草案。大家一致肯定中国经济史学会是中国共产党领导下的经济史工作者的全国性的学术团体的性质；认为它应以"团结本专业工作者，以马克思主义为指导，贯彻双百方针，共同促进经济史学科的发展，更好地为社会主义的物质文明和精神文明的建设服务"[②] 为宗旨。

中国经济史学会下设四个分会，即中国古代经济史学会、中国近代经济史学会、中国现代经济史学会和外国经济史学会。与会代表相应分组，认真讨论了选举办法。各分组分别进行了选举，选出了总会理事 87 人；选举严中平任总会会长，王忍之、王毓铨、张仲礼、宋则行、吴承明、汪敬虞、房维中、傅衣凌为副会长，魏金玉为秘书长，选出王毓铨、吴承明、房维中和宋则行为各

---

① ②　严中平：《在中国经济史学会成立大会上的开幕词》，载于《中国经济史研究》1987 年第 1 期。

分会会长。选举过程充分发扬民主，选出的理事及学会领导能引领学科发展，与会代表普遍感到满意。中国经济史学会及各分会具体名单如下。

三、中国经济史学年会举办的重要学术活动

中国经济史学会的成立为广大经济史学工作者提供了新的学术交流平台。学会成立后，先后多次召开学术年会，按照章程进行理事换届，关注和培养中青年学者成长。

（一）1991 年 6 月，中国经济史学会在河南郑州召开了成立后的首届学术年会

由于第一任会长严中平先生辞世，大会由吴承明致开幕词，宋则行致闭幕词。吴承明先生指出经济史学科目前处在一个"学术著作繁花盛开的时期"①，他具体从出版的大型资料书、研究领域的扩大与拓展等方面详细总结了学科发展的成绩。吴承明先生特别提到了成长起来的青年学者。这一时期，一大批新中国成立后获得博士、硕士学位的新人成长为学科发展骨干力量，这是学界一个非常可喜的现象。这也反映了近年来在经济史教学方面的成绩。吴承明提议要向各院校的经济史教师们致敬。科研和教学相结合，出人才、出成果，给中国经济史学会带来光彩。同时，吴承明先生也坦陈学科发展面临的困局，并对如何推动学科发展提出了希望和要求②。宋则行先生闭幕式上做了题为《对中青年经济史学者的希望》的报告。会议历时四天半，出席会议的经济史工作者们交流了近几年经济史各个学科的教学、科研情况，围绕着提交的会议论文，大家展开了讨论，交换了各自的学术观点，相互启发，取得了一定的收获。大家还就如何推动经济史各个学科的进一步发展，交换了看法，明确了今后的努力方向。

大会秘书处专门安排了一项议程，讨论今后如何推动经济史学的发展。这一时期经济史学发展取得显著成绩的同时，也面临诸多困难和挑战，危机重重。和 20 世纪六七十年代相比，经济史学科明显受到冷落。在出版界，出版物虽多，读者却有限。一本专著印数不过二三千，大部头的中国经济史辞典，只印了 1250 册，经济史期刊也变成了同仁刊物。在大学，学校为减轻学生负担，削减课程，首先是经济史，或者学年课改为学期课，必修课改为选修课。

---

①② 吴承明：《中国经济史研究的回顾与前瞻——在中国经济史学会首届学术年会上的开幕词》，载于《中国经济史研究》1991 年第 3 期。

经济史研究生招生断档现象也常出现，经济史毕业生留不住。吴承明先生在开幕式致辞中重温老一辈学者提出的"坐冷板凳，吃冷猪肉"① 的箴言，勉励学界发扬不怕坐冷板凳精神，增强学术自信。

（二）1993 年 10 月，中国经济史学会在湖南大庸召开了第二届学术年会

学会会长吴承明致开幕词。他总结了上届年会之后两年来中国古代、近代、现代及外国经济史研究中出现的蓬勃发展、新人辈出的新局面，指出今天我们面对的应不是如何坐冷板凳的问题，而是要如何使我们的研究跃进一步，上一个新台阶。他还就中国经济史研究中的"改革"与"开放"以及方法论问题做了阐述。中国社会科学院经济研究所副所长于祖尧同志代表经济所在开幕式上讲话。他从历史与现实的关系角度，结合经济理论研究中出现的一些问题，强调应大力发展经济史研究，以便为现实理论研究提供依据。他认为，要回答中国的改革向何处去这一重大问题，要求助于对中国历史、国情的研究。因此加强经济史研究是振兴经济学科的需要。②

开幕式由学会秘书长魏经玉主持。大会首先宣读了中国社会科学院副院长刘国光同志的书面贺词。贺词高度评价了经济史研究在经济学学科建设和社会科学研究中的重要地位和作用，并对长年辛勤耕耘在中国经济史研究领域的专家、学者在基础科学研究经费不足、待遇菲薄的困难条件下呕心沥血取得的研究成果给予肯定。刘国光在贺词中说，中国经济史研究出版、财力方面的困难应该并正在受到关注，将逐步有所解决。

来自全国各地近 130 位从事中国经济史、外国经济史教学和科研工作的专家、学者应邀莅会。与会代表向大会提交了三本专著、78 篇论文，充分反映了近年来经济史研究蓬勃向上的好势头。这次会议的主要议题除了学术交流外，还有修改学会章程、选举新一届学会理事会。因此，它对中国经济史研究起着总结经验、继往开来的促进作用。

经与会代表的充分审议，大会通过了新修改的学会章程。新的学会章程改各个分会为各个专业委员会，分会长、副会长改为专业委员会主任、副主任，各专业委员会的主任兼学会的副会长，秘书长兼学会的副秘书长。在充分酝

① 参见吴承明：《中国经济史研究的回顾与前瞻——在中国经济史学会首届学术年会上的开幕词》，载于《中国经济史研究》1991 年第 3 期。
② 吴承明：《经济史的研究要上一个新台阶——在中国经济史学会第二届年会上的开幕词》，载于《中国经济史研究》1993 年第 4 期。

酿、民主协商的基础上，与会代表分组以无记名投票的方式选出了新一届理事会。新的理事会由94位理事组成，为台、港、澳保留了适当的理事名额。新当选理事分布地区广泛，中青年比例有较大增加，学科内部各专业的分布更均衡，与会代表普遍感到满意。有理由相信，在有代表性、有学术水平的而又热心推动经济史学科发展的专家学者的领导下，中国经济史学会一定能为繁荣经济史研究做出更加扎实而又卓有成效的工作。

（三）1996年6月29日至7月3日，中国经济史学会、厦门大学和中国社会科学院经济研究所联合举办第三届年会暨学术研讨会

来自全国各地，也包括台湾地区的百余名专家、学者参加了会议，提交有关中国经济史、世界经济史论文数十篇。

此次会议有两项议程：第一，会议以"中国传统社会的商品经济与市场问题"为议题，与会学者分成古代、近代、现代及外国经济史四个大组对此展开了为期3天的热烈讨论。第二，会议在充分酝酿、讨论的基础上，选举增补副会长一名、理事14名。会议推选陈争平为近代经济史专业委员会代秘书长，武力为现代经济史专业委员会代秘书长。

在这次会议上，与会学者提出了建立中国海洋社会经济史、民族经济史的建议；台湾著名经济史学家王业键教授还向与会者介绍了台湾近年来对中国大陆经济史和台湾地区经济史的研究状况。大家对增进学术交流、振兴经济史学怀有殷切希望。

（四）1998年9月20～23日，中国经济史学会、上海社科院、中国社科院经济研究所联合举办第四届年会

100多名专家学者参加了会议，大会收到论文70余篇。会议主要就城市经济史进行了热烈讨论，会议发言和提交的论文涉及到经济史研究的各个领域，每位大会学术报告后，均由两个学者评议；会议就改革开放以来的经济史研究的状况进行了回顾和总结；会议选举了第三届理事会。这次会议开得热烈、紧凑，受到了与会者的普遍好评。

（五）2000年8月14～17日，中国经济史学会、华中师大近代史所联合主办中国经济史学第五届年会暨"经济组织与市场发展"国际学术研讨会

来自国内外的专家学者及新闻出版单位的代表共百余人出席了会议，提交

论文 70 余篇。

此次研讨会的主题是"经济组织与市场发展",围绕会议主题,中外学者分为三组,分别就商人、商人组织与商业网络,企业制度与中国早期市场的发育,现代中国市场与世界经济等问题,从各自的研究角度和学识特点出发,展开了广泛而又深入的讨论与争鸣,将中国经济史研究推到一个新的境界。此次会议在学术选题、视野、学科方法手段及多学科交叉等方面都上升了一个新境界,显示了中国经济史研究的日趋成熟、与国际日益接轨的进展。

四、中国经济史学会各专业委员会举办的代表性学术活动

1986 年中国经济史学会成立时,下设中国古代经济史学会、中国近代经济史学会、中国现代经济史学学会和外国经济史学会,1991 年改称古代经济史专业委员会、近代经济史专业委员会、现代经济史专业委员会、外国经济史专业委员会。自学会成立以来,各专业委员会在各自学科领域开展多层次的学术交流活动,组织学科发展重大理论问题讨论,团结学术同仁,扩大经济史学科影响力。中国经济史学会各专业委员在学科发展中起着越来越重要的作用。

(一) 中国经济史学会古代经济史专业委员会代表性学术活动概述

中国经济史学会古代经济史专业委员会自成立以来,除了正常参加中国经济史学会组织的年会活动,还组织了不同层次与规模的研讨会,对中国古代经济史领域的重要问题进行了广泛讨论,有力地推动了学科发展。

(1) 1997 年 6 月 24 日,中国经济史学会古代经济史专业委员会、中国社会科学院经济研究所中国经济史研究室、《中国经济史研究》编辑部在北京联合召开了"中国封建社会前期和后期经济发展比较"学术研讨会。中国社会科学院经济所、历史所、首都师范大学等单位的十余名学者参加了会议,就中国封建社会前后期经济发展的整体估计、战国秦汉与明清经济发展比较以及小农经济等理论问题进行了深入的探讨。

对中国封建社会经济发展的总体估计问题方面宁可指出,对中国封建社会前后期经济发展水平进行整体评价是很有意义的事情,但难度很大。林甘泉着重谈了如何估计中国封建社会农业劳动生产率的问题。吴承明探讨了衡量历史上各个时期经济盛衰的标准。他指出,经济发展还是不发展,主要看资源配置合理不合理,是优化还是劣化。这在历史上看不见,但可以从两方面反映出来,一是国富,二是民富。李根蟠指出,中国古代农业的发展并不伴随着每个

农户所能负担耕地的增多，它主要表现在两个方面：一是单位面积产量、从而总产量的提高，二是作为家庭副业的多种经营的发展。叶坦认为，中国封建社会前后期社会经济到底是进步还是落后，有两个参照系，一是自身前后的比较，二是与其他国家或地区的比较看问题才会比较全面。

关于战国秦汉和明清经济发展的比较。李根蟠比较全面地评估了战国秦汉经济发展的水平和小农经济的状况。杨生民赞成李根蟠对小农经济的评判并作了补充说明。关于明清经济的发展，吴承明作了比较系统的阐述。他用他提出的标准具体分析了明清时代的史料。方行对拔高封建地主制前期发展水平或贬低封建地主制后期经济发展水平的观点都提出了明确的批评。郭松义也对中国封建社会前后期经济、特别是小农经济的发展进行了比较。

关于小农经济及其他有关理论问题。魏金玉在发言中着重探讨了有关小农经济的理论问题。他指出，中国封建社会的小农经济，是农业与手工业的结合，自给性生产与商品性生产的结合。宁可则重申了他多年以来的观点，认为讲小农经济既不全面，也不准确。比较科学的表述是"个体小生产农业"。童超则从另外的角度提出了一些值得思考的问题。

（2）1999年6月8~10日，中国经济史学学会古代经济史专业委员会、中国社会科学研究院经济研究所、首都师范大学历史系在北京联合召开了"中国封建地主制经济暨庆贺李文治先生九十寿辰学术研讨会"，来自北京和外地的50位学者参加了这次研讨会。经君健、汪敬虞、王业键、漆侠等谈了李先生的学术贡献和对后学的提携与教益，史志宏、刘秀生、陈春声则回忆了求学过程中李先生诲人不倦的教导。

这次研讨会就中国封建地主制经济的社会形态变化，地主制经济及其特点，地主制经济的分期、地位及评价等若干问题进行了热烈的讨论。

（二）中国经济史学会近代经济史专业委员会代表性学术活动概述

中国经济史学会近代经济史专业委员会自成立以来，除了正常参加中国经济史学会组织的年会活动，还组织了不同层次与规模的研讨会，积极推动对外学术交流，对中国近代经济史领域的重要问题进行了广泛讨论，有力推动了学科发展。

（1）1997年6月10日，中国经济史学会近代经济史专业委员会与中国社科院经济所联合主办的学术报告会在北京召开。来自日本信州大学、京都大学、中国社科院经济所、近代史所、中国农业博物馆研究所和中国人民大学的20多名学者参加了这次报告会。会议邀请日本信州大学的久保亨教授作了题为"中国 20 世纪经济史研究上的几个问题和日本方面的研究规划"的主题报告。久保亨教授在报告中，就中国近代经济发展水平和有关长期经济统计、有关中国近代社会经济的日文调查材料、民国时期经济政策等问题发表了自己的观点，并介绍了日本学者在这几方面的研究规划。随后，中国社会科学院经济所朱荫贵副研究员也简要地介绍了他对日本学者关于中国 20 世纪经济史研究现状的若干观感。与会的中国学者们对日本学者深入细致的学风表示了赞赏，并就上述几方面的有关问题和久保亨教授进行了探讨。

（2）2000 年 10 月 14～15 日，中国经济史学会近代经济史专业委员会联合《中国经济史研究》编辑部、南开大学经济研究所、南开大学经济学系举办"新世纪中国经济史研究展望"国际学术研讨会。来自中国大陆、台湾、美国、日本、法国等国家和地区的 50 多位中国经济史学者出席了这次盛会。研讨会共收到论文 40 余篇，围绕中国经济史研究与方法的引进与创新，近代中国宏观经济运行与发展研究、近代中国微观经济分析与制度变迁分析，经济史教学改革与创新等问题展开了热烈讨论，取得了诸多共识。

经济史理论与方法的创新是本次研讨会的主题之一。研讨会围绕经济史研究的方法论、经济学与经济史、引进与创新、理论与史料等关系问题展开了讨论，有些学者对西方经济史学著作和理论进行了评述，另一些学者对经济史研究进行反思和展望。运用宏观经济理论研究中国近代经济运行，是近年来经济史理论与方法创新的重要方面。微观经济分析与制度变迁理论在经济史学上的运用，西方学界已取得显著成就，而中国还姗姗起步，阻力重重。为推进中国经济史的研究，会议组织了有关讨论。经济史教学史培养经济史专业人才的基础。然而新中国成立以来，由于多种因素影响，经济史教学面临种种困惑，为此，会议组织了对该问题的专门讨论，作为会议的又一个主题。

（三）中国经济史学会现代经济史专业委员会代表性学术活动概述

中国经济史学会现代经济史专业委员会自成立以来，除了正常参加中国经济史学会组织的年会活动，还组织了不同层次与规模的研讨会，中国社会经济社会发展寻求历史经验，有力地推动了中国现代经济史学科的兴起，极大地提升了中国经济史学科的社会影响力。

（1）1997 年 10 月，中国经济史学会现代经济史专业委员会和山东省计委经济研究所在山东烟台联合举办"从中国经济发展历程看两个转变"学术研讨会。40 多名专家学者和有关领导参加了学术讨论。会议除了多层次、全方位探讨"两个转变"外，还就现代经济史研究的其他内容及加强现代经济史学科建设等问题进行了深入探讨，收到了良好效果。

中国现代经济史是一门全新的学科，与现实最为贴近，其研究成果对职能部门和决策机构影响深远。但由于中国现代经济史研究起步较晚，研究人员相对少，社会对其重视程度与其所处的地位不符。与会者就重视现代经济史研究及其对策，提出了真知灼见。

（2）1999 年 10 月 18～20 日，中国经济史学会现代经济史专业委员会、中国社会科学院和中南财经大学等单位在湖北省赤壁市联合召开了"新中国50 年发展的特点与经验"学术研讨会。来自北京、内蒙古、山东、江苏、安徽、广东、湖北等地的近 40 位专家学者参加了会议。在为期三天的会议中，与会专家学者围绕新中国 50 年经济发展的特点与经验这一主题，主要就新中国 50 年来经济发展的历程和基本经验，新民主主义经济的形成与发展，新民主主义经济与社会主义经济的联系与区别，20 世纪 50 年代经济发展的具体问题，国有企业改革，区域经济发展战略等问题进行了交流和讨论。

会议结束时，中国现代经济史专业委员会副会长、中国社会科学院中国现代经济史研究中心主任董志凯作了会议总结，并向全体与会代表介绍了过去一年来中国现代经济史研究取得的成果。

总之，中国经济史学会的成立，标志着全国性的学术组织的建立，对学科发展产生了全面而深刻的影响。

第十章

百年回顾与展望

20世纪的中国经济史学取得了长足的进步与发展。从学科整体发展水平来看，中国经济史学已经形成了一门独立的学科；从发展的历史阶段来看，大致经历了学科萌芽、初步形成、抗战艰难曲折时期、新中国成立后的转型时期、改革开放新时期五阶段；从形成的学术流派来看，既有马克思主义唯物史观为指导的中国经济史学研究，也产生了一些其他有影响的中国经济史学流派。中国经济史学研究在不同历史阶段所取得的成绩，对于21世纪的中国经济史学发展来说，有诸多可供借鉴之处。因此，本章将结合前面对中国经济史学研究的阶段性分析，从中国经济史学演变和发展的路径、学科建制化的水平、中国经济史学科价值，研究者素养与学科发展，中国经济史学发展基础理论演进等方面进行回顾与总结，为中国经济史学科的长远发展寻找历史经验与理论支持。

第一节　内生性：中国经济史学形成与发展的路径

通过分析中国经济史学产生的前提条件和背景，我们知道，作为一门独立学科的中国经济史学，它是随着19世纪末20世纪初的西方历史学、经济学、社会学等社会科学的西学东渐而出现的。虽然西学东渐催生了现代中国经济史学的萌芽，但仅仅是间接的促进作用。从中国经济史学产生的内部条件分析，内生因素是其发展的根本原因。一方面，现代中国经济史学继承了传统中国经济史的学术遗产，另一方面，不同阶段的时代背景和具体社会环境也影响着中国经济史学科发展的具体路径。与其他社会科学形成和发展的历史轨迹相比较，西学东渐催生与促进下的内生性是中国经济史学形成和演变的独特路径。

　　西学东渐与中国经济史学科的路径依赖关系仅仅从外部条件方面揭示了中国经济史学产生的原因之一。传统中国经济史学术遗产的整理分析了对现代中国经济史学萌芽的具体影响，这是中国经济史学生长的内生性的重要方面。从学科形成的具体历史过程来看，中国经济史学科也呈现出以下一些具体特点。首先，每一次学科发展面临重大突破时，很多时候都以"问题"导向作为学科研究的切入点。这些问题都是中国经济发展历史进程中的重大理论问题，围绕这些问题展开的讨论，不仅影响着中国经济史学发展方向，也是学科研究中的重要成果。例如，在中国经济史学萌芽时期，学术界对"井田制有无"的讨论是非常激烈的。1919~1920年间，胡适、胡汉民、廖仲恺曾就"井田制有无"的问题展开激烈的辩论，虽然胡适当时主要是从考证的角度，提出了这一问题，其目的是为了证明"层累地造成古史"。但是对这一问题的讨论，客观上对中国经济史学科产生了积极的影响，学术界有人甚至认为，井田制有无的辩论是中国经济史学开始形成的标志。又如，社会史论战中有关中国社会性质问题的大讨论，直接导致了中国经济史学科的形成。一方面，社会史论战中所讨论的问题，本身就是中国经济史学研究的范畴，属于宏观的、整体的中国经济史学研究；另一方面，社会史论战也促使了中国经济史学研究的学术转向，导致了学科的最终形成。20世纪50年代学界围绕"五朵金花"展开学术大讨论，取得了丰富的研究成果。其中中国古代史历史分期问题、中国封建土地所有制形式问题、中国封建社会农民战争问题、中国资本主义萌芽问题和中国经济史学密切相关。50年代的学术大讨论其实是30年代社会史论战的延续。90年代对中国传统经济的再评价也极大地推动和深化了相关领域的专题研究。因此，通过分析，我们可以看出中国经济史学科正是沿着"问题的提出与讨论—学科的进一步发展"这一轨迹发展和演变的。

　　时代背景和社会环境的变迁也是影响中国经济史学发展另一动因。如萌芽时期研究中国经济史的主要动机就是抵制帝国主义的经济侵略和发展民族经济，正是强烈的社会需求使得国人认识到了研究本国经济史的重要性，直接促使现代意义的中国经济史学开始萌芽。而中国经济史学研究第一次高潮正是在社会性质大论战的直接推动下形成的，抗战爆发后至1949年中国经济史学的曲折发展时期取得的学术研究成果也和当时现实社会的需求密切相关，如战时沦陷区经济问题、田赋征收、租税、漕运等专题研究以及解放区的社会调查与研究。80年代中华人民共和国经济史学的兴起都是现实需求催生的重要理论成果。回顾各个历史时期的中国经济史学研究状况，我们发现强烈的社会现实需求正是推动中国经济史学科发展的重要动因。

"问题切入—学术大讨论—中国经济史学科进一步发展"这一学科发展和演变的内生路径，对中国经济史学科发展的影响具有二重性。一方面，每一次有关中国社会经济历史发展的学术大讨论都提出了一些有关中国经济史学的理论命题，围绕这些命题，学术界进行理论的研究与探讨，这样必然会推动中国经济史学科向前发展；另一方面，由于问题本身就属于中国经济史学研究的理论范畴，因此学术界提出什么问题，对中国经济史学科发展方向尤为重要。20世纪30年代初，社会史论战后的中国经济史学研究学术大转向即是一个例证，起初人们只是围绕问题进行空洞的理论与概念之争。50年代开始的有关资本主义萌芽问题的讨论又是另一个很好的例证。

其次，中国经济史学科是在"由点到面"的研究过程中最终形成的，"由点到面"是中国经济史学科形成和发展的又一具体特征。例如，在中国经济史学科萌芽时期，主要是财政史、田赋史、田制史、商业史等专题研究的深入和发展，并出版了相关的一大批专著，而整体的中国经济史学著作则是在专题研究的基础上出现的。在中国经济史学研究中，先开展专题和部门经济史的研究工作，然后在此基础上进行整体的、综合的研究工作。有关这一点，陈啸江的《中国社会经济史研究的总成绩及其待解决》一文，卫聚贤的《编纂中国经济史的组织计划》一文，赵德馨主持的中华人民共和国经济史课题组工作计划都曾有过专门的阐述，20世纪中国经济史学研究的实际进展情形也在一定程度上体现了陈啸江、卫聚贤、赵德馨等人的学术主张。

通过上述各方面的分析，我们可以清楚地看到20世纪中国经济史学科形成和演变路径的内生特点。从学术演化的一般规律来看，学科成长路径依赖还有着自我强化的功能，20世纪中国经济史学科发展的内生性路径很大程度上影响着21世纪中国经济史学科发展的道路。在中国经济史学科的发展进程中，为了实现学科的可持续发展，经济史学界将立足国情，始终坚持问题导向，使得中国经济史学研究中"提什么问题"与"怎样提出问题"显得更"接地气"。另一方面，"由点到面"也要求学界及经济史学工作者处理好"专"与"通"的关系。

第二节　中国经济史学科建制化水平

回顾与反思20世纪中国经济史学发展，其中一个非常重要的方面就是对中国经济史学科建制化进程进行全面梳理，对学科建制化水平进行客观评价。

评价这一时期中国经济史学科发展水平，首先要对不同历史阶段中国经济史学研究所取得的理论成果进行梳理，其次要对 20 世纪中国经济史学学术影响力和现实地位的变化进行考察，另外还要从构建完整学科体系视角分析中国经济史学科发展的整体水平。从上述三方面来看，20 世纪的中国经济史学科建制化水平发展取得了相当的进展，中国经济史学已发展成为一门独立学科。

首先，大量的中国经济史学研究成果问世。这些有关中国经济史学的研究成果，不仅包括各个历史时期出版的中国经济史学著作，更多的是在各种学术刊物上发表的有关中国经济史学研究的专题论文。具体分析这些理论成果，既有对地区、行业、部门的专题研究，也有整体的国民经济史研究；既有经济史实层面的研究成果，也有对经济史学科性质、研究方法等有关经济史学概论方面的探讨；既有不同历史时期的断代经济史研究，也有长时间的中国经济史学通论成果；既有对国外经济史学研究成果的介绍，也有对国外经济史学研究理论动态的评价。无论是研究成果的数量，还是研究成果的质量，都表明了中国经济史学研究已经达到了一定的规模和层次，20 世纪学科整体发展水平提升较快。

其次，20 世纪的中国经济史学在学术界和现实社会的地位提升很快。一门学科在学术界和现实社会地位的变化在一定程度上也反映了其学科建制化的整体水平。尽管传统的中国史学孕育着丰富的中国经济史学胚胎，历代正史大都有《食货志》，各类政书中也都有《食货典》《食货考》，但其记述的中心一直是政治军事活动，社会经济生活并非其关注的一个重点，因此传统中国经济史学并不能自觉演变成一门独立的经济史学科，这样就决定了经济史在中国传统史学中处于依附的状态，其学术地位并不高。自 20 世纪初西方历史学、经济学、哲学与社会学等社会科学理论传入中国，现代中国经济史学就开始萌芽，中国经济史学就逐渐演变成一门独立的学科，其学术地位也不断得以提升。中国经济史学在学术界的影响日益扩大，为学科的整体发展创造了很好的条件。如萌芽时期中国经济史学就开始作为一门课程走进大学课堂，30 年代第一次研究高潮时期又先后创办了《中国近代经济史研究集刊》《食货》等经济史专攻刊物，1953 年中央人民政府组织成立中国历史问题研究委员会，启动编辑出版中国近代经济史资料工作。80 年代全国性的中国经济史学会成立，《中国社会经济史研究》《中国经济史研究》等专业期刊的创建，新中国成立后中国经济史学课程建设取得的系列成果，经济史学科硕士、博士高层次专门人才的培养。这些都是中国经济史学建制化取得重大进展的具体表现。

最后，学科体系建设也是衡量中国经济史学科发展水平的一个重要方面。

从 20 世纪初学科萌芽发展至今，中国经济史学研究取得重大进展，作为一门独立学科的中国经济史学已经初步形成，学科的基本框架也初见端倪。在导言部分，我们曾对中国经济史学科体系所包括的主要内容进行了讨论。具体考察 20 世纪中国经济史学研究成果，包括了客体的中国经济史学研究和主体的中国经济史学研究，从这一层面分析，其学科基本框架已经形成。中国经济史学科基本框架的建立，正是学科建制化的重要内容与标志。

第三节　中国经济史学科价值

一门学科能否最终形成并实现可持续发展，在很大程度上取决于其学术价值和社会功能。中国经济史学也不例外。总结中国经济史学的学术价值，主要是分析它对历史学和经济学发展所作的理论贡献。考察 20 世纪中国经济史学发展历程，我们可以从以下几个方面来分析中国经济史学对历史学所作的贡献。首先，中国经济史学推动了传统中国史学的演变。一方面，中国经济史学是在传统的中国史学向现代史学演变的过程中产生的；另一方面，中国经济史学的产生也催生和推动着史学观念、史学理论、史学研究方法、史学研究范围和叙述体例等众多方面进一步发生变化，从这一层面分析，中国经济史学对传统的中国史学有着改造的功能。其次，中国经济史学的产生对建立完整的历史学学科体系也有着积极的影响。作为一门独立的学科，中国经济史学是作为历史学的一个分支学科出现的，因此，中国经济史的出现，使得中国历史学的各种专门史的划分更加完备，这对于建立完整的历史学学科体系是大有帮助的。最后，中国经济史学研究所取得的重大理论成果，直接提升了中国历史学研究的整体水平。这一点，在中国经济史学研究的几次高潮中表现得尤为突出。中国经济史学科自 20 世纪二三十年代形成后，在中国史学中一直处于核心地位。20 世纪大部分时间内中国的史学研究的主要力量，基本上都集中在中国经济史研究上。"文革"前中国史学界曾就中国古代史分期、封建土地所有制形式、农民战争、资本主义萌芽和汉民族形成五个重大问题展开过持久而热烈的讨论，并取得了重大的成就，而这大多数属于中国经济史研究的范围，或者与中国经济史研究有着密切关系。

中国经济史学的学术功能还体现在它对中国经济学学科发展所作的理论贡献。我国经济学家和经济学研究者对经济史的研究兴趣远不如美国等发达的资本主义国家，西方新经济史学家都是经济学家，都非常重视经济史学对经济学的学术贡献。熊彼特指出，经济史对经济学的价值有五个方面：（1）更多的经济事实；（2）更好的经济事实；（3）更好的经济理论；（4）更好的经济政策；（5）更好的经济学家。考察20世纪上半期中国经济史学科发展，中国经济史学也正是从以上五个方面对经济学作出了学术贡献。另外，需要指出的是，在中国经济史学科萌芽时期，中国经济史学的萌芽与中国经济学学科化还存在着互动关系。我们知道，虽然古代中国有着丰富的经济思想，但是并没有演变成一门独立的经济学学科。中国经济史学萌芽后，学术界开始从具体的经济史实抽象出中国社会经济发展的经济学理论与范畴，这些成果的产生也就是中国经济学学科化的开端。

对历史学和经济学的理论贡献仅仅从学术价值层面对中国经济史学形成和发展的原因作出了解释，而中国经济史学的社会功能则是实现学科可持续发展的真正动因。从学科萌芽至今，中国经济史学就一直表现出强烈的社会功能。在导论部分，我们曾从知识社会学的角度对中国经济史学产生的原因进行了讨论。我们认为，强烈的现实需求直接导致了中国经济史学的产生。因此中国经济史学开始就有着为现实服务的学术特点，在学科萌芽时期、第一次研究高潮时期、抗战爆发后的曲折发展时期、新中国成立后的转型时期、改革开放新时期，中国经济史学研究选题和发展方向都有强烈的现实性，学科研究都强调为现实服务。中国经济史学研究的一个很重要的目的就是为决策提供服务，在一定程度上成为了制定社会经济政策的工具。

有关20世纪中国经济史学的学术价值和社会功能的讨论，引发了我们对中国经济史学科发展原因的深层次思考。任何一门学科，只有充分实现其学术功能和社会功能，才能保持学科的可持续发展，中国经济史学的发展也再次证明了这一点。正是中国经济史学的学术价值和社会功能为其20世纪的学科发展创造了条件。中国经济史学未来的发展也取决于能否自觉实践其学术价值和社会功能。

第四节　研究者素养与学科发展

回顾20世纪中国经济史学发展历程，我们可以看到三代中国经济史学家群体队伍对学科的整体发展影响甚大。从某种意义上来看，研究者的素养决定了学科发展方向。总体来讲，从30年代开始，第一代经济史学家群体开始形成，他们大都有很深的国学造诣，学术功底深厚，掌握史料丰富，常能发人所未言，起发凡起例的效应。和传统史学的治史者不同，他们都受过经济学和社会学的训练，思路比较开阔，故能注意相关学科的移植和整合。

在中国经济史学科萌芽时期，梁启超、吴贯因二位大师对学科发展有着特殊贡献。作为一代国学大师，梁启超曾留学日本，他接受了西方现代学科分化取得的成果，用现代科学分类方法，把历史学分为普通史与专门史。作为新史学的奠基人，梁启超的这种划分法颇有见地，对作为专门史的中国经济史学的发展将产生深远的影响，经济史作为一门专门史开始出现，是中国经济史学科化的历史起点，由此可见梁启超在中国经济史学的影响和历史地位。同样，我国著名历史学家和语言学家吴贯因（1879～1936 年）在中国经济史学发展史上也占有重要地位。吴贯因早年中举，光绪年间赴日本早稻田大学学习，结识梁启超并成为好友。回国后，于 1912 年和梁启超在天津办《庸言月刊》，梁任主编，他当编辑。1927 年弃政从学，任东北大学教育、文学院院长，东北大学、平民大学、燕京大学史学教授、华北大学校长。1933～1937 年，曾受陈济棠聘请，多次到广东讲学。一生所著甚丰，中国经济史学方面的代表作有《史之梯》《中国经济史眼》《中国经济进化史论》《中国经济史略》等。

上述有关梁、吴两位大师对中国经济史学科发展所作学术贡献的分析，仅仅是研究主体知识结构影响中国经济史学科发展的个案分析。笔者曾对中国经济史学研究者整体的教育背景做过不完全的统计与分析，尽管由于资料的局限性，无法对 20 世纪中国经济史学研究者一一作出分析，但是这并不影响我们对学科研究主体素养与学科发展关系的探讨。

一个非常有趣的现象是，20 世纪上半期，活跃在中国经济史坛的学者大多受到良好的教育，并有过留学背景。如郭沫若曾留学日本。汤象龙 1936 年 27 岁入伦敦经济学院作研究生，学习欧洲近代经济史。1937 年 28 岁入巴黎大学文学院做研究生，学习欧洲近代经济史。1938 年入德国波恩大学学习德文。傅衣凌是中国社会经济史学派的创始人，他大学毕业后，1935 年东渡日本，进法政大学研究院学习社会学。傅筑夫在北京师范大学对国学产生了浓厚的兴趣，师从几位名师学习了文字学、音韵学、训诂学，同时也选读了古典文学、文艺理论和外国文学名著选读等。后来他的兴趣又转向了哲学，通过大量哲学书籍的阅读，使他养成用宏观方法综合观察问题的习惯，而经济史正需要这样一种研究方法。后来又将攻读方向转为社会科学，特别是经济科学。1936 年去英国伦敦大学政治经济学院进修。先在罗宾斯的教授指导下研究经济理论，后在陶尼教授的指导下研究经济史。严中平 1931 年考入中央大学英语系，次年考入清华大学经济系，1936 年毕业后，进入中央研究院社会科学研究所工作，1947 年秋，赴英国进修。李剑农，我国著名经济史学家。1904 年入湖南中路师范学堂史地科学习。1910 年留学日本，入早稻田大学学习政治经济学。罗章龙早年留学德国，对经济学有相当精湛的研究，学术见解深刻而独到，并且学贯中西。侯外庐，山西平遥人，我国著名的马克思主义史学家。1924 年前后到北京，先后在北平大学法学院、北平师范大学学习法律和历史，1927年留学巴黎，开始从事《资本论》的翻译工作，1930 年回国，在各大学讲授哲学和经济学。20 世纪 30 年代中期，从经济学转向史学。巫宝山，1932 年清华大学经济系毕业，获经济学学士学位。1932～1933 年任南开大学经济学院研究员，1938 年获美国哈佛大学经济学硕士学位，1948 年获美国哈佛大学经济学博士学位。卫聚贤，山西万泉人。历史学家，清华大学研究院毕业。历任暨南大学、中国公学、持志大学教授，曾任南京古物保存所所长。陶希圣 1922年毕业于北京大学，曾任安徽法政专门学校教员，上海商务印书馆编辑，上海大学教授。陶希圣先生对于中国社会有极深刻的认识，他的学问很是广博，他应用各种社会科学和政治经济学的知识，来研究中国社会，所以成就最大。他的著作繁多，较重要的有《中国社会的分析》《中国封建社会史》《南北朝经济史》、（与武仙卿先生合作）等书。

　　从研究者素养来看，第一代中国经济史学家群体大都有国外留学的背景，国学功底深厚，有经济学、社会学等社会科学的素养。以前，学术界有一种看法，认为 20 世纪上半期，大都从事历史学研究的学者在研究中国经济史学，其实，这是一种误解。历史学家的经济史与经济学家的经济史在中国学术界早已存在。

　　第二代中国经济史学家群体是与共和国共同成长的新一代经济史学人，他们和第一代经济史学家有着师承关系。新中国成立后，马克思唯物史观成为学界的指导思想，因此，具有鲜明的马克思主义唯物史观学术立场是第二代经济史学家群体队伍的时代特色，同时，受政治运动冲击，第二代中国经济史学家群体队伍的正常学术活动被迫中断，直到"文革"结束后，他们才重新焕发学术青春。第三代中国经济史学家群体队伍是改革开放后成长的一代新人。

　　20 世纪学科研究主体知识结构与学科发展关系的探讨，使得我们开始重新思考研究者对学科发展的主观能动作用。从一定程度上来看，学科研究主体的知识结构在学科发展的历史过程中起着关键的作用。因此，从学科长远发展来看，人才队伍的培养是非常关键的。我们不仅需要历史学家的经济史，更需要经济学家的经济史。

第五节　中国经济史学发展基础理论演进

现代形态的中国经济学论著出现于 20 世纪初。二十多年后，开始出现了研究基础理论的论文。八十多年来，有关经济史学基础理论讨论的问题不断增多，范围不断扩大，内涵不断深入。同时仍然还有一些领域需要进一步开拓。

20 世纪 30~40 年代是中国经济史学基础理论研究的起步阶段。萌芽于 20 世纪初期的中国经济史学，在 20 年代末 30 年代初迎来了学科发展的第一次高潮，相关刊物开始发表有关经济史基础理论的论文。代表性的成果有傅筑夫 1934 年在《中国经济》2 卷第 9 期发表《研究中国经济史的意义及方法》一文，石淑明 1934 年在《中国经济》2 卷第 10 期发表的《外国学者关于中国经济史之研究与其主要文献》一文，王瑛 1935 年在《食货》1 卷第 5 期发表《研究中国经济史之方法的商榷》一文，汤象龙 1935 年在《食货》1 卷第 5 期发表《对于研究中国经济史的一点认识》一文，连士升在《大公报史地周刊》第 106 期发表《研究中国经济史的方法和资料》一文。这一阶段讨论的主要问题是有关经济史学研究方法和中国经济史学的学术价值。关注经济史学理论研究的文献资料建设和重视国外研究动态，也是这一阶段学科基础理论研究的鲜明特点。

20 世纪 50~70 年代，是中国经济史学基础理论研究的第二阶段。新中国成立后，中国经济史学迎来了又一次学科发展高潮，学科发展的基础理论问题再次引起学界的关注。这一阶段的研究重点是关于经济史学科研究对象与中国近代经济史分期。关于经济史学科研究对象，学界主要有三种代表性的观点。一种代表性观点是孙健 1957 年在《经济研究》第 2 期发表的《国民经济史的研究对象、任务和方法》一文，认为"经济史的研究对象为生产关系"。另一种代表性观点是李运元 1957 年在《经济研究》第 5 期发表的《试论国民经济史的研究对象》一文，认为"经济史学的研究对象，既包括生产关系，也包括生产力，但主要是生产关系"。第三种代表性观点是邵敬勋 1957 年在《东北人民大学学报》第 4 期发表《国民经济史的对象、任务和方法》一文，认为"经济史的研究对象是通过一个国家的生产力和生产关系之间、经济基础和上层建筑之间的相互作用的具体发展过程的研究，探索这个国家各种生产方式和经济发展阶段的特点及其规律"。这一时期有关经济史学科研究对象表述的话语权明显受到马克思主义政治经济学理论体系的影响。关于中国近代经济史分期问题，学界大体有三类意见：第一类是将中国 1840～1949 年的社会经济史分为近代经济史和现代经济史，主要以陈绍闻、郭庠林、张传仁等人为代表；第二类是将中国 1840～1949 年的社会经济发展过程统称为中国近代国民经济史，以赵德馨、茅家琦等人为代表，赵德馨主张按照半殖民地半封建社会经济形态的形成、发展与崩溃，分为三个阶段；第三类是将 1840～1949 年的经济史分为旧民主主义革命和新民主主义革命两大时期，主要以吴杰等人为代表。《光明日报》1961 年 1 月 26 日对学界关于中国近代经济史分期问题有详细报道。

20 世纪 80～90 年代，是中国经济史学基础理论研究的第三阶段。首先，学界继续讨论学科研究的对象，对于经济史学研究对象又有了新的认识或观点。傅筑夫 1982 年在《天津社会科学》第 6 期发表《进一步加强经济史研究》一文，认为"经济史的研究对象是各个时期的社会经济运行规律"。魏永理认为，"经济史的研究对象，既不是生产关系，又不是生产力，也不是生产方式，而是社会经济结构或全部社会经济的总和，包括生产力结构和生产关系结构，包括各部门、各产业、各地区之间的相互关系和国民经济的各种比例，诸如各种产业结构、经济技术结构、所有制结构、商品生产和商品交换结构与进出口商品结构、赋税结构、金融政策结构、阶级结构"。吴承明 1982 年在《晋阳学刊》第 1 期发表《关于研究中国近代经济史的意见》一文，认为，"经济史就是要研究生产关系和各个历史时期生产力的发展水平"。这一阶段有关经济史学研究对象的探讨突破了以往话语体系的束缚，推动了中国经济史学在新的历史条件下继续向前发展。

其次，经济史的学科性质成为学界讨论的另一个热门话题。魏永理认为，"它是介乎经济学和历史学之间的一门边缘学科"。孙健认为，"经济史属于历史学科，是历史学科的一个分支，但也和经济学科有密切关系"。1983 年全国社会科学规划会议上，经济史从以往列于经济学科而改变列入历史学科的规划中。经君健认为，"经济史就其本质而言，属于经济学科。经济史虽然应用了历史方法或历史观点，但是它所研究的是社会经济的结构形态及其发展变化的运动规律，基本上属于经济范围，是经济学的一个分支学科"。学科性质成为学界研究热点问题是中国经济史学科发展到一定程度的必然要求，但这一阶段对于经济史的学科性质探讨仅仅局限于它究竟归属历史学或经济学的视角，没有从独立学科层面来探讨经济史的学科属性。

随着经济史学研究方法、经济史学研究对象、经济史学的学科性质等个别问题讨论的不断深入，中国经济史学基础理论研究开始趋向整体综合研究，这对构建完整的学科理论体系是有益的探索，其代表人物有严中平、傅衣凌、陈振汉、吴承明、赵德馨等人。20 世纪 60 年代严中平写过几篇专门论述经济史研究方法的文章，80 年代出版了《科学研究方法十讲》一书。傅衣凌 1983 年在《文史哲》第 2 期发表《我是怎样研究中国社会经济史的》一文。从 80 年代中期开始，吴承明也开始研究经济史学研究方法，并发表了一系列有关经济史研究方法的文章，主要有"外国研究中国经济史学的学派和方法"、"中国经济史学研究方法杂谈"、"中国经济史研究的方法论问题"等。这些文章总结了中外经济史研究方法。1999 年，吴承明又在《中国经济史研究》第 1 期发表《经济史学的理论与方法》一文。陈振汉早在 1982 年就开设"经济史学概论"课程，内容包括经济史研究的目的和方法、经济史学在西方的兴起、西方经济史学的发展。1996 年，他又在《中国经济史研究》第 1 期发表《西方经济史学与中国经济史研究》一文。赵德馨在 1984 年开设了"经济史学概论"课程，内容包括经济史学的研究对象、经济史学发展史、经济史学与社会史观、经济史学的任务，经济史学与相关学科、经济史的分期、经济史学的研究方法和叙述方法、经济史学学派等。

总体回顾国内有关中国经济史学基础理论研究成果，具有以下几个特点：第一，中国经济史学基础理论研究和经济史学发展呈互动态势。中国经济史学发展的每一阶段，都催生出不同的学科基础理论问题；对学科基础理论问题的每一次深入研究，都推动了中国经济史学进一步向前发展。第二，已有研究成果，为 21 世纪构建中国经济史学基础理论体系奠定了良好基础。第三，已有研究成果大都是经济史学基础理论个别问题，且这些个别问题有待于进一步深入。还有一些基础理论未曾涉及，有待开拓。构建完整的中国经济史学理论体系刚刚起步。第四、经济史学基础理论的研究长期滞后经济史学发展，这已成为制约中国经济史学科进一步繁荣发展的瓶颈。

中国经济史学的昨天、今天、明天是一个连续不断的历史过程。上述六个方面是对 20 世纪上半期中国经济史学发展的一个简要回顾，我们可以从中为中国经济史学科未来的发展寻找历史经验的支持，得出积极的启示。21 世纪的中国经济史学一定会迎来辉煌的明天。

参 考 文 献

一、专著

[1]《李大钊文集》下卷，人民出版社 1984 年版。

[2]《马克思恩格斯选集》第 3 卷，人民出版社 1972 年版。

[3]《毛泽东选集》第 4 卷，人民出版社 1991 年版。

[4][美]塞利格曼：《经济史观》，商务印书馆 1928 年版。

[5][美]王国斌：《转变的中国：历史变迁与欧洲经验的局限》，江苏人民出版社 1998 年版。

[6]巴勒克拉夫：《当代史学主要趋势》，上海译文出版社 1987 年版。

[7]白寿彝：《中国史学史论集》，中华书局 1998 年版。

[8]北京大学校史研究室编：《北京大学史料》，北京大学出版社 1993 年版。

[9]陈峰主编：《中国经济与社会史评论》（2009 年卷），中国社会科学出版社 2010 年版。

[10]陈峰主编：《中国经济与社会史评论》（2010 年卷），中国社会科学出版社 2011 年版。

[11]陈其泰：《中国近代史学的历程》，河南人民出版社 1994 年版。

[12]陈绍文、姚家华、徐培华：《中国经济史学要籍介绍》，云南人民出版社 1988 年版。

[13]陈振汉：《步履集——陈振汉文集》，北京大学出版社 2005 年版。

[14]陈争平：《中国经济史探索：陈争平文集》，浙江大学出版社 2012 年版。

[15][德]威廉·罗雪尔：《历史方法的国民经济学讲义大纲》，1981 年版。

[16]高增德：《世纪学人》（6 卷），北京十月文艺出版社 2000 年版。

[17]顾颉刚：《当代中国史学》，上海古籍出版社 2002 年版。

[18]韩震、孟鸣岐：《历史哲学》，云南人民出版社 2002 年版。

[19]侯建新主编：《经济—社会史——历史研究的新方向》，商务印书馆 2002 年版。

［20］ 黄绍筠:《中国第一部经济史——汉书食货志》,中国经济出版社 1991年版。

［21］ 冀朝鼎:《中国历史上的基本经济区与水利事业的发展》,中国社会科学出版社 1981 年版。

［22］ 姜义华、武克全主编:《二十世纪中国社会科学》(理论经济学卷),上海人民出版社 2005 年版。

［23］ 姜义华、武克全主编:《二十世纪中国社会科学》(历史卷),上海人民出版社 2005 年版。

［24］ 杰拉德·M·库特:《英国历史经济学:1870~1926 经济史学科的兴起与新重商主义》,中国人民大学出版社 2010 年版。

［25］ 瞿东林:《中国史学史纲》,北京出版社 1999 年版。

［26］ 李伯重:《理论、方法、发展趋势:中国经济史研究新探》,清华大学出版社 2002 年版。

［27］ 李剑龙:《中国古代经济史稿》,武汉大学出版社 2006 年版。

［28］ 李埏等:《史记·货殖列传研究》,云南大学出版社 2002 年版。

［29］ 李泽厚:《中国现代思想史论》,东方出版社 1987 年版。

［30］ 梁启超:《梁启超史学论著四种》,岳麓书社 1998 年版。

［31］ 刘志伟编:《梁方仲文集》,中山大学出版社 2004 年版。

［32］ 吕振羽:《史前期中国社会研究》,北京人文书店 1934 年版。

［33］ 马乘风:《中国经济史》,中国经济史研究会 1935 年版。

［34］ 宓汝成:《中国近代经济史研究综述》,天津教育出版社 1989 年版。

［35］ 屈演文、苏少之编:《赵德馨与中国经济史学》,经济科学出版社 2011 年版。

［36］ 钱穆:《中国史学名著》,生活·读书·新知三联书店 2000 年版。

［37］ 孙大权:《中国经济学社的成长:中国经济学社研究（1923~1953)》,上海三联书店 2006 年版。

［38］ 汤象龙研究室编:《中国经济史学科主要奠基人:汤象龙先生百年诞辰文集》,西南财经大学出版社 2010 年版。

［39］ 王亚南:《中国官僚政治研究》,中国社会科学出版社 1981 年版。

［40］ 王亚南:《中国经济原论》,中国大百科全书出版社 2011 年版。

［41］ 魏永理:《中国近代经济史纲》(上册),甘肃人民出版社 1983 年版。

［42］ 吴承明:《经济史:历史观与方法论》,上海财经大学出版社 2006 年版。

［43］熊彼特：《经济分析史》（第一卷），商务印书馆1991年版。

［44］许涤新、吴承明：《中国资本主义发展史》，人民出版社2003年版。

［45］［英］约翰·内维尔·凯恩斯：《政治经济学的范围与方法》，华夏出版社2001年版。

［46］严中平：《中国棉纺织史稿》，科学技术出版社1955年版。

［47］严中平：《中国棉业之发展》，商务印书馆1943年版。

［48］叶世昌：《中国学术名著提要》（经济卷），复旦大学出版社1994年版。

［49］曾业英：《五十年来的中国近代史研究》，上海出版社2000年版。

［50］张广智、张广勇：《现代西方史学》，复旦大学出版社1996年版。

［51］赵德馨：《经济史学概论文稿》，经济科学出版社2009年版。

［52］赵德馨：《赵德馨经济史学论文选》，中国财政经济出版社2002年版。

［53］赵德馨：《社会科学研究工作程序与规范》，湖北人民出版社2016年版。

［54］中国社会科学院近代史研究所经济史研究室编：《中国近代经济史论著目录提要（1949.10~1985）》，上海社会科学院出版社1989年版。

［55］中国社科院历史所经济史组编：《中国社会经济史论著目录》，齐鲁书社1988年版。

［56］周保銮：《中华银行史》，商务印书馆1923年版。

［57］朱枝富：《司马迁经济思想通论》，延边大学出版社1999年版。

［58］邹进文：《近代中国经济学的发展：以留学生博士论文为中心的考察》，中国人民大学出版社2016年版。

［59］张登德：《求富与近代经济学中国解读的最初视角——〈富国策〉的译刊与传播》，黄山书社2009年版。

二、报纸、期刊

［1］［德］列德勒著，高承元口译，许兴凯记：《经济史观的根本理论》，载于《东方杂志》1929年第26卷11期。

［2］曹幸穗：《学术期刊呼唤批评——兼答姚洋对〈旧中国苏南农家经济研究〉的批评》，载于《中国经济史研究》1988年第4期。

［3］陈翰笙：《中国农村经济研究之发轫》，载于《中国农村》1934年第1期。

［4］陈啸江：《中国经济史研究室计划书》，载于《现代史学》1934年第2卷第4期。

［5］陈啸江：《中国社会经济史研究的总成绩及其待解决问题：献给开始

研究本问题的朋友们》，载于《社会科学论丛季刊》1937 年第 3 卷第 1 期。

[6] 陈争平：《20 世纪历史学的三大情节》，载于《厦门大学学报》2001 年第 4 期。

[7] 杜维明：《历史女神的新文化动向与亚洲传统的再发现》，载于《九州月刊》1992 年第 5 卷第 2 期。

[8] 傅衣凌：《发刊词》，载于《中国社会经济史研究》1982 年第 1 期。

[9] 傅筑夫：《进一步加强经济史研究》，载于《天津社会科学》1982 年第 6 期。

[10] 傅筑夫：《研究中国经济史的意义及方法》，载于《中国经济》1934 年第 2 卷第 9 期。

[11] 何慈全：《我的大学生活》，载于《史学理论研究》1997 年第 3 期。

[12] 胡汉民：《唯物史观批评之批评》，载于《建设》1919 年 12 月第 1 卷第 5 期。

[13] 经君健：《加强中国经济史研究是发展经济学科的一项重要战略任务》，载于《经济研究》1983 年第 10 期。

[14] 瞿林东：《百年史学断想》，载于《世纪评论》1998 年第 1 期。

[15] 君实：《记山西之票号》，载于《东方杂志》1917 年第 14 卷第 6 期。

[16] 李伯重：《回顾与展望：中国社会经济史学百年沧桑》，载于《文史哲》2008 年第 1 期。

[17] 李长傅：《中国殖民南洋小史》，载于《东方杂志》1926 年第 23 卷第 5 期。

[18] 李根蟠：《二十世纪的中国古代经济史研究》，载于《历史研究》1999 年第 3 期。

[19] 李根蟠：《唯物史观与中国经济史学的形成》，载于《河北学刊》2002 年第 3 期。

[20] 李竞能：《论清末西方资产阶级经济学的传入中》，载于《经济研究》1979 年第 2 期。

[21] 李运元：《试论国民经济的研究对象》，载于《经济研究》1957 年第 6 期。

[22] 连士升：《英国经济史学的背景和经过》，载于《东方杂志》1935 年第 32 卷第 1 期。

[23] 梁方仲：《田赋史上的起运存留的划分与道路远近的关系》，载于《人文科学学报》1942 年第 2 卷第 7 期。

［24］刘茂林《〈食货〉之今夕》，载于《中国史研究动态》1980 年第 4 期。

［25］刘兴唐：《奴隶社会论的症结》，载于《食货》1937 年第 5 卷第 11 期。

［26］刘兴唐：《中国社会发展形式之探险》，载于《食货》1935 年第 2 卷第 9 期。

［27］毛泽东：《改造我们的学习》，载于《中华教育界》1949 年复刊 3 第 6 期。

［28］潘德深：《略论十三史中的"食货志"》，载于《福建师大学报（哲学社会科学版）》1984 年第 3 期。

［29］彭南生：《改革开放以来中国近代经济史研究的回顾与前瞻》，载于《史学月刊》2009 年第 2 期。

［30］齐思和：《近百年来中国史学的发展》，载于《燕京社会科学》1949 年第 10 期。

［31］秦佩珩：《从蓬勃到沉寂的中国经济史坛》，载于《清议》第 2 卷第 4 期。

［32］秦佩珩：《中国经济史坛的昨日今日和明日》，载于《新经济》1944 年第 11 卷第 3 期。

［33］石决明：《中国经济史研究的几个重要问题》，载于《中国经济》1934 年第 2 卷第 9 期。

［34］孙健：《国民经济史的对象、方法和任务》，载于《经济研究》1957 年第 2 期。

［35］孙健：《中国近代经济史的对象方法和任务》，载于《自修大学》1983 年第 1 期。

［36］谭辅之：《最近的中国哲学界》，载于《文化建设》1936 年第 3 卷第 6 期。

［37］王家范：《百年史学历程回顾二题》，载于《历史教学问题》2000 年第 1 期。

［38］王瑛：《研究中国经济史的大纲与方法》，载于《食货》1935 年第 2 卷第 4 期。

［39］卫聚贤：《编纂中国经济史的组织计划》，载于《说文月刊》1940 年第 2 卷第 1 期。

［40］吴承明：《关于研究中国近代经济史的意见》，载于《晋阳学刊》1982 年第 1 期。

［41］吴承明：《中国经济史研究的回顾与前瞻——在中国经济史学会首届

学术年会上的开幕词》，载于《中国经济史研究》1991 年第 3 期。

［42］吴贯因：《中国经济进化史论》，载于《大中华》1915 年第 1 卷 4、5 期。

［43］严中平：《在中国经济史学会成立大会上的开幕词》，载于《中国经济史研究》1987 年第 1 期。

［44］杨及玄：《民生史观的中国社会经济史研究发端》，载于《中山文化教育馆季刊》1935 年第 2 卷 2 号。

［45］叶青：《唯物史观与民生史观》，载于《时代精神》1942 年第 5 卷第 4 期。

［46］俞旦初：《简论十九世纪后期的中国史学》，载于《近代史研究》1981 年第 2 期。

［47］张效敏：《中国租税制度论》，载于《大中华》1916 年第 2 卷 7、8 期。

［48］赵德馨：《关于中国近代国民经济史的分期问题》，载于《学术月刊》1960 年第 4 期。

［49］赵德馨：《经济史学科的分类与研究方法》，载于《中国经济史研究》1999 年第 1 期。

［50］赵德馨：《重提经济史学科研究对象的问题》，载于《中国社会经济史研究》1992 年第 3 期。

［51］赵剑华：《反唯心的民生史观》，载于《新中国》1933 年第 1 期。

［52］邹敬勋：《国民经济史的对象、任务和方法》，载于《东北人民大学学报》1957 年第 4 期。

后 记

本书是笔者申报 2012 年度教育部人文社会科学研究规划项目——《20 世纪中国经济史学发展研究》的最终成果。2000 年，我有幸考上赵凌云教授的博士研究生，研习经济史。在攻读博士学位三年间，先生在学业上给予我极大的支持、帮助。博士论文选题时，先生把自己收集整理多年的资料毫不保留地赠予学生，鼓励我投身中国经济史学史领域的研究。论文写作期间，先生又不厌其烦地指导学生。他思维敏捷、视野开阔、见解独特，在研究方法、理论视角、论文构架、文字运用等方面提出了许多建设性的意见，使我受益匪浅，得以顺利完成学业。

2003 年博士毕业后，留在母校任教，先生期待学生能在中国经济史学史研究的道路上心无旁骛地继续前行。同时，我有幸得到了著名经济史学家赵德馨教授的教诲与点拨，前辈大师对中国经济史学史及相关学术问题娓娓道来，确是高屋建瓴，开阔了我的学术视野，增强了我的学术信心。在经济史研究中心的老师、同事们的帮助下，我开始在中国经济史学史研究领域取得少许成绩。这些年，硕士生导师苏少之教授和博士生导师赵凌云教授一直期盼学生能潜心学术研究，让中南大经济史学术薪火代代相传。由于本人生性顽愚，又未能抗拒世俗诱惑，一直愧对恩师的教导与期盼！本书的出版，尽管姗姗来迟，但也是我学术生涯的一个新起点。

感谢中国经济史学会前会长、中国社会科学院研究员董志凯先生、中国社会院研究员赵学军先生，两位学者对我申报课题，完成课题研究成果提供了无私的帮助；感谢中南财经政法大学副校长邹进文教授，他对课题研究提出了许多建设性意见，并无私地提供了许多关于 20 世纪海外留学生群体的中国经济史学研究的资料。

感谢经济科学出版社的刘莎编辑和袁溦编辑，她们为本书的出版付出了大量的心血。

感谢我的父母、妻子李彩华，这些年亲人们给予我的支持与理解是无法用语言来表达的。

　　最后，将本书献给大家庭中可爱的孩子们，她们给我带来了无法比拟的简单与快乐，祝福孩子们健康快乐地成长。

杨祖义

2016 年 11 月